# sobre cultura
# y otras obsesiones
## (que modifican las culturas)

josé ramón insa alba

ISBN 978-1-365-77186-6

# contenido

## sobre las retóricas y los espejismos

El imperativo de los mensajes es lo que va constituyendo el
mundo, el recordatorio continuo de lo que debemos hacer y
de lo que debemos ser.

Casi podríamos hablar de que este libro es el "libro de los abusos", de los usos y
abusos. De esos conceptos, de esas líneas de pensamiento, de esas tendencias
que terminan por convertirse en lugares comunes a fuerza de ir perdiendo sentido
propio, a fuerza de convertirse en "significantes flotantes", esos que se usan para
construir hegemonías. Entre ellas, las corrientes que modelan ese pensamiento,
puede que tengamos como imperativo una principal: la innovación (la social y
ciudadana) que viraliza hacia tres secuelas mágicas: la creatividad, la
colaboración y, como aglutinante, el emprendimiento. De eso va este libro: de la
reflexión sobre los imperativos que se han convertido en leyenda. De las retóricas,
los espejismos y la atención lateral que deberíamos prestarles. Y de su influencia
en la cultura, o eso que llamamos cultura y que también se invoca, cómo no,
desde ese mercado inevitable.

La ISC (Innovación Social y Ciudadana), esa poética máxima, tiende a ser un
bálsamo pasado por las tecnologías cuando no una herramienta de autoridades,
expertos y gurúes para imponer modelos (no todos tan benéficos, humanitarios y
bienintencionados como se pretende) o incluso como puro efecto escaparate. Lo
siento, no todo es tan claro y bajo esta motivación innovadora se esconden no
pocos atropellos. Por otra parte, como ya voy entrando en años en ocasiones no
veo sino un "volver a empezar", no veo más ocurrencias, más genialidades que
las que ya se marcaron y se olvidaron. Todo parece inventarse de nuevo para
mayor gloria de los mitos eternos. Este de la ISC es hoy el recurrente, todo tiene
que llevar el sello de la innovación para que brille como es debido. Quizá no sea
sino un disfraz para ocultar ciertas deficiencias imaginativas, para normalizar lo
que ocurre. Un vacío de sentido como ocurre con tantos términos a partir de ir
usándolos y desgastándolos.

Claro que me repito, claro que vuelvo, claro que me repetiré. Bien poco falta,
acuérdense para que abandonemos y sustituyamos el mito de la innovación sin
haber conseguido todos esos paraísos que nos prometía. ¿Se acuerdan de las
estrategias, de los planes estratégicos? Ya nadie habla de hacer un Plan Director.

9

Sólo de innovar. Por cierto, de aquellas Estrategias tenemos esta Industria Creativa y de estas Innovaciones nos quedará la Industria Social (tan precaria y asimétrica como la creativa, sospecho). Pero como hay que ser rápidos pronto surgirá una nueva cantinela que la sustituirá para que se pueda seguir avanzando hacia no se sabe dónde, para renovar ese catálogo de ofertas que requiere cualquier mercado, también el de los mitos. Y mientras tanto olvidaremos o pasaremos por encima de esos barros entre los que nos vamos moviendo, de ese fango que nos invade y de la necesidad brutal y terca de usar todas nuestras fuerzas contra la miseria intelectual que nos domina, contra la miseria humana que lanza a tantas personas a la extrema pobreza.

Quizá esta innovación de fogueo, esta innovación sin munición sirva en realidad para incentivar al poder y ocuparse de actualizarse él mismo en función de ver por donde van los tiros. Unos tiros que, por cierto, se van dando entre los grupos selectos que son invitados y se invitan entre si al juego. Una auténtica representación endogámica. ¿Hasta dónde la porosidad?

Bajo estos imperativos (innovación, creatividad, colaboración, emprendimiento) se ocultan y tapan los abusos. Se van rehaciendo las costuras para que el tejido del poder siga manteniéndose bajo un orden. Se va preparando a la ciudadanía para ese futuro que viene (Un ejemplo de última tendencia: el *job sharing*, compartir trabajo y sueldo, no está mal en principio, loable, otro gran paso para la economía colaborativa... o no. Hay que ser cuidadosos y ver que es lo que nos convierte en seres compartibles. Y sobre todo qué trabajos se comparten, qué niveles... Cómo se va a usar...) Suena paradójico pero es algo viejo: el aprendizaje de conductas aparentemente nuevas bajo la manipulación del léxico y todo acompañado de una maximización hipertrófica de eventos *ad hoc*. Vivimos encuadrados en patrones que normalizan como lo hace y lo ha hecho cualquier modelo estructurante. Hoy toca innovar, emprender y colaborar desde esos "ecosistemas" que no son sino los dispositivos de toda la vida, los guardianes de lo correcto, la señalética del progreso... los dictados centralizados hoy en esa serie de instituciones que reproducen con abundante autorreferencia el último reglamento.

Pero, después de todo, sería algo más que estúpido si negara la necesidad e importancia de la innovación. O de la creatividad, de la colaboración. O de que existan personas que se lancen a poner en marcha proyectos empresariales. Sin embargo la reflexión sobre los escenarios, los contextos, los modelos, los procesos... son también más necesarios e importantes si cabe. No todo conduce a las bondades que se les supone. Como dice el subtítulo del blog del que están recopilados todas estas entradas, existe una "abarrotera de motivos" para considerar que hay sombras sobre las que es necesario reflexionar, abordar desde la crítica.

Es necesario que seamos conscientes de que nos encontramos dentro de un mercado en el que esas buenas intenciones también se empaquetan para la venta. Y que, sobre todo, la aplicación de estos conceptos en según qué entornos, en según qué condiciones, con según qué matices... puede tener efectos secundarios imprevistos (o no). No es bueno dejarnos cegar por esos brillos que nos prometen el paraíso social sin reflexionar en profundidad sobre todos sus matices.

Todo me parece un interminable trabajo de ficción que enmascara las múltiples miserias de un neoliberalismo absoluto que no deja de reproducirse. El "asociacionismo" es el credo que tranquiliza, el que navega sobre obviedades que sirven de bálsamo. La reproducción capitalista necesita de estos fetiches y lo más sensato y eficaz es que cada cierto tiempo se "modernicen". Por eso mismo digo, he dicho y mantengo, que los cambios culturales no están en los escenarios "tradicionales" de la cultura, ni en las distribuciones de sus productos ni en sus derechos, ni es sus influencias en el pib ni en las creaciones; ni siquiera en todo eso que dicen aglutina las identidades, eso se ha convertido en otro escenario de hostilidades, de enfrentamiento, de fronteras... La cultura, eso que conforma la personalidad de las sociedades, se esculpe hoy desde los bancos, desde los medios de comunicación y las fábricas (públicas y privadas) de emprendedores. Y, cómo no, desde los dispositivos de una educación cada vez más centrada en habilitar una ciudadanía certificada para el mercado. Esas son las plataformas reales de cultura, esos los dispositivos que esculpen el discurso ético, el discurso conformador de actitudes, de creencias, de códigos... los "campos unificados de conciencia".

Y, continuando con los discursos recurrentes veamos cómo está el universo de la cultura (ese valor-fetiche). Miren su entorno y pregúntense qué está haciendo que no sea vagar en una eterna autorreferencia. En una circularidad sin fin que inventa la rueda cada generación y en la que, cómo no, la nueva olvida (unas veces porque desconoce, otras porque destierra) lo que ya se ha construido. Una circularidad que navega sin descanso ni salida sobre tópicos monótonos y vacíos (todo lo que parece nuevo, original, moderno, revolucionario... cansa por repetido, será cuestión de la edad).

Cuando desde "la cultura" se deje de hablar de si misma como fundamento será cuando, posiblemente, se alcance un estado de normalidad que permita alcanzar esencias. De momento la cultura tomada como hoy se hace no es más importante ni más decisiva que la mecánica del automóvil. Con perdón. Todo se convierte en "auto finalidad".

Lo he dicho a lo largo del texto en múltiples ocasiones: seamos conscientes, seamos críticos. Vayamos un poco más allá del espejismo, de la parafernalia. No creamos del todo y porque sí en "los mares del sur". Cribemos también discursos y credos.

## del origen de este libro

Tan solo decir que se trata de la recopilación de los post que, desde 2013 hasta 2016 he ido colgando en yanotengoprisa[1]. Por decisión, también, sin corregir sino aquellos errores tipográficos que hayan podido colarse. Todo tal y como lo concebí y redacté en su momento. Y en orden inverso.

1 https://yanotengoprisa.wordpress.com/

**2016**

# la gran ola de la innovación tutelada

Mi idea era terminar el año y el ciclo sobre innovación con éste[2] artículo (complemento de éste[3] y de este otro[4]) pero están surgiendo tendencias alrededor de lo que debe ser la innovación en procesos educativos que me producen una cierta inquietud. Todo lo que se va escribiendo y proyectando sobre el tema acrecienta mi duda sobre si estamos en una especie de innovación excesivamente mediatizada por la mercantilización y obsesionada por adaptar al alumno a las necesidades del mercado. En realidad mi propia naturaleza me lleva a dudar sobre mi criterio y por eso mismo deseo ordenar mis ideas tratando de concentrarme en esas imágenes/símbolos/metáforas que están tomando fuerza.

La imagen más potente, la que está tomando más relevancia es la de esa tabla de surf que se desliza por la ola de estos nuevos modelos de sociedad venideros o ya instalados. No puedo evitar que esa tabla de surf me lleve directamente a la esencia de ese futuro que se vaticina: la imagen del **individualismo de superficie** (ese que usa energía externa para su propio impulso sin implicarse), y el **individualismo de comunidad** (que se diluye en una escenificación de los vínculos colectivos con los que se arropa). Por mucho que se quiera cubrir luego con asuntos "co-" que, coincidiendo con Marina Garcés, puede que tan solo sean procesos de "coaislamiento". En todo caso esa educación innovadora que se pretende y se reclama no es sino un ejercicio de acomodación que nada tiene que ver con la ruptura. La adaptación a ese modelo de sociedad competitiva. El surfista planea por encima de la ola hasta alcanzar la pirueta perfecta. Solo y sin meterse, paseando bajo el túnel perfecto para luego, siempre sobre SU tabla, volver a la orilla. El surfista juega con la ola y se adapta y si todo va bien ni se moja.

Quizá como complemento de esa tabla, de esa imagen ideal, surgen otras que invitan a ver el futuro con cierta benevolencia: 1.- La abundancia como esperanza tranquilizadora. ¿Se puede creer en la abundancia, pensar que llegará, desde este sistema capitalista? ¿Se puede creer en la abundancia venidera sin forzar otro modelo? Ya hablé de ello: ¿qué abundancia[5]? 2.- La exaltación del oráculo de Davos como normalización del neoliberalismo (una especie de señalética a partir de profecías autocumplidas). 3.- La consideración de la desigualdad creciente como una irregularidad transitoria hasta llegar a esa abundancia prometida.

2 pag. 23
3 pag. 26
4 pag. 33
5 pag. 46

17

Me desalienta que cada vez que ocurre algo nuevo se tenga que pregonar que nada será como antes. Por supuesto. Sin embargo esa cuarta revolución en la que parece que entramos quizá no sea tan decisiva sino que lo que nos marca es la "contrarrevolución neoliberal" que sufrimos (Bruno Estrada[6]). En todo caso: revolución ¿para quién? Y, en este sentido, no puedo dejar de pensar, de temer, que la transformación (la innovación) no es tal, sino que lo que existe es un ajuste de contenidos, modelos y procesos para adaptar a los individuos a esa realidad "inevitable" a la que se van a enfrentar. Me pregunto qué transformamos. Es el mismo comportamiento y argumentario adaptativo de quienes cuestionan los estudios de humanidades.

Vicenç Navarro[7] y Bruno Estrada (lo enlazo más arriba) nos dicen que ni todo está tan claro ni hay tanta unanimidad en defender este criterio de la precarización a causa de la tecnología. Autores como Dani Rodrik, de la Universidad de Harvard opinan, según sus trabajos de investigación, que la tecnología digital está teniendo menos impacto que otras tecnologías que aparecieron en el pasado. Dean Baker, codirector del Center for Economic and Policy Research (CEPR) va más allá y afirma que indicar la digitalización como problema para el futuro del trabajo consigue desviar la atención de los problemas y las causas reales. Porque el trabajo es política y esas predicciones de futuro son, como decía, una especie de profecía autocumplida. Esas alegaciones son las que se lanzan para acostumbrar y asumir que eso es lo que vamos a tener sin remedio. Y esa sociedad sin trabajo, porque esta revolución industrial que viene lo hace con tecnología, no es sino la visión unidimensional de un modelo de mundo. Por eso se quiere educar a las futuras generaciones en asumir ese mundo, porque es necesario que no cambie. La tecnología también es política y el uso que se le da construye un modelo u otro de sociedad. El futuro es lo que se construye desde estos espacios de pensamiento ("focos elitistas de democracias futuras" como diría Alba Rico) que canalizan la revuelta hacia la conformidad disfrazada de revolución. La tecnología, como siempre por otra parte, para lograr acumulación. Los modelos de tecnología y su alcance es lo que diferencia el resultado en su magnitud.

No sé si todo esto que parece tan revolucionario se reduce a la administración del capitalismo, a reforzar una ciudadanía productora, productiva y bien entrenada. Nada de ruptura, nada de desobediencia intelectual, nada de resistencia cívica.

6 http://ctxt.es/es/20170118/Firmas/10556/debate-trabajo-sindicatos-innovacion-tecnologica-desigualdad-social.htm#.WIEeMry_Co1.twitter
7 http://blogs.publico.es/vicenc-navarro/2016/07/12/la-falacia-del-futuro-sin-trabajo-y-de-la-revolucion-digital-como-causa-del-precariado/

Me da la sensación de contemplar la innovación educativa como un escenario de las apariencias que se convierte pues en una especie de boutique en la que podrán entrar y acceder quienes estén en la vertiente favorecida. Como siempre una innovación de clase. No puedo ver tampoco en esto voluntad de ruptura sino de refuerzo. Sobre las libertades que nos menguan, los derechos que perdemos, esas desigualdades que acechan... nada que decir, parece que se trate de adaptarnos en lugar de enfrentarnos. Vamos a educar para que puedan acostumbrarse a "lo que hay", la ilusión provisional mientras accedemos a ese valle prometido de la abundancia. Todo un poco perverso: te doy libertad para moverte en el espacio que te cedo.

Me sorprende que se asuma esa diferencia tan abismal entre la realidad y el relato. Pero es evidente la importancia que toman las grandes narraciones para estructurar la ilusión. (Cada cierto tiempo nos encontramos con nuevas narrativas que intentan componer la realidad). Esas imágenes que se proyectan como referencia de progreso. Por eso es intocable y cuestionarlas es posicionarte en el lugar del cenizo. Sin embargo no me resisto a pensar más allá de las evidencias (crítica, hegemonía y ficción)[8] y sospechar que, con clarísimos matices, todo consiste en regularizar los procedimientos necesarios para moverse en las "nuevas" sociedades.

La absorción, de nuevo, de la rebeldía. O, parafraseando a Brossat, una "innovación inmunitaria". Asimilable siempre que no se alteren las reglas sociales, políticas y, sobre todo, económicas. Algo que, aunque parezca una contradicción, sirva para controlar y canalizar el pensamiento crítico. Vamos a prepararnos para las condiciones que se avecinan sin cuestionarlas demasiado.

Me duele la innovación que estoy viendo e intentaré terminar con una síntesis desde una cierta consternación. Ni apocalíptico, ni integrado, como diría Eco, trato de situarme en una posición de análisis crítico. Porque creo de verdad que estamos bajo una "innovación tutelada", muy típica de esos modelos proteccionistas de quienes se sienten con capacidad técnica y ética para este tipo de cuidados y en la que entran, por supuesto, intereses de mercado (público y privado) de un gran número de empresas y consultoras especializadas. Una intervención clara para instruir al individuo y que pueda tomar las riendas de su vida, eso sí una vida prefigurada por esas instancias que saben. En definitiva esa libertad que consiste en decorar el espacio controlado y dejarte elegir entre los caminos señalados. "*Los hombres tienen la costumbre de obedecer tanto a otros hombres que, para la mayoría de ellos, la libertad es el derecho de no ser*

8 pag. 37

19

*sometido más que a los amos que han sido elegidos por ellos mismos. Sus ideas no van más allá, es ahí donde se detiene su débil sentimiento de independencia."*Condorcet en 1789. Hoy seguimos eligiendo amos pero los preferimos disfrazados. Y si van desnudos no lo mencionamos.

#1# La innovación universal es ese paraíso de progreso que orientará a nuestros (vuestros) descendientes si siguen los caminos señalados. Hoy es el top de cualquier institución que se precie. O sea, un dispositivo de control renovado. La idea de la innovación salvadora no deja de ser otro mecanismo que va a facilitar el entendimiento entre los que señalan el camino y los que lo siguen.

#2# ¿Y si la innovación, precisamente por ésto, consiste en la replicabilidad infinita? Este señalar caminos requiere de un sutil y eficaz "estar de acuerdo" entre quienes señalan. La soberanía efectiva consiste en que se asuma sin cuestionar, como si uno mismo lo eligiese. La innovación representativa en función de una democracia liberal. La innovación canalizada según supuestos de un modelo económico uniforme y sin aparente sustituto. La repetición hasta la obscenidad de los mismos esquemas, de las mismas puestas en escena... todo muy innovador...

#3# El paso por estos ritos de innovación será lo que autorice a una "ciudadanía compulsada" y certificada como producto. Las famosas y terribles "competencias" como tendencia y último modelo educativo. Para ello es necesario que alguien genere ese relato y, mucho me temo, también parten de esos espacios de privilegio y normalización. ¿No es curioso que casi siempre concuerdan los planteamientos de éstas con el de las grandes corporaciones? Estatalizar y oficializar la innovación, también la educativa formal o no formal, ha sido una gran idea. La nueva modernidad se canaliza a través de la innovación educativa.

#4# El nuevo intelectual es el experto en innovación. O así lo parece. El dispositivo de la innovación social se maneja ahora desde la "intelectualidad técnica" y propicia una "ciudadanía intermitente" que convierte sus energías políticas en energías productivas en los precisos periodos en los que se le permite participar. El individuo innovador aprende a convertir sus gustos, tendencias, aficiones... personales en juegos de mercado (incluso el social) en una mercantilización infinita que a nadie molesta, al contarlo, se propicia. La innovación es esa masilla que rellena cualquier grieta. La silicona social. La educación no es eso.

#5# Interiorizar los valores (humanos, por supuesto). Todo muy transversal para salir de esa zona de confort tan peligrosa (¡qué manía!). Todo muy delicado y agradable ¿Por qué no hablamos directamente de Coelho? La actitud positiva. Siempre desde la zona noble, esa que diferencia estos espacios limpios de aquellos que tienen un cierto regusto a... en algunas ocasiones, en algunos lugares, ante algunas personas me pregunto muy seriamente qué es eso de la innovación. Qué pretendemos en todos estos laboratorios, hasta dónde llegan... La innovación fetichista que aporta su dosis social.

#6# La innovación no deja de ser un campo de certezas compartidas, una comunión entre iguales que están convencidos de ofrecer la salvación. Algo que demasiadas veces cuadra con lo que ocurre fuera. Estos espacios son como invernaderos, ecosistemas, como todos, más bien cerrados. ¿Por qué siguen empeñados en llamarles ecosistemas? Puedo comenzar a pensar que se trata de otro modo de aislamiento muy cercano al que pueden producir esos productos tecnológicos que multiplican amigos: Una incapacitación que impide conectar con el mundo real más allá de ese ecosistema tan querido. Un tremendo fraccionamiento de la realidad.

#7#Aunque parezca una contradicción con los principios que se predican desde la innovación la realidad es que se está favoreciendo una supervivencia de los privilegios. Guste o no, la innovación no está al servicio de una sociedad de los comunes porque estos, las más de las veces, siguen fuera de estos círculos. Se sigue con esa tradición de pensar para el pueblo pero sin el pueblo. Como si los pensadores de la innovación se saltaran las reglas que ellos mismos diseñan. Todo esto provoca a la postre un gran desconcierto en el seno de estos círculos: la tozudez de quien no hace caso.

#8# ¿Quién constituye la clientela de estos maravillosos catálogos? ¿Quién compra? ¿Quién atesora puntos en ese compendio de competencias? Parece que no hay desacuerdo entre quienes viven en este mundo. Todo gira en torno a los mismos eslóganes, a los mismos discursos... todos de acuerdo y girando sin fin alrededor de los mismos brillos de creatividad, de compromiso... todo tremendamente predecible y monótono. Todo preparado para navegar por este nuevo escenario que "empresariza" cualquier momento de cualquier vida. La innovación educativa como otro gran pasillo de este fantástico supermercado. La innovación como complemento imprescindible para colocar en el mercado cualquier producto público o privado. Y, cómo no, favorecedora e impulsora del mito del emprendimiento. Ahora, ante todo, si deseas vender un producto, una idea, un servicio, un proyecto municipal... hay que ofrecer innovación. La nueva mitología que engrandece lo que toca.

#9# Puede que esa innovación decorativa sirva como placebo, algo amigable que va entreteniendo y poniendo fácil esa relación en una realidad más hostil cuanto más afuera. Un fondo de construcción colectiva prefabricada. Los vínculos de innovación son los que hoy generan los lazos entre estos espacios de influencia. Esos laboratorios donde se dan cita expertos y ciertos ciudadanos dispuestos a compartir y multiplicar. Lo que no aparece en estos espacios es la **innovación cotidiana**, la resistencia cotidiana y sensible que llena ese vacío al que no llegan estas estructuras formales.

#10# ¿Cómo es posible construir espacios de autonomía desde esta normativización oficial y generalizada? ¿Cómo se pueden alcanzar las líneas de fuga? ¿Dónde se puede situar el signo de la subversión? Todo está tan integrado que constituye una mercancía muy rentable. Si en un pasado no muy lejano nos invadieron los planes estratégicos hoy lo hace la aglomeración innovadora. Un conservadurismo renovado. Lo tremendo es que ese es el escenario para el que hay que preparar a la futura generación. En Paraíso al que se accederá, al que se llegará si sabemos, si saben, aprovechar esa ola, si logran instalarse en esa realidad incuestionable. Porque, claro el modelo capitalista no puede cuestionarse, como mucho hay que dulcificarlo con esas dosis de colaboración experimental que se multiplican. La innovación como una planta de reciclado para las generaciones venideras. Algo que celebra la estética del capital.

Siento, de verdad, que todo ese escenario que se presenta es un verdadero trampantojo en el que se mezclan deseos y profecías. Que se plantean itinerarios que no van a tener reflejo real en la capacidad de elección de las familias para acceder a esos espacios ideales. Y que, como siempre, se van a mezclar los intereses del capital con los humanitarios por mucho que se le quiera vestir a todo con esos tintes sociales que tanto fascinan. La educación será cada día más un mercado al que todo el mundo querrá entrar y en el que llevan ventaja las industrias tecnológicas y las instituciones financieras.

Intención final: declarar libre de innovación mi espacio vital e intelectual.

22

## la modernidad brillante: una innovación sin munición

Terminaré con este tercero, las reflexiones últimas (indicios[9] y disonancias[10]) sobre la Innovación Social y Ciudadana. Y lo haré con la confusión que me viene aumentando desde que los impulsos socialdemócratas de las instituciones (de gobierno y académicas) van migrando sin reparos hacia un socioliberalismo claro. Una migración  con dos ingredientes de lujo para no poner en peligro el status: el pragmatismo político como fórmula operativa (la engañosa gobernanza, pero de eso ya hablaremos) y el compromiso parcial (entretenimientos de ciertas élites con conciencia social) especialista en poner parches sin molestar/molestarse demasiado. La ISC más bien se parece a esos juegos de rol donde todo es aparente y cada uno tiene que interpretar un papel. Un trampantojo muy sutil impulsado desde los espacios institucionales para ennoblecer esa democracia liberal que ya gobierna. En todo caso, la innovación social desde el ámbito público se parece cada vez más a un espectáculo en el que se compite para ver quién es más avanzado, quién alcanza un lugar más destacado en esa batalla de las ciudades marca, quién logra más prestigio personal, de institución, de proyecto... en definitiva un juego de competencia muy parecido al capitalista.

¿Se trata de una ISC forzada? Si deseas pertenecer a este mundo de prestigio, sí, sin duda. Aunque el discurso quede en una exaltación de lo obvio con pretensiones de revolución (muy en la línea de esa "revolución de las pequeñas cosas"que reclama un poderoso banco). Algo que nos vamos contando periódicamente mientras vamos construyendo siempre desde el principio. La eterna ilusión de inventar la rueda. Las mismas preguntas a las mismas gentes. Las mismas respuestas a las mismas gentes. La participación circular en una modernidad brillante, esa que toma toda su fuerza en lo aparente, en el postureo, en el discurso deslumbrante, en el hueco, en el "como si".

Una modernidad brillante que agrupa a ese colectivo de privilegio intelectual, técnico y académico que celebran siempre juntos cada uno de los ritos. Me temo que todo esto sirve en realidad para perpetuar las diferencias, para consolidar espacios de privilegio. Algo que potencia y protege a un círculo muy concreto que lo sabe rentabilizar a la perfección (son especialistas, a ello se dedican). La *modernidad brillante* se desarrolla en burbujas en las que prosperan las ideas afines sin demasiada conexión con la calle, con la realidad de un resto que no comprende lo que en estos laboratorios se cuece.

9 pag. 33
10 pag. 26

La ISC también ha caído en el territorio de las profecías y eso enriquece egos. Pero ¿quién decide lo que es innovación? ¿Quién dirige y orienta esas "predicciones"? Tanta similitud resulta curiosa. Tanta homogeneidad sobre cómo debe ser la cosa... sobre las tendencias, sobre lo que nos conviene... Todas las instancias públicas "invirtiendo" en ISC. ¿Cuándo llega su devaluación? No me digan que va a ser una sorpresa: con la saturación. La hipertrofia de la ISC. La *modernidad brillante*, como buen hija de la doctrina capitalista, exige de una rotación sin freno. En éste mundo de la ISC también se producen y reproducen proyectos, actividades, encuentros... sin fin que, aunque parezca una contradicción, disminuyen por completo esa potencia transformadora. La anulación por intoxicación. Pero, de momento la ISC es un complemento básico que viene muy bien tanto para tenerlo de reserva en el ropero de los discursos como para llevarlo puesto.

Asusta que esa profusión nos pueda llevar a una superficialidad y a una banalidad paralizantes. Cuando la retórica de la ISC se multiplica a tal escala, cuando resulta cómoda, surge la sospecha de "lo correcto". Cuando la ISC también es un espacio de consumo se convierte en una mercancía susceptible de ser privada. Aunque las formas y las palabras lleguen a convencer, las esferas pueden convertirse en espacio vacíos. La ISC empaquetada por expertos para la distribución y el consumo interno. Quizá porque esa izquierda que puede abordar estos menesteres se ha convertido en una "izquierda funcional" que tiene sus bases en organismos internacionales e instituciones públicas fundamentalmente. Desde allí es desde donde se fomentan estos espacios, desde donde se generan estos discursos. Pero esta "izquierda funcional" también se mueve dentro de normas básicas de corrección porque no es total su autonomía, su seguridad, su continuidad. La izquierda funcional institucionalizada tiene que rendir cuentas y rentabilizar puestos. Y eso no cuadra muy bien con las necesidades de ruptura.

Y lo peor es que cuando se trabaja sobre estos escenarios de lo homogéneo se alcanza una grave pobreza de planteamientos: otra de lo mismo con ligeros matices, pocas sorpresas. Es una innovación sin munición, algo que la lleva a la descomposición de su sentido profundo ya que a la larga ella misma se aísla en ese entorno de iniciados. ¿A quién sirve la ISC? ¿Para quién sirve la ISC? ¿Hasta dónde llega? El asombro es mayúsculo cuando desde estas burbujas de éxito se descubre que lo que lo que allí se predica no concuerda con lo que sucede en la calle. Un ejemplo: la deriva hacia la derecha fascista y extrema de una masa de población desfavorecida, ¿cómo puede suceder ésto? ¿cómo pueden acercarse a una corriente ideológica que va contra ellos mismos? en definitiva... ¿cómo pueden ser tan ignorantes? ¿Cómo es que no nos hacen caso? Mientras hablamos de ISC y creemos abrir puentes, la distancia entre esta intelectualidad de laboratorio y las realidades sociales es más grande. Sencillamente porque las desigualdades múltiples que produce el neoliberalismo y sus democracias liberales (también sus izquierdas liberales, no lo olvidemos) son cada vez más graves. El círculo se reduce al modelo BBVA (burgués, blanco, varón, adulto) , la clase media, educada y con solvencia económica es la que accede a estos círculos de innovación tan resplandecientes. ¿Puede ser la ISC otro espacio aislado para minorías? ¿Una comunidad cerrada que refuerza las desigualdades? Una comunidad de afines trabajando sobre supuestos y discursos que difícilmente alcanzan a la creciente población desfavorecida.

Al final me quedo con la sensación de encontrarme en un entorno muy limitado. Como tantos otros que se construyen desde esta modernidad brillante que emerge desde la mezcla entre el capitalismo de mercado y el capitalismo social. Un entorno en el que predomina una clase más o menos acomodada en el terreno económico, destacada en el académico y muy basculada en el racial. Muy de clase, con escasa porosidad y con demasiadas dosis de aquiescencia. ¿Qué hay de revolucionario en todos esos procesos? Quizá consista todo esto en una simple reorganización. Algo que debe hacerse de vez en cuando para asegurar que todo funcione, revisar ciertos procesos para garantizar la paz social. Garantizar espacios simbólicos en los que se sigan administrando esas cuotas de poder que El Poder generosamente concede (Qué espantoso término el de generosidad cuando proviene de las alturas)

Quizá esta ISC que contemplamos no es sino la búsqueda de una adaptación antes que de una ruptura, un movimiento profiláctico y conservador. Eso es lo reprochable. O como dice Alba Rico: "…muy a menudo la propia izquierda, o una parte de ella, ha concebido su proyecto en los mismos raíles que el capitalismo." Quizá la ISC no consista en estar en ese "dentro" que le señalan, que no consienta en jugar con las cartas marcadas, que no se deje involucrar en un juego de normas fijas, sino que se atreva con otras configuraciones, en otros tableros. Quizá la ISC esté construyendo un insititucionalismo algo distinto pero insititucionalismo al fin, y otra vez lleno de especialistas. Una innovación al fin que no se enfrenta al sistema, que no crea conflicto sino que lo acomoda en un discurso de modernidad sin contradicciones. Un discurso recubierto de una capa de compromiso, de creatividad sin límites, de esencia rompedora… todo muy acorde con ese nuevo socioliberalismo que lo barniza todo para que pueda venderse mejor. El propio capitalismo desde todas sus atalayas es quien se encarga de reforzar estos esquemas (colaboración, emprendimiento, innovación, creatividad) para conseguir una continuidad tranquila.

Alain Brossat en su libro "El gran hartazgo cultural"[11] nos dice: "El arte contemporáneo, en sus formas dominantes, mayoritarias, no es la instancia crítica o subversiva que juzga y de-construye las formas actuales del orden, más bien se trata del explorador y el experimentador de las nuevas formas de actuar del capitalismo líquido". No puedo dejar de establecer una analogía con muchas de las iniciativas de ISC: parecen, se nombran, se atribuyen a si mismas un carácter revolucionario y sin embargo se reducen a la administración del neoliberalismo.

El *innovacionismo*, el *laboratorialismo*, entrañan no pocos peligros que giran en torno a cuatro amenazas: la de provocar una "innovación autista" a través de la ausencia de porosidad, la de fomentar una "innovación dominante" a partir del aislamiento de clase, la de convertirse en una "innovación condescendiente" favoreciendo la energía capitalista, la de quedarse en una "innovación envoltorio" incapaz de canalizar el desorden y la ruptura. No puede haber innovación ni creatividad si no es para destruir los mecanismos que atan, para destruir el entorno depredador. Permítanme que proponga para estos laboratorios tres líneas de trabajo básicas: porosidad, munición subversiva y desobediencia intelectual.

## disonancias de innovación

*"Las palabras no nombran la cosa, sólo nos aproximan a ella y lo hacen dándole un sentido que determina quién tiene capacidad para poder nombrar. Es la célebre exclamación de Humpty Dumpty: para conocer el significado real de una palabra, lo que importa es saber quién manda. Tener voz en el espacio público es tener poder"*

*Victoria Camps en 'Elogio de la duda'.*

Quizá en la innovación y en la gestión lo más importante es lo que no se ve. Quizá como en la inteligencia que es mucho más lo que no se dice.

Vuelvo con la duda. Vuelvo a ponerme delante de la innovación social y ciudadana (ISC) para interrogarme sobre ella. Vuelvo a enfrentar la ISC consigo misma para que pueda cuestionarse, para que pueda desgranarse. Me asusta esa seguridad con la que se habla de ella, con la que se engalanan todos los

11 https://www.traficantes.net/libros/el-gran-hartazgo-cultural

discursos, con la que se adjetiva, con la que forman titulares y definiciones... Me hace sospechar. Me sorprende la falta de matices, el determinismo, el dogma. La homogeneidad, la ausencia de crítica y la delgadez de los márgenes. Me intranquiliza que todo se esté convirtiendo en un proceso autorreferencial y que, al final, sólo pueda explicarse a sí mismo. La "sociedad de la innovación" no puede convertirse en un artilugio amable de la sociedad capitalista.

No trato con la duda, en todo caso, de atacar o invalidar, de ponerme en contra sino de captar y revisar las contradicciones intrínsecas de la ISC. En última instancia de ver si se puede impedir que sea una vez más un proceso en el que los expertos (los que saben) van a salvar a los legos (los que no saben), Otro proceso de arriba abajo, eso sí, desde un planteamiento dulcificador (¿y algo banal?) que resulta muy amable, fácil de incluir en los discursos. Algo ingenuo en algunas ocasiones. En otras tomada como una navaja suiza con la que podremos salir al monte con tranquilidad.

Puede que esta ISC sea lo que Marina Garcés llama las "prisiones de lo posible", una realidad "en la que todo es posible pero nada cambia". Puede que estemos atrapados en modelos estandarizados de revolución, de cambio, de progreso. Modelos que necesitan de la velocidad y los destellos de una sociedad del cansancio en el sentido que le da Byung-Chu Han. La ISC como tribuna de una "nueva" élite intelectual y política que, a pesar de surgir de las plazas sigue teniendo problemas para contactar.

Es pues una aproximación crítica a un concepto que surge como explosión pero que requiere de una autonomía radical de pensamiento y acción. Un proyecto abierto y a realizar, a construir sin tutela, sin la directriz de un nuevo poder aunque venga desde las intenciones liberadoras. La ISC sólo puede ser lo que ocurre fuera del poder, la potencia que no puede encerrarse.

Decía Ulrich Beck: "cuando el poder se convierte en tema es cuando comienza su desintegración". No sé si eso es lo que le ocurre a la ISC.

Disonancia primera: Puede que esta ISC no sea más que para privilegiados y hecha por privilegiados. Mientras las élites neoliberales tienen una capacidad de recuperación e influencia cada vez más asombrosas para asegurar y ampliar sus privilegios, desde una parte de personas y organizaciones alineadas con la denominada conciencia social, se lanzan mensajes de esfuerzo y de sacrificio que entremezclados con la colaboración y las energías cívicas componen un cántico muy agradable de escuchar. Resultado: una connivencia desafortunada que acostumbra más que atiza. No puedo dejar de percibir una deriva elitista en la que difícilmente entrarán esos grupos sociales que no comparten privilegios sociales, económicos, académicos... y que por esas causas y otras de carácter cultural nunca estarán en disposición de acercarse, de participar, de aventurarse en nada que les despiste de sus necesidades cotidianas. Estamos reconstruyendo ese modelo de delegación que transmite el "dejad en nuestras manos el gobierno, nosotros os representamos". Se intuye un elitismo que solo desciende hasta determinadas capas mientras las más profundas siguen sin ser tratadas. Puede que se consigan efectos perversos. Un resquicio de esa socialdemocracia que apuntaló el neoliberalismo y que ahora ha migrado a social liberalismo.

Disonancia segunda: Existen fabulosos escenarios socio liberales (públicos, privados y tercersectoriales) que han convertido los discursos de la ISC en la razón de ser de su organización, en una especie de materia prima de la que extraer sus beneficios. La fractalización del capitalismo genera espacios "despolitizados" que aglutinan a personas de buena conciencia. La magia negra de este nuevo dogma está en que te permite navegar por esos mares del capitalismo y perpetuar sus rutas sin ahogarte. De ninguna manera la ISC está diseñada para derrotarlo.

Disonancia tercera: ¿Hacia dónde va la ISC en este escenario? Creo que muy poco a atacar la raíz sino a poner bálsamos. Así la ISC no deja de ser un entretenimiento de sello socio liberal que está más cerca de las estrategias conservadoras que de las transformadoras. Algo que se consume dentro y que difícilmente sale de ese circulo privilegiado que la monitoriza. En definitiva, unas acciones de corte social pero alejadas de la comunidad que no participa. La ISC no puede ser neutral, necesita comprometerse desde la estructura.

Disonancia cuarta: Aunque a algunas personas (muchas de las que están implicadas) pueda parecerle una tremenda exageración o un disparate, podemos estar asistiendo a un proceso de homogeneización que poco tiene que ver con el final esa sociedad que queremos superar. Quizá tan solo se esté canalizando la sumisión, la disciplina, la resignación... Al abrigo de la ISC se disuelven los conflictos, se estrechan los intereses y parece que desde las grandes corporaciones hasta los núcleos de activistas más puros, todos sienten las mismas preocupaciones. Esto suena, a mi me suena, muy sospechoso. ¿Hasta qué punto no se está convirtiendo en otro cercamiento? El impulso del pensamiento positivo a través de estas iniciativas supone a la larga una negación de la realidad. La hipertrofia de la ISC produce aceptación, conformidad, anuencia...

Disonancia quinta: Esa revolución que se pretende desde los lugares de la ISC no deja de ser demasiadas veces una sarta de lugares comunes y de obviedades. Se magnifica lo que se dice en creencias colectivas que dan seguridad. El abrigo de la ISC protege del afuera, ofrece soluciones y acoge en un espacio prefabricado que tranquiliza mucho. Se convierte es un ruido revolucionario, solo un ruido pero que vende mucho. Creo que, en ocasiones, a través del discurso de la ISC se está siendo cómplice con la dinámica neutralizadora del capitalismo. Bien sabemos que éste necesita parasitar las realidades que permanecen fuera.

Disonancia sexta: La búsqueda de la ISC se ha centrado en una lucha de mensajes para competir en un nuevo mercado. la ISC como producto es un hecho que posiciona y da ese prestigio personal o de marca, político o financiero que tanto necesita este sistema. Se está generando la ortodoxia de la ISC. Una especie de "estetización del mundo", como diría Lipovetski, que genera modelos de discurso para el consumo. Modelos que se distribuyen estupendamente porque generan tranquilidad, una tranquilidad que, por supuesto, parte de no llegar al fondo de la cuestión, a ofrecer respuestas superficiales, de abordar el síntoma. Todo con muy poca radicalidad. Los interrogantes se limitan a unas cuantas preguntas, a unas cuantas propuestas que parten del mismo modelo de pensamiento. Algo que deja poco espacio para esa resistencia tan necesaria. Queda un compromiso superficial, una empatía hueca. Una nueva forma de extracción, no solo de renta (por los productos que se colocan en ese mercado de consultorías y predicadores) sino de prestigios, esa que se deriva de muchos "laboratorios" públicos afincados en gobiernos locales y estructuras académicas.

Disonancia séptima: La ISC, presentada y producida desde arriba (administración, academia y entidades especializadas) no deja de ser un proceso de normalización bajo los parámetros y criterios de un momento histórico y social determinado, de un discurso "de lo último" o de las necesidades de proyección que estas instancias expertas tengan. No hay demasiado lugar para la resistencia. Y en este camino hacia la normalización se pervierte porque hay una obligación implícita al instalarse en los modelos que son preseleccionados y formateados por parte de ese poder experto. La ISC desde estos rasgos distintivos se convierten en "lo establecido". Es como si fuera una extensión de la rama ligth del poder. El canon de comportamiento para una sociedad comprometida desde esa moderación meliflua que no quiere hacer demasiado ruido, que no quiere remover demasiado.

Disonancia octava: El concepto importa, la palabra determina. No sabemos cómo ha podido llegar a convertirse en mantra (recordemos que se traduce por "instrumento del pensamiento") pero seguro que muchos de nosotros hemos

29

colaborado. Lo colaborativo, lo abundante y lo innovador (todo siempre dentro de un ecosistema, claro) forman parte del sentido que cualquier organización moderna tiene que exhibir en su descripción, en su adn y en sus inquietudes. Sócrates, ya hablé de él en este sentido en otro lugar, sería feliz preguntando sobre estos tres conceptos. ¿Qué tienen de fondo? Los aceptamos sin cuestionar solo porque forman parte de esta especie de modernidad. Los tres conceptos, y más la ISC, describen la línea por la que hay que circular. Y estos discursos van calando y generando realidad. ¿De dónde vienen? Los intereses políticos y económicos, los imaginarios culturales señalan esos caminos a través de todos los dispositivos a su alcance. El socioliberalismo ha tomado una fuerza enorme y su lenguaje es el que mantiene estas nuevas iniciativas que fabrican el consentimiento ciudadano. Todo se acepta fácilmente y quien quiera salir en la foto tiene que moverse bien por estos tres conceptos. A mi no me parece ningún mérito estar acorde con los tiempos.

Disonancia novena: La apelación constante a la ISC constituye un eslogan recurrente y muy dado al lenguaje de brocha gorda más bien dado a la ficción que a la transformación. Si el hecho no es natural se convierte en normativo y la cosa cambia mucho. Ese paso de lo natural a lo normativo lo convierte todo en la construcción de una realidad paralela, un engranaje de convenciones para que todo ruede correctamente. Incorporar la ISC a las estrategias de excelencia es deformar lo cotidiano.

Disonancia décima: La cortina de humo funciona. Nos oculta las verdaderas causas. Habla de lo obvio y lo recalca. No se olviden de respirar o de lo contrario morirán, eso nos podría decir también. Es lo mismo aunque parezca una exageración. La ISC nos recuerda muchas veces que "hay que respirar" y lo malo es que está impulsada por las mismas administraciones te lo impiden, que recortan e deniegan derechos.

"El cambio de paradigma de una sociedad disciplinaria a una sociedad de rendimiento denota una continuidad en un nivel determinado. Según parece, al inconsciente social le es inherente el afán de maximizar la producción. A partir de cierto punto de productividad, la técnica disciplinaria, es decir, el esquema negativo de la prohibición, alcanza pronto su límite." Puede que esto que nos dice Byung-Chul Han en su libro "La sociedad del cansancio" sea el resultado. Deseado o no deseado, porque creo que hay también muy buena voluntad aunque a veces irreflexiva, en muchos de los procesos iniciados. Por eso, vamos a ver algunas asonancias.

Asonancia primera: Resistencia. No es cuestión de "mejorar" lo que tenemos sino de alcanzar una sociedad alternativa. Pero la resistencia es mucho más discreta y eso hoy no forma parte del espectáculo. requiere de motivos y estrategias que enlazan con el convencimiento profundo más que con la contingencia. Requiere de tiempo y no es necesariamente expansiva y, fundamentalmente es fruto de una conciencia profunda. Establecer una cartografía de la resistencia supone abrir una puerta a la oportunidad y a la gestación lenta.

Asonancia segunda: Proximidad. Y no hablo de espacio. Hablo de lo que Josep María Esquirol llama "filosofía de la proximidad" en la que lo lejano y lo cercano no son opuestos en medio de una concepción antropológica. O mejor, proxicuidad, una lógica complementaria entre proximidad y la ubicuidad, un equilibrio entre el contacto de cercanía y la demanda de dispersión. Sin determinismo territorial y reforzando modelos que permitan acercar sensibilidades.

Asonancia tercera: Conectividad. Y tampoco hablo de tecnología sino de reconstruir los vínculos, establecer una sociedad conectoma que restaure de forma transversal la comunicación. más allá de la colectividad como conjunción de personas, grupos, colectivos, La utopias conectivas[12] que convierten a los territorios en modelos dinámicos, nómadas, abiertos, sustentados sobre la simbiosis y el contagio, desjerarquizados y heterárquicos. El cerebro social. Nexonomía: el tratado de los vínculos para el bien común

Asonancia cuarta: Escalabilidad. La necesidad de abordar ese paso que abarca todo el arco social. Asumir los riesgos que permanecen marginales desde las realidades privilegiadas que parecen las Únicas invitadas. Ser capaces de que esos contextos sociales próximos y frágiles funcionen en la lógica de una maquinaria imprescindible más allá de la manoseada integración. Trabajar desde las situaciones micro con capacidad de implicación y de autonomía. El cambio global que se pontifica y hacia el que se impone la acción no puede hacernos perder de vista la realidad más inmediata. La realidad no puede ocultarse tras los destellos de la retórica innovadora, colaborativa y emprendedora que, como vemos a diario tan solo alberga a cierta clase privilegiada

Asonancia quinta. Simetría. ¿0 podemos unirla a la anterior? En todo caso está bien relacionada. No abundaré, lo he ido haciendo a lo largo del texto. En todos estos procesos de ISC se constata una evidente asimetría de clases que excluyen a quienes no pertenecen a ese ámbito económico, social y académico, el de la clase en cierto modo privilegiada y evidentemente occidental (¿habéis visto

12 pag. 68

participar de la ISC a muchos inmigrantes?). Los sesgos y las carencias son evidentes. Una minoría vuelve a estar al cargo. Una minoría vuelve a adjudicarse la representatividad.

Asonancia sexta. Afectividad. Una perspectiva que aborde los procesos desde posiciones integrativas en el más amplio de los sentidos. Una ciudad empática en la que quepan sus múltiples protagonistas, donde quepan las diferentes sensibilidades y convivan en un entorno de complejidad generativa. La sabiduría del arrimo. La esencia de los cuidados.

Asonancia séptima. Nomadismo. Ser flâneur del conocimiento. No estamos hablando de desplazamientos físicos sino de aperturas intelectuales. La experimentación ubicua que no pretende reproducir los modelos conocidos sino experimentar nuevas cartografías, nuevas derivas. Un pensamiento "siempre de paso" como diría Aute.

Asonancia octava. Permeabilidad. El dentro y fuera no existe. No existen los márgenes. Todo es una tensión que enfrenta y que ha provocado la espantada de no pocas comunidades, de no pocos individuos, de no pocas inteligencias. No hay nada que nos diga que no deba contemplarse una porosidad extrema para el encuentro.

Asonancia novena. Situación. La lógica de la resistencia no está en el orden, no está en lo organizado. A menudo lo no previsto genera una riqueza mayor si se sabe estar al tanto. Acciones libres engarzadas que van provocando situaciones generan otras nuevas, a menudo inopinadas y accidentales (felices accidentes). Escaparnos del programa. Abrazar los desvíos. Priorizar la inducción.

Asonancia décima. Desapropiación. O construir dinámicas para alcanzar la participación aumentada. Muy relacionada con las necesarias desinstitucionalización (devolver la capacidad a la sociedad) y desexpertización (la multitud inteligente) que pueden poner en marcha la intuición, la energía emocional, la iniciativa, la experiencia de vida, la intención conectiva... para alcanzar soluciones laterales.

Asonancia premium: Radicalidad. Para construir de raíz. Para la resistencia. Para la ocupación. Para la recontextualización. Para la reapropiación.

# indicios de innovación

El medio revolucionario de la actualidad es la innovación. Al menos así lo parece. Al menos así se plantea. El apartado intelectual técnico y político contemporáneo no puede prescindir de la innovación en su léxico. Lo necesita. No se puede participar de la construcción del mundo visible sin aliarse con ella, sin participar activamente en alguno de sus laboratorios, sin organizarlos. Nada que objetar. Mucho que reflexionar.

Parece que estamos insertos en la "sociedad de la innovación". Podríamos decirlo así a la vista de su inevitable presencia en cualquier titular. Y, dado el entusiasmo que provoca, podría pensarse también que nunca antes se había dado algo parecido. El caso es que a partir de lanzarnos a ella vamos a alcanzar los sueños de una ciudadanía emancipada. Ese es el principio. Al menos esa es la carta de presentación. No sé. Quizá sea que estoy entrenado para la duda. Si voy a usurpar un pensamiento de Bertrand Russell sobre la filosofía diré que, por lo menos desde la gestión desde lo público, cualquier afirmación debería ser "un ejercicio de escepticismo". Me coloco en ese espacio sin la intención de bloquear.

Escepticismo primero: La abundancia de innovación puede vacunarnos contra la curiosidad cuando toda viene desde las mismas fuentes y en paquetes preparados para el consumo seguro. Refrendadas por esa comunidad experta que nos protege. Puede parecer una paradoja pero el bloqueo por hipertrofia existe. Cuando se ha convertido en una muletilla recurrente. Cuando señala con rotundidad los espacios por donde se debe caminar, las materias que se deben investigar, las razones para protestar.

Escepticismo segundo: Cuando ella misma se convierte en un estupendo nicho de mercado. Ya hemos vuelto a la mercancía por un camino nuevo. Cuando se convierte en otra plataforma para regenerar el capitalismo. Cuando puede ser un bálsamo más que un reactivo. El neoliberalismo como cultura exige una gran cantidad de complementos que lo disfracen. Incluso que lo banalicen para que pase desapercibido.

Escepticismo tercero: La sociedad de la innovación construye el espectáculo moderno de la inconformidad y sus opiniones, sus sentencias, sus decisiones son las que construyen y/o imaginan el futuro. Hoy con más fuerza se consume el signo y la fuerza de esa modernidad se manifiesta en la innovación como recurso. Un nuevo recurso que aparece como inocuo, como regenerador, como restaurador de una naturalidad perdida. Se instala y se consume el capitalismo sociológico como gran símbolo oculto. Una reproducción de las normativas que no ataca las bases de los atropellos sino que suaviza sus efectos. Sigue siendo la ciudadanía una observadora más. Alguien que consume esos símbolos, esos signos que desde esos espacios de innovación se generan.

Escepticismo cuarto: Creo que existe una contradicción grave en ciertos discursos "ciudadanistas". En estos espacios de pensamiento participa un sector muy definido de la población que mantiene unos determinados privilegios de estatus, prestigio, reputación, crédito, formación... que luego se encarga de exportar para que el resto tomen referencia. Una especie de "innovación de clase" para una categoría más o menos acomodada. Aunque parezca lo contrario y así se mantenga en los foros de innovación, el asunto no deja de ser de arriba abajo. La innovación es innegablemente dirigida. La sociedad de la innovación es un modelo de dirección. La forma de generar un mundo deseado desde una cierta auto-representación. Quizá una manera más de desposesión capitalista. No deja de ser curioso que sea desde lugares amparados por el poder local en su mayoría y en muchos casos ya por instituciones supranacionales pero oficiales, desde donde se busquen fórmulas revolucionarias.

Escepticismo quinto: Es esa misma sociedad de la innovación la que plantea un sistema de relaciones sociales, culturales y económicas en torno a un objeto de deseo que acaba convirtiéndose en la conformidad con lo que ocurre. Y lo hace a través de la normalización de los sentimientos: la normalización de la provocación. La revolución de la calle se dulcifica y la práctica subversiva se serena desde unos laboratorios que en demasiadas ocasiones se convierten en endogámicos.

Escepticismo sexto: ¿Una nueva forma de ordenación ciudadana? Una cartografía de la subversión nos aporta la certeza de que existen gran cantidad de manifestaciones marginales de mutación y de guerrilla que difícilmente se entrecruzan con la innovación oficial. Se genera una especie de relación en códigos cerrados que impide que las ideas se contaminen y terminen aisladas en esos micromundos de clase. Quizá este sea un desorden de la innovación: que está encuadrada, que se dibuja con líneas demasiado rectas, que a la postre genera ortodoxia (la heterodoxia no dura dentro del poder), que se pretende globalizada, que se sustenta sobre la cifra... La normalización de la innovación, aunque pueda parecer una contradicción, puede reconcentrar el pensamiento, puede adelgazar enormemente el discurso y consolidar la formalidad.

Escepticismo séptimo: La innovación, puesta en esa bandeja, se convierte en un espectáculo más. Eso sí, un espectáculo avanzado, renovador. Cuando innovar encaja tan bien en cualquier discurso, algo resulta sospechoso. La innovación viene así a ser un comodín, algo que siempre queda bien y que se diluye en si mismo una vez termina la perorata: "[...] todas las formas de crítica, disensión y resistencia mantienen una relación interna con el sistema al cual se oponen" (Sadie Plant). Un bálsamo para el neoliberalismo.

Escepticismo octavo: La innovación se domestica como se ha domesticado todo. Se innova para ajustar a las necesidades actuales de explotación lo que ha quedado viejo. Un refuerzo continuo del dominio. En nuestro sector aparece la Gobernanza como término fetiche, un término trampa que oculta las formas de regulación y de gestión pública que se desarrollan en el marco de la globalización neoliberal. Y así parece que la realidad es únicamente el discurso. Pero bien sabemos que no es así y que demasiados procesos de innovación cumplen un papel normalizador demasiado evidente. Y lo cumplen porque son "espacios de clase" como decía más arriba en los que la "realidad real" no es tan cierta como parece.

Escepticismo noveno: De este modo se ordena la crítica social. Se canaliza y se categoriza dentro de las estructuras preexistentes sin atacar su fondo. Solo existe y puede existir la innovación que se ajusta a unos cánones. El efecto regulador de una cultura neoliberal suavizada donde la innovación se convierte en aparato. ¿Quién se otorga el privilegio de innovar? La planificación de la innovación suena a estrategia y cualquier estrategia prescinde de la radicalidad precisamente porque necesita contabilidad. Coincido con Baudrillard en que los acontecimientos poderosos no necesitan de un marco sino todo lo contrario, y que si lo son carecen de significado. La fuerza de la transformación tiende a estancarse. El espíritu de revuelta se va adelgazando.

Escepticismo décimo: Cuando algo así necesita de la industria publicitaria (los mecanismos de comunicación institucionales y los discursos políticos también lo son) es que se inserta en un espacio que no se sostiene sin simulacros. La publicidad es la que mantiene los sueños en una sociedad de consumo capitalista. También el sueño innovador. No hay forma de saber hasta qué punto la innovación se ha convertido ya en un eslogan publicitario en sus propios esfuerzos por introducirse en la agenda política. Una consigna para conseguir la aceptación desde múltiples niveles: por supuesto el político que refrenda, el financiero que permite y el ciudadano que participa.

Por eso mismo: la sociedad de la innovación no puede ser otra cosa que la plasmación de un deseo, el deseo de emancipación colectiva. Lo otro corresponde a una transfiguración del gobierno, de una adaptación de los procedimientos a unas formas más actuales. No puede quedarse en un juego de representaciones por mucho que estas se den en espacios supuestamente liberados. No puede tomarse la innovación sino como, en palabras de Marina Garcés[13] hablando del pueblo, "una concepción dinámica e inacabada de la vida colectiva". ¿Se han dado cuenta de que el discurso de la innovación se ha colocado por encima del discurso de la cultura? Por algo será. Pero este es otro asunto que podemos abordar en otro momento.

Por eso mismo: hablo de la innovación como un asunto nómada. Porque es necesario salir de nuestros "espacios verdaderos" y abarcar desde las miradas que no embellecen la realidad. Y sobre todo porque si salimos y escuchamos perderemos esa tendencia a convertirnos en salvadores. Sobran salvadores. La salvación, incluso desde el activismo puro, no puede ser ni la propuesta ni la respuesta. Son patrones redentores como los de cualquier doctrina.

Por eso mismo: es necesario saber dónde estamos colocados, ser conscientes. "Bajo lo que hemos llamado 'la colonización de la vida cotidiana', los únicos cambios posibles son los cambios de papeles fragmentarios" nos dice Raoul Vaneigem en sus "banalidades de base"[14] Esos papeles fragmentarios son los que devienen de la necesidad que tiene la sociedad capitalista de dividir las tareas. Parece que los laboratorios de innovación pueden caer en el error de garantizar una cara amable al poder y de señalar los caminos correctos. Una acción contra el síntoma sin entrar en la enfermedad.

Y al final, la innovación termina narrándose a si misma y se autoproclama como un "reformismo benigno" (Lyotard) que es perfectamente compatible con los excesos que pretende erradicar. Que corre el peligro de fundamentarse sobre "suposiciones culturales" que pueden convertirse en condicionantes ideológicos desde una visión unificadora. Sin embargo, volviendo a Plant, "la historia es una serie de luchas discontinuas en una plétora de ámbitos de la vida social, y la sociedad es meramente el efecto general de esas particularidades". La innovación no puede nutrirse principalmente de "la academia".

Pero a veces no hacemos sino jugar con el léxico, con los conceptos, con lo ya

---

13 http://www.elcritic.cat/entrevistes/marina-garces-tenim-molts-coneixements-pero-cada-cop-som-mes-obedients-11569?
utm_content=bufferbdcc5&utm_medium=social&utm_source=twitter.com&utm_campaign=buffer
14 http://www.sindominio.net/ash/is0706.htm

hecho y repetido en multitud de ocasiones. A veces no hacemos sino jugar con los significados. Empezamos como si no hubiese nada antes de nosotros. No acumulamos porque desconocemos o porque creemos de verdad que nada ha habido. Sucede así a veces que innovar es ignorar y hablar de lo obvio. Es necesario averiguar si esas necesidades de innovación, esa sociedad de la innovación, no es sino una postura estética, si éstas innovaciones no "…sirven al poder de la misma manera que la honradez, la verdad, el progreso, etc., sirvieron al sistema capitalista en la edad moderna clásica" (Stewart Home)[15].

De la innovación canalizada a las redes de subversión.

## critica, hegemonía y ficción

La crítica pura, como la filosofía, nace del desinterés absoluto por la utilidad, por la transcendencia del uso. Cuando pienso, no lo hago sintiendo el "para qué" sino desde la intención de acercarme al asunto sin tener en cuenta su practicidad, fuera de todo pragmatismo que pueda encarrilar lo pensado. Busco pensar en lo que me rodea sin acercarme a sus fines funcionales. De esa distancia surge la pregunta sin intención impuesta, ni intención de respuesta que justifique una razón utilitaria.

Colocándome en este espacio del gobierno local en el que trabajo, la critica pura viene por varios caminos: uno, la distancia necesaria entre el objeto y la razón (no tengo necesidad de someterme por supervivencia) y, dos, la carrera profesional (las fórmulas de promoción están supeditadas al derecho y no al la obediencia debida). Puedo añadir, aunque esto ya es personal mi total ausencia de ambición por alcanzar niveles, prebendas o ascensos en el escalafón.

Si, volviendo al principio, la filosofía nace del interés último por la sabiduría, como nos señalaron Platón y Aristóteles, la crítica pura nace pues de la independencia que ofrece el no sentirse atado ni constreñido ni por ambiciones personales, ni por presiones contractuales, ni por necesidades vitales, ni por exigencias de sumisión. La critica pura no puede desarrollarse pues en un entorno que necesita justificar el objeto de crítica (no poder hablar mal ni cuestionar aquello que me mantiene). Surge entonces cuando no se tiene ningún interés ni vital, ni profesional, ni de carrera… Surge en definitiva cuando no se tiene ningún interés de justificación. Hace tiempo que "yanotengoprisa". Eso tranquiliza mucho y me permite

15 https://stewarthomesociety.org/

posicionarme en un lugar sin interferencias.

Por eso y desde esta posición abordo la crítica hacia esas "tendencias" que surgen dentro de los gobiernos locales. En este momento el dogma del emprendimiento me preocupa como espacio de construcción social y me ocupa tiempo de reflexión crítica. Y es así porque, a mi juicio, viene argumentado como esencial para el desarrollo personal (el éxito) y social (el progreso) sin analizar de ningún modo cuál es realmente su base argumental e ideológica, y disfrazado de libertad, una libertad muy contemporánea, muy atractiva, una libertad que apetece porque te coloca en ese espacio de glamour tan fascinante, porque te sitúa en ese grupo de los que van a construir la nueva sociedad, la de los nuevos retos. Una libertad que, paradoja, no te deja elegir fuera de catálogo porque ser un perdedor es trabajar para otros incluida la administración pública (yo toda la vida he sido un perdedor).

El dogma del emprendimiento se completa en trilogía con la innovación social y la colaboración; entre los tres nos traerán esa nueva sociedad, esa nueva economía tan deseada. Podrá sonar excesivo pero todo esto me parece un espejismo muy eficaz para alcanzar esa apariencia de revolución. Una narrativa estructural en toda regla (no es coyuntural, no se equivoquen, forma parte de eso que han denominado "crisis") que enfoca la experiencia humana desde la perspectiva capitalista del porvenir. Y toda perspectiva capitalista no es otra cosa que la explotación individual o colectiva de cuerpos y conocimiento. La uniformidad del pensamiento a través de una pretendida innovación social (qué se puede innovar cuando la base reflexiva está inducida de modo previo) y la colaboración (qué escenario de colaboración nos deja un sistema en el que se colabora compitiendo). Nos queda un déjà vu muy barnizado y un espacio mínimo para la resistencia. O aceptas o estás fuera (aunque no hay nada fuera como bien nos recuerda esa teoría del "desierto circular").

Y, aclaro de nuevo, en punto y aparte y párrafo propio para no dejar dudas, que mi crítica hacia estos tres ámbitos no es la crítica del "hecho" sino la del "ser". La propia ontología. La crítica a partir de la reflexión sobre el entramado sociocultural que se genera desde y a través de una normalización  presentada como rebelión, una especie de manual de instrucciones para la transformación que te señala el mapa hacia una nueva sociedad más libre, transgresora y solidaria. Pero no se trata sino de la generación de un comportamiento asumido por la práctica totalidad de la sociedad como lo sensato, lo que hay que hacer, lo que toca... la subversión normalizada y administrada[16].

16 pag. 161

El emprendimiento como hegemonía, la innovación social como cortocircuito y la colaboración como placebo constituyen esa trilogía conformadora de una sociedad que consolida el imaginario capitalista del mercado (incluso uno mismo es producto y mercancía[17] a través del yo-marca). Todo contribuye a la concepción de un modelo en el que la economía capitalista está por encima de cualquier otra forma de vida y se canaliza mediante estrategias sociales[18] y responsables[19] tremendamente eficaces. Todo genera una rueda infinita que no permite encontrar otra salida digna y contemporánea que no sea la señalada por ese dogma. Un más de lo mismo con apariencia de revolución. Pero no es así sino que, como en otro tiempo lo hicieron los mitos y más tarde los monoteísmos, el imaginario neoliberal ha colonizado el pensamiento y se ha formalizado. El sentido es el mismo: sumisión a unos dogmas que no hay que interpretar (si acaso la interpretación le corresponde a los elegidos) sino acatar y aplicar. Normalización.

Pero la realidad no es la idealidad y sólo en este espacio ofrecido se encuentra la libertad. No hay más. El derecho al desacuerdo no existe porque no hay nada fuera: el desacuerdo intelectual te coloca en una posición de protestón incómodo; el desacuerdo activo te aparta con los "perdedores". No hay libertad en ninguna doctrina. Sometimiento a una realidad-trampa que se construye desde la narrativa. El emprendimiento como soporte para la individualidad (la economía social es lubricante), la innovación social como indicador y brújula (la señalética de la élite) y la colaboración como representacion (la mayor parte de las veces, un rentismo disfrazado). Los tres ámbitos perfectamente sincronizados y dirigidos conjuntamente por la administración pública y por los dispositivos de poder para conseguir lo que Gramsci denominaba "revolución pasiva". Tres pilares que describen lo que desde ciertos sectores denominan potcapitalismo en un intento de dulcificar y pretender la desaparición de un sistema. A mi más bien me parece el avance hacia un auténtico metacapitalismo. Una metástasis del capitalismo.

Y como la realidad no puede estar más cerca que desde lo local, todo se ha sabido usar muy bien. Se han construido todos los dispositivos publicitarios con el apoyo entusiasta de los gobiernos locales. Se ha comprendido muy bien que poner estas estructuras municipales al servicio del desarrollo neoliberal era la mejor apuesta. Magnífico. Aquello que por excelencia debería estar al servicio del bien común se pone al servicio del ideario del mercado capitalista con los oportunos barnices. La realidad reforzada desde la proximidad.

17 pag. 112
18 https://twitter.com/ConsumeHastaMor/status/759450774086807553/photo/1
19 http://www.elsalmoncontracorriente.es/?Aqui-hace-falta-mucho-jabon

Por eso insisto en esa critica ontológica, porque el comportamiento genera comportamiento y lo que está sucediendo no es accidental. Pretende inducir y en este momento se trata de reinterpretar un modelo que recupere esa autoridad que el capitalismo perdió durante los años del "bienestar". La historia se construye desde varios frentes: uno, bajo las "necesidades" y crearlas es la mejor manera de que sean las "correctas". Otro es liberar al individuo de los espacios de pensamiento por ausencia de tiempo (recordemos que la filosofía surge por "tener tiempo"): no puedes tenerlo mientras estás ocupado en ese 24×7 tan digno de orgullo.

La realidad capitalista se apropia de la vida en todas sus dimensiones y sigue construyéndola desde esa fantasía de libertad (sometimiento productivo), desde esa exaltación de las evidencias (innovación inducida) y desde ese placebo de compromiso (colaboración extractiva)[20]. Las tres estructuras que aseguran la hegemonía del neoliberalismo en una especie de "revolución conservadora". Sería muy bueno analizar los tres modelos de transformación que nos señala Wrigth (2014) en sus "Utopías reales"[21]para hacernos una idea cabal de lo que estamos hablando. Y sería muy bueno también acercarse a la reflexión de Imanol Zubero[22] y el grupo de investigación CIBERSITY de la Universidad del País Vasco UPV/EHU. No existe innovación social que no nos conduzca por el camino adecuado al destino adecuado, que no esté inducida por los modelos de desarrollo y progreso ortodoxos, que no consolide las orientaciones formadoras y conformadoras. No entiendo qué hay de innovación social cuando todo lleva al mismo molde, a las mismas pautas, cuando se persiguen los mismos resultados... pero, lo cierto es que, para triunfar (como experto, público o privado; como institución pública o privada) solo hay que seguir dos estrategias: añadir ocurrencias a las líneas básicas del código, y generar discurso que refuerce el credo. En definitiva: ser hábil con los destellos.

Me resulta muy extraño que tanto la banca como los grandes del capital compartan discurso revolucionario (qué sensación de derrota cuando hasta uno de los grandes bancos reclama "la revolución de las pequeñas cosas"). Me resulta muy extraño que esa revolución la compartan unos proyectos locales que quieren hackear el sistema. Hoy toca el emprendimiento, la innovación social y la colaboración. Y los premios, proyectos, inversiones, discursos, congresos... lo

20 http://www.davidhammerstein.com/2016/03/014148-de-una-economia-colaborativa-extractiva-a-la-defensa-del-bien-comun.html
21 http://www.akal.com/libros/Construyendo-utopIas-reales/9788446040309
22
https://www.academia.edu/16992920/Innovación_social_una_propuesta_para_pensar_las_prácticas_sociales_en_clave_de_transformación

avalan. No se puede estar del otro lado. Vemos pasar doctrinas y liturgias y no terminamos de construir. La cultura fue durante un tiempo ese buque insignia que nos salvaría. Hoy, lo que queda de esa cultura, se convierte en economías creativas y también emprende, innova y colabora. Todo me parece una estupenda representación[23] (el más puro simulacro baudrillardiano) en la que los papeles están muy bien repartidos. Dicen que si en una sesión de coaching repites tres veces seguidas "innovación social", se aparece en la sala el "espíritu emprendedor" y se monta un fabuloso ecosistema de "economía colaborativa"

La "mercantilización blanda" como elemento central del proceso a través de un evidente capitalismo colaborativo[24]. Esa es la gran fortaleza del capital: atraer cada cierto tiempo actitudes y retóricas que lo refrescan. Estética. No hay mejor ficción que la que se instala en la realidad. Y la verdad es que siempre se está cómodo en la ficción: para esconderse, para camuflar y camuflarse. La ficción de ser libre, la ficción de avanzar, la ficción de compartir. La catarsis coach: un relato embellecido en el que la estética de la libertad individual, el destello de la modernidad y el prodigio de compartir nos colocan en un escenario que edulcora una realidad mucho más conservadora de lo que parece. Una realidad que no es capaz de construir alternativas válidas porque no se desprende de un modelo que, parece, quiere transgredir. Aunque parezca una paradoja, esos discursos "revolucionarios" no hacen sino normalizar los dogmas. Yo ya lo he visto y esto se parece mundo a ese franquismo sociológico que soporta este territorio. Se trata del capitalismo sociológico.

Pero no hemos enterrado nada, ni siquiera hemos conseguido que tiemblen los cristales de ningún palacio. Emprender sigue siendo buscarse la vida (¿cuántos emprendedores caben, de verdad, en un sistema cómo este?) pero ahora bajo el llamativo individualismo "co" que todo lo dulcifica: el imaginario capitalista deslocalizando individualidades. La innovación social, esa rebelión seductora que, además de tratar lo obvio (no se olviden de respirar y, por favor, tuitéenlo), conduce sin rubor hacia el fetichismo tecnológico con energizantes discursos de modernidad. La colaboración… en fin… no voy a decir nada de un concepto que se adultera constantemente. Todo se reduce a poner parches al sistema, no de derrumbarlo. Una especie de "prudencia" que no es sino una variante más del conservadurismo. Por muchas razones ya no estoy en disposición de creerme demasiadas cosas. Tampoco de creerme que esta vez sí, que con esto vamos a

23 https://www.academia.edu/1850470/BAUDRILLARD_ALTERIDAD_SEDUCCIÓN_Y_SIMULACRO? auto=view&campaign=weekly_digest
24 http://economia.elpais.com/economia/2016/08/01/actualidad/1470030391_006639.html? id_externo_rsoc=TW_CM

dar el paso definitivo. No confundo la participación con la teatralización de lo institucional, ni los laboratorios con la ciudadanía, ni la cooperación con el paternalismo, ni la gestión con la canalización... Y me parece que sigue habiendo una gran distancia entre lo que se elucubra en muchos de estos círculos "privilegiados" y lo que ocurre en la calle. Se institucionaliza la revolución y eso me parece bastante raro.

Pero no se preocupen, esto solo es pensamiento crítico y, como saben, no llega a ninguna parte y ademán es tachado de antiguo y aguafiestas (aunque no es lo mismo antiguo que anticuado). Critica, hegemonía y ficción. Tan solo eso y ahora no se acostumbra a construir desde los efectos del desencanto. No se lleva bien con esa corriente del pensamiento positivo[25], con esa trampa de aquiescencia que todo lo llena de luz y de buen rollo. De vasos medio llenos. Buen sistema también para neutralizar controversias y levantar púlpitos.

Lo aparente mantiene secuestrada la realidad. Y a lo que se genera en ese entono, se le llama ecosistema. Cuando el poder se canse de éste lo cambiará por otro para seguir fingiendo. Porque, no nos engañemos, es una realidad acotada, una innovación a puerta cerrada. Una ficción que nos está acostumbrando a esas esencias del neoliberalismo. Ya no podemos criticar porque la ficción es la hegemonía, es la realidad. Y nos abrazamos a los ecosistemas como si en ese concepto habitase la bondad de forma natural sin ambages. No es así y sabemos que existen ecosistemas tóxicos. Quizá estos que así se anuncian son los que mejor cultivan ese entorno en el que se normaliza el neoliberalismo (recordemos que éste no es un sistema económico sino un sistema cultural) y se consigue otra ficción: ya no existe la clase trabajadora, ya no hay conciencia de clase si no es la de esa que te coloca en el "estado emprendedor". El "sueño americano" se ha expandido de una manera extraordinariamente eficaz y abarca ya toda la dinámica social de un capitalismo total.

No me cabe duda, ahora sí me voy: esa ficción es la mejor propaganda del capitalismo. Porque no tenemos nada, tan solo el relato. Eso sí, un relato que llega y que cubre esa necesidad de ilusión que todo individuo tiene. "El fluido colectivo que surge de los intercambios y la suma de los fluidos particulares, es negativo" nos dice Milosz[26] en su "Mente cautiva" y sigue "si todo es lógico, ¿por qué la ecuación da un resultado diferente al que debía tener?" El orden natural no existe y el construido es débil. El relato prepara para la "vida real" y así vamos,

25 http://elpais.com/diario/2011/11/14/cultura/1321225202_850215.html
26 https://es.wikipedia.org/wiki/Czesław_Miłosz

tomando como normal lo que en otras "realidades" nos parecería un atropello.
Y quiero insistir en lo que dije mucho más arriba: no es la crítica del "hecho" sino del "ser". Y que me descorazona ver tantas trampas abiertas; y que todo esto obedezca a una especie de "lógica moderada" totalmente naïf. Esa "lógica moderada" que quita hierro e intenta camuflar los abusos sin acudir a su fondo. Esa lógica que bautiza viejos atropellos con nombres nuevos y todo parece mejor. O le pone tecnología a hábitos antiguos y lo eleva a potencia. La ficción, en este caso, es la consolidación de la hegemonía bajo una crítica débil o ausente. Creo que sin más. No puedo evitar sobresaltos cada vez que escucho economía colaborativa. Perfecta estrategia, perfecta elección de adjetivo desde donde se refuerzan privilegios. Mientras tanto, la nueva progresía se apunta como multiplicadora de discursos que legitiman los dispositivos necesarios para construir ese tejido simbólico y cultural que se necesita para mantener un estado social propicio para el poder. Ni siquiera los cambios políticos que estamos viendo en algunos municipios se pueden sustraer por lo magistralmente articulados que están, por lo que han calado ya, por la inercia que han adquirido.

La representación de la vida, una vida libre en la que no aparece ni rastro de explotación (ni derivada ni propia), una vida conforme con ese sistema cultural neoliberal en el que navegamos (eso sí que es un ecosistema). Todo es bondad emprendedora, innovadora y colaborativa. Una vez más se ha perdido la batalla por la vía de un lenguaje sustraído, violentado y secuestrado. Y aparecen escalofriantes artículos como éste (proliferan en cantidades extenuantes) que se usan como quintaesencia de la libertad. Léanlo[27], por favor, con atención, intenten substraerse del término "colaborativa" y dígame qué es lo que cambia y, sobretodo, quien colabora y de dónde se sacan los beneficios, para quién son en realidad y cuál es la magia de la tecnología que no sea la misma que supusieron el resto de las tecnologías de la humanidad (a no ser que ahora todos tenemos un teléfono inteligente y antes no podíamos tener una máquina de vapor cada uno), díganme dónde está esa economía de la abundancia[28] (otra tendencia en alza) . Estaría bien una reflexión situada pero eso parece demasiado. Como dije en algún momento: metacapitalismo. Como ya se va viendo en otro de los paradigmas de esa economía colaborativa que no es sino capitalismo con tintes.

Puede ser que quien no esté en su lugar sea yo. Y que todo provenga de una visión desencantada por la sensación, ante todo, de presenciar una transgresión estética. Por eso ni siquiera voy a entrar en algo me produce, si cabe, más

---

27 http://www.eldiario.es/piedrasdepapel/economia_colaborativa_6_541805827.html
28 pag. 46

trastorno: el funcionario emprendedor. Bueno, aún hay otra: el intraemprededor. En fin, hasta luego.

## los espacios situacionales y los nuevos comunes

Todo proceso de insurrección sabe que la lógica no está en el orden, no está en lo organizado. Que todo parte de situaciones que, a menudo, no se han previsto, que se corresponden con acciones libres engarzadas. Que esas situaciones generan otras nuevas, a menudo inopinadas y accidentales (felices accidentes) y que en ese caldo de cultivo, abierto, natural y espontáneo van germinando nuevas formas de ver, de comportar, de relacionar, de entender... quizá esto sea lo que hay que comprender para reenfocar eso que se ha llamado gestionar. La micropolítica de la ciudad no entiende de estructura.

Hasta ahora, desde ese modelo de la "ciudad administrada", todo ha sido fácil: todo formaba parte de una programación bien estructurada y el consumo estaba controlado. La ciudadanía usuaria se sumergía en realidades unidimensionales creadas, según esas nuevas tendencias de marketing, para enriquecer sus experiencias; la ciudadanía consumidora adquiría tranquila lo que se le ofrecía porque los mejores expertos se ocupaban de cubrir sus necesidades; la ciudadanía participativa se sumergía en estimulantes procesos que alimentaban la ilusión de pertenencia. Y la nueva ciudadanía digital experimentaba una libertad virtual sin conciencia ninguna sobre los algoritmos que realmente les gobernaban.

La ciudad programada ha sido (todavía es) el  método por excelencia para perseguir y alcanzar ese sueño de desarrollo neoliberal que tanto ha ilusionado en los últimos años. Desde ese modelo, desde la programación experta, la administración local ha privatizado el derecho a la ciudad mediante un modelo distributivo compacto y concluyente. Se podría decir, en la linea de Harvey, que ha habido una "desposesión por gestión"

Pero la transformación no llegará por esos procedimientos de compra-venta que conlleva la programación-mercancía. Ya no sirve ese modelo de difusión, de oferta, de reparto de contenidos. Ya no sirve esa gestión industrial que encajaba a la perfección dentro de los ciclos de consumo en una circularidad cerrada y controlada. Un apaño para el simulacro. La programación como arquetipo de la gestión ha tenido dos efectos inmediatos: 1.- ha resultado ser una de las razones por las que la ciudadanía se ha apartado de su compromiso generativo; y 2.-ha sido una eficaz herramienta para modelarlo todo desde el ideario y la doctrina de las élites políticas y técnicas.

¿Y si transformamos ese modelo? ¿Y si no programamos, al menos, tanto? ¿Y si abrimos el campo de lo posible? ¿Y sin en vez de externalizar procesos, internalizamos conocimiento[29]? ¿Y si cedemos espacios físicos y simbólicos? ¿Y si abrimos nuevas vías de escape? En definitiva: ¿y si aparcamos ese "gestionismo" mecanicista tan propio de las corrientes tecnocráticas y fundamentadas sobre la supremacía de la expertos?

Hablo de apostar por la provocación, por la inducción y por el nomadismo como lineas de fuga, hablo de rechazar esa planificación estratégica que nos ha traído hasta aquí, hablo de huir de los planes directores (uniformizadores de mercado y fanáticos del largo plazo). Hablo de embarcarnos en procesos de deriva, en una narrativa que se vaya construyendo desde el análisis sincrónico, la reflexión representativa y la memoria social: desde las modificaciones y las acciones de guerrilla. Hablo de imaginar y favorecer centros públicos que funcionen como espacios situacionales. Quizá la salida más apropiada para aproximarnos a una gestión ciudadana descolonizada. Espacios que engendren.

El horizonte es la **conectividad situacional**, algo que va más allá de los dispositivos y las tecnologías. La provocación, la inducción y el nomadismo como "fuerza de la resistencia" en palabras de Rancière, la reinterpretación de lo impuesto. Un espacio situacional es una ruptura con el orden oficial de la oferta, un territorio en el que se tramitan las grietas, un metabolismo cotidiano. La comisión de actos impuros. La provocación también es la búsqueda, la decodificación de la certeza, la realidad múltiple, el desanclaje de los hábitos. Por eso supera la lógica de la programación, la lógica de la contabilidad, la categorización cuantitativa, la acción objetualizada, la producción alienada... Y, también por eso, no encaja con todos esos estándares e indicadores que reclaman datos de impacto, de resultados, de cantidades frías... ¿Cuál es esa perspectiva situacional? Saber dónde estamos (situación como lugar de partida) y saber qué somos (situación como lugar de construcción). Un espacio situacional es la comunización. Es el poder performativo y el poder compartido; el poder para y el poder con; el control ciudadano por todos los recursos materiales y simbólicos

**Los LABs son esos espacios situacionales**. Por eso no hacen ruido contable sino que potencian "lo que sucede", no se apoyan en esa necesidad de oferta que

---

29 http://blogzac.es/la-inteligencia-transware-superar-lo-impermeable/

mantiene la lógica de la gestión distributiva[30]. Y también terminan con esa obsesión sancionadora que conlleva la meritocracia neoliberal: la reválida de lo excelente, el reparto selectivo del mercado, las lógicas del rendimiento, del más fuerte, del competitivo... Es una reconceptualización de la práctica política y de los modelos de gestión.

Los LABS se constituyen en espacios para la práctica comunitaria más allá de esas performances de participación... Funcionan como un rizoma que permite que esa inteligencia ciudadana pueda evolucionar sin protocolos normativizados: La ética transware[31]. Se convierte el proceso en práctica. La generación de conocimiento desde el común para el común. Un espacio público intelectual para la distribución abierta del conocimiento comunitario. Los LABs no son objeto sino comunidad y por eso mismo en ningún caso deben considerarse como "espacios cedidos" sino "espacios de emancipación".

Los espacios situacionales, los LABs, son el lugar donde realmente ocurren las cosas, donde realmente se produce y discurre la comunidad y la ciudadanía. Ya nos hemos preocupado por el hardware, hemos construido, ya nos hemos preocupado por el software, hemos distribuido. Preocupémonos ahora por el transware: conectemos, engendremos.

De la programación a la provocación. De lo distributivo a lo situacional. De lo institucional a lo comunal.


## la abundancia en 30 cortes. el espectáculo continúa


Perdonen, pero hay veces que me descoloco así que me desahogo y luego intentaré centrar algo: ¿Dónde está esa abundancia? ¿De qué abundancia hablamos? ¿Quién la tiene? ¿Hablamos de bienes? ¿Para quién es accesible? ¿Qué tipos de rentas genera? ¿Dónde queda el asunto de las asimetrías? ¿Y esa brecha digital que parece no existir? ¿Qué necesidades cubre esta abundancia? ¿Cómo se acerca a los excluidos? ¿Habrá monopolios de lo abundante? ¿Es de verdad la globalización algo de todos? ¿En serio creen que la base tecnológica es lo que va a llevarnos al paraíso de la abundancia? ¿Y la huella de esa industria tecnológica necesaria? ¿Los alimentos también cuentan como abundantes? ¿O sólo se trata de una abundancia privilegiada? ¿Quién puede de verdad acceder a

30 pag. 121
31 http://blogzac.es/conciencia-transware-para-las-utopias-conectivas/

esos excedentes? ¿Otro discurso de clase? ¿Y si la abundancia de la que se habla fuera una tara, un defecto estructural? Ah, no, que solo es abundante el conocimiento. O no, es que me hago lío. Porque también hay abundancia en coches, plazas de garaje, habitaciones para alquilar, sillas, bicicletas, ropa, cacharrerío, lavadoras... vamos la abundancia de quien posee. Pero no, qué tontería para eso está la partícula mágica: "co". La combinación perfecta, abundancia y colaboración. ¿cómo no habíamos llegado a eso antes? Todo un ejercicio estético, me da la impresión.

1. Sin ánimo de ser un aguafiestas, díganme por favor, quién va a disfrutar ese paraíso de la abundancia cuando cada vez es más evidente la desigualdad, la precariedad y la explotación. Y más extendida, y más asumida, y más reforzada, y más protegida... y díganle eso a quien limpia la mierda de los contenedores, díganle que sea positivo y piense en la maravilla del comunitarismo de la abundancia. Y díganle que gracias la tecnología va a poder salir de ese pozo en el que está metido. Que la abundancia ha matado a las clases y que tendrá mucho tiempo para irse con su familia a ese apartamento en la playa (que otros amablemente ponen a su disposición en un alarde de altruismo cooperativo) mientras disfruta de un trayecto compartido en el coche (que, una vez más es de otros, como siempre). Y que el trabajo ha dejado de considerarse el origen de la autonomía personal, que no sea antiguo, y que la nueva ética está basada en el conocimiento, y que existen muchos ámbitos de abundancia, y que nacen nuevas formas de trabajo colaborativo, y que las diferencias por origen, sexo o procedencia ya no cuentan, y que la comunidad está por encima del capital, y que tiene que poliespecializarse para generar abundancia, y que ya no hay fractura entre el tiempo de vida y el de trabajo sino que lo que cuenta es la ética hacker, y que la comunidad de la abundancia le va a proveer de todas sus necesidades reales y que hay que reconquistar el trabajo. Y, cómo no, que la economía directa le va a permitir invertir en esos productos con los que tanto sueña, y que cuando se meta en un grupo maker se podrá fabricar sus propias tijeras de podar, y que si no avanza es porque ni se recicla ni se adapta, y que tiene que se nómada para aportar valor, y que el código fuente es la salvación, y que gracias a la tecnología van a desaparecer los intermediarios... Y que no se preocupe, que eso de que el origen de los padres condiciona el destino de los hijos pues ya no es así. Ah, que no es eso ¿verdad?, me estoy confundiendo...

2. Como diría Morin[32], lo medieval está climatizado. El caso es que no puedo ver la abundancia desde otra perspectiva que no sea anticapitalista. Y ese no parece ser el camino aunque se limpie. Tampoco resulta muy alternativo ni peligroso el asunto cuando se unen con gusto al discurso los grandes mastodontes del capital. Si con abundancia quieren decir que hay para todos, antes habrá que desactivar el airbag del capitalismo. Si es así, de acuerdo, adelante. Pero no creo que vaya por ahí. Seguimos con privilegios de clase. Por eso no me interesa. Puede que el tan aclamado y anunciado postcapitalismo no sea tal, que sea un metacapitalismo apoyado por un perfecto tecnoliberalismo. No se habla mucho de la justicia distributiva... el capitalismo no desaparece, no sé quién quiere convencer de eso a quien, se transforma con nuevos elementos (Tiquun)[33].

3. A ver si resulta que todo este asunto de la abundancia y la colaboración es el discurso de una nueva progresía ciudadana que se recicla, que vuelve a una cierta sensibilidad y reinventa el compromiso estético. Que se replantea un modelo que le permita mantener unas ciertas posturas sin una renuncia excesiva. Un refugio en definitiva. Porque el discurso, es evidente, parte y se dirige a ese circulo social y cultural que todavía mantiene un bienestar económico suficiente. O sea, que puede que no sea sino un mecanismo para la reconstrucción de una clase que está perdiendo posiciones, esa famosa clase media. Algo que la proteja ante los vaivenes económicos que no van a cesar.

4. Plantear la abundancia desde los parámetros tecnológicos (el proceso distributivo) no hace sino refrendar el orden de un sistema que interfiere desde la misma tradición de clase y élite, de quien posee. Plantear la dualidad futura del integrado y el excluido no hace sino reforzar los contenidos de una ideología de la dominación y de la colonización de la vida (Guattari)[34]. Algo que, por supuesto, no ofrece alternativas para contrarrestar y neutralizar un orden estructural injusto y extractivo. Injusto por perpetuar las diferencias y extractivo por asegurar la explotación diferida.

5. Quizá sea un producto más de esa crisis de la izquierda que no ha sabido/podido encauzar un proyecto verdaderamente propositivo. O lo que también es muy probable: el resultado de unas políticas socialdemócratas

---

32 https://es.wikipedia.org/wiki/Edgar_Morin
33 https://es.wikipedia.org/wiki/Tiqqun
34 https://es.wikipedia.org/wiki/Félix_Guattari

que ha construido los puentes más sólidos para que el capitalismo circule. La tecnología como una verdadera herramienta de gobierno. Y no estoy hablando del manido gobierno electrónico y todas esas fábulas de ciudades inteligentes y biga-data...

6. La gestión de la abundancia y ese corolario que denominan economía colaborativa no es sino la gestión de un desequilibrio que, lejos de atacar la raíz, lo que representa es un acto estético para una colectividad posmoderna. Esa que determina sus acciones en argumentos supuestamente revolucionarios. La que está en permanente ósmosis con las doctrinas capitalistas y lo hace desde esas corrientes tecnoliberales que ya he comentado. Lo cierto es que este metacapitalismo contemporáneo ha encontrado un cauce verdaderamente propicio. Se trata de neutralizar y normalizar de modo que la persona asuma de forma aparentemente por si misma lo que se prepara desde otras instancias (Althusser)[35]

7. En ocasiones me da la sensación de que la argumentación y la exaltación de estos procesos, de estas economías, de estos nuevos modelos, no es sino una especie de fetichismo, algo que sobrevive como resto de unas verdaderas nociones de comunidad, de comunitarismo. Una reacción de funcionalidad que coloca la teoría como objeto y la introduce en un modelo social desarraigado y con evidentes necesidades antropológicas de contacto. La necesidad de generar un imaginario irreal sobre el que apoyarse para explicarse la irracionalidad de una tendencia depredadora. No deja de ser, no obstante la necesidad de mantener una disciplina de producir y consumir, sea del modo que sea. Una necesidad política, en definitiva. Algo que "permite a la presencia en crisis continuar funcionando" (Mariblanca)[36]. La abundancia se convierte en materia prima y explotable.

8. En realidad esa tendencia a magnificar las bondades de lo digital como soporte y canal de la abundancia supone una especie de inocencia. Toda colaboración promocionada (las apps lo canalizan todo) tiene un interés de explotación por parte de la propiedad. Un interés de rendimiento. Nada que objetar. El mundo del mercado capitalista es así. Lo que no acepto es que se venda como la quintaesencia de un nuevo comunitarismo. Y reclamo que se sea consciente, así mismo, haz lo que quieras pero se consciente. Consciente de que no estás participando en la generación de un modelo abierto de economía, consciente de que, aun pudiendo ser un nuevo

35 https://es.wikipedia.org/wiki/Louis_Althusser
36 https://brighton.academia.edu/PedroJoséMariblancaCorrales

modelo, de ninguna manera es eso que venden como superación del capitalismo.

9. La nueva economía tampoco la estamos diseñando nosotros. Como en la vieja actuamos como cadena de transmisión, un mecanismo convencido y muy implicado en difundir sus maravillas. En realidad todo se ha convertido también en un gran nicho de negocio. Desde la explotación directa a la invasión de expertos. La gestión del "espectáculo de la abundancia" supone una nueva forma de reforzar las estructuras de la mercancía derivando la atención hacia una realidad que refuerza la clase desde un lenguaje de compromiso. Este mismo espectáculo (Debord)[37] construye una realidad que, aún careciendo de autogestión y de cooperativismo real se cubre de apariencias suficientes para propagar una sensación de ruptura. El capitalismo tecnoliberal no es una cuestión de economía sino un refuerzo máximo de lo que Hardt[38] y Negri[39] ya nos señalaban como "el control de la vida"

10. Igual hay que darle también alguna vuelta a eso de la huella, qué es lo que hace falta para que esa abundancia sea gestionada desde una aparente infinita y nada nociva Internet. Parece como si no hiciese falta nada más que la magia de la tecnología para que ese paraíso del código abierto tenga los resultados milagrosos que se le suponen y se desean. Dónde se almacena toda esa información, todo ese conocimiento, cuáles son los requisitos energéticos, la refrigeración continua de esos inmensos discos duros necesarios para el almacenaje, y los espacios físicos, construcciones y bunkers de seguridad… Sostenibilidad digital, sostenibilidad del big-data. "Mantener el ritmo incesante de producción y consumo de datos y asegurar su permanente accesibilidad representa ya el 2% del consumo energético global" (Subirós y De Vicente)[40]

11. No hay reciprocidad alguna si no es entre quienes poseen la abundancia aunque esto último parezca una paradoja. Abundante ha sido siempre lo que se ha deseado que sea para beneficio del sistema que estructura. Y este sistema esta perfeccionando su mecanismo para ser Total. Y el engranaje es el que se mantiene desde esas teorías positivas y buenistas que nos sumergen en una narcolepsia entretenida. Creo que

37 https://es.wikipedia.org/wiki/Guy_Debord
38 https://es.wikipedia.org/wiki/Michael_Hardt
39 https://es.wikipedia.org/wiki/Antonio_Negri
40 http://www.cccb.org/es/exposiciones/ficha/big-bang-data/45167

todo forma parte de una idea demasiado indulgente y conciliadora con un sistema que ha demostrado una gran habilidad para su regeneración y una gran capacidad depredadora.

12.    Y ese teatro de la regeneración aparece en todos los momentos históricos en los que aparece una crisis estructural, moral o ética. El teatro de la regeneración es el teatro del progreso. Y en el teatro de la abundancia vamos a representar un mundo nuevo lleno de sueños y narraciones mitológicas. Vamos a disfrazar una realidad que no nos gusta. Pero justo eso, vamos a disfrazarla. Vamos a transmutar sin modificar, vamos a cambiar la estética. Como mucho, veo en todo esto un reflejo amable del espíritu conservador de una clase media con cierta sensibilidad.

13.    La abundancia se convierte, se ha convertido hace tiempo en un asunto cuantitativo vestido de ética. Ese es el enfoque que la sigue deteriorando, el que busca un modelo para alcanzar la circularidad infinita. El argumento que la encierra en el apartado de la mercancía sea vendible o no, sea distribuirle o no, juegue con las reglas del capital o no. Los límites son difusos y no se puede jugar a cumplir universales. Ese es el peligro, el error que conduce esta teoría de la abundancia a un espacio indeterminado y ambiguo (Korten)[41]. Una ambigüedad también estructural que no acaba con las asimetrías sino que puede incluso reforzarlas. No hay una verdadera zona de ruptura porque los dos razonamientos, la escasez y la abundancia, se rozan por los extremos aunque parezcan excluirse. La abundancia dentro de el sistema de mercado global tiende a volverse escasez en cuanto genera beneficio. No deja de ser una mezcla fruto de la incoherencia de un sistema que no tiene como referencia al ser humano sino a cualquiera de sus productos materiales, culturales, éticos, morales... La realidad sigue siendo multipolar

14.    Me da la impresión de todo se trata de un entretenimiento mientras se perfecciona y adapta el saqueo. Que, en realidad, no se está planteando un cambio ni de la sustancia ni de la esencia del modelo capitalista sino que más bien modifica ligeramente la escala. No es abundancia, gestión de la abundancia, sino un modelo muy bien estructurado y argumentado de la "explotación extensiva de la excedencia". La gestión de una excedencia provocada. Tampoco me parece demasiado extraño todo este argumentario viniendo de un entorno en el que confluye el liberalismo con la socialdemocracia, un espacio muy cómodo para la proliferación de estas

41 https://en.wikipedia.org/wiki/David_Korten

teorías. La abundancia no es más que un "capitalismo sobrecodificado" (Deleuze) o un "régimen de diferencias aparentes" (López-Petit)[42]

15.      Se trata de lo que siempre ha sido: la mutación parasitaria del capitalismo. La abundancia comercializada es una explotación difusa de las rentas, fácilmente controlable y gobernable por los dueños de las herramientas y de muy difícil seguimiento por parte de los responsables de las haciendas públicas: el paraíso neoliberal. Otro logro de ese metacapitalismo que desea al Estado fuera de sus territorio. La élite media, esa clase media desaparecida, dicen que a causa de la crisis, va a tener otro modo de explotar lo que había conseguido. Va a mantener esa pulsión que necesita el capitalismo para reproducirse. Va a sustituir a la "mano de obra" porque ya no se necesita. Y mientras se adorna todo con esas profecías que no señalan un entorno laboral dividido entre los insertos en esas "clases creativas" supertecnologizadas y "preparadas' y los excluidos. Los nuevos efectos disciplinarios que esta nueva economía revolucionaria ni siquiera considera. Al contrario, incluso insiste en esos viejos discursos del "tiempo libre". Una fantasía tramposa que esconde una ideología de sobreexplotación orgullosa.

16.      Compartir los recursos bajo este argumento no deja de ser sino la concentración absoluta de los mecanismos de gestión en una sola mano (los dueños de las app) para la explotación de unos recursos no propios, sin compromisos contractuales y sin necesidad de inversión. Esto aderezado con argumentos comunitaristas y salpicados de perlas ecologistas conforman una argumento muy fácil de vender. Es completamente absurdo pensar que los propósitos de esas "tecnologías colaborativas" no correspondan a intereses disciplinarios que utilizan a la perfección el despiste.

17.      Supone, pongamos los ejemplos de los vehículos y los alquileres para el turismo, la concentración del control y la máxima rentabilidad de los excedentes. Eso no es abundancia o es la abundancia del que tiene. O también una economía de baja intensidad, o también la mutación parasitaria del capitalismo. Seguro que molesto, pero esta novedad de la abundancia es un nuevo mantra extraordinario para crear y multiplicar esos mundos ficticios en los que el individuo moderno se siente a gusto, feliz de formar parte de una nueva revolución aséptica.

---

42 https://es.wikipedia.org/wiki/Santiago_López_Petit

18.  La abundancia se convierte en una marca, cómo no, y aporta una buena capa de barniz, esa que necesitan los muebles viejos para poder recolocarlos en el centro de la sala. Pretender un espacio en el que ese mundo imaginario tome forma y se convierta en un lugar fantástico en el que escenificar las nuevas fantasías del capitalismo, del trabajo como un territorio mágico.

19.  No crean, la dimensión imaginaria de esta nueva tendencia es potente porque genera un entorno de salvación por comunión muy bien experimentado ya por otras doctrinas. El refugio-marca. Algo que escenifica a la perfección el mundo que se quiere, la generación de una realidad que toma al individuo como pulsión. Genera una auténtica señalética que nos indica el camino, que nos dice cómo tenemos que comportarnos para que los nuevos engranajes funciones, para mantener ese "nuevo" orden de las cosas. La abundancia se convierte en un nuevo dispositivo que determina las formas de vida (Deleuze) y que está perfectamente ligado con toda la trama del emprendimiento, de la cooperación, del coaching… que se articula bajo múltiples discursos e instituciones como una "estrategia dominante" (Foucault)[43]

20.  Es perfecto, estos nuevos buenísimos y la paralizante teoría del pensamiento positivo lo visten todo de rebeldía sin mancharse. Poco tamiz y muchas profecías. En definitiva: el viejo orden al que se le añaden comodines que resultan agradables: la abundancia, la colaboración, la innovación, el potcapitalismo… y mucho aderezo social. El mundo Disney. Con muchos puntos de sutura y pomadas calmantes para ir pasando mientras sucede lo que "tiene que suceder". El capitalismo vestido de rebeldía siempre ha dado muy buenos resultados (Heath[44] y Potter[45]).

21.  Esta supuesta revolución ni es idealismo ni es ímpetu sino una simple adaptación acrítica y sometida decorada y reforzada con esa doctrina blanda del emprendimiento que endurece las condiciones de la vida pero sin esa sensación de explotación que invitaba a la revuelta.

22.  ¿Algo nuevo? Pues no lo veo, la verdad. Si no es esa extraordinaria habilidad que se ha conseguido para el glamour. Insisto: magistral! Esta supuesta revolución no es sino un déjà vu con grandes olvidos. Un síndrome que consiste en pensar que la historia comenzó el día de nuestro

43 https://es.wikipedia.org/wiki/Michel_Foucault
44 https://es.wikipedia.org/wiki/Rebelarse_vende
45 https://es.wikipedia.org/wiki/Rebelarse_vende

nacimiento. El capitalismo se alimenta también de la memoria y de la crítica, los come y deja vacíos sobre los que instalarse cómodamente. Y el "nunca antes" se vuelve vacío porque siempre hubo un "nunca antes de cualquier nunca antes".

23.    Los mercaderes financieros van a seguir enriqueciéndose y ésta vez tendrán otro aliado que llamarán abundancia. ¿Saben cuál va a ser el logro de en postcapitalismo anunciado? ¿el resultado de esos nuevos modelos? Por razones únicas de paz estratégica y de seguridad de clase, ese 1% puede que llegue al 2%. Nada más, nada. Y lo van a hacer gracias a ese 20% que les apoya y sin los cuales no serían nada. Esa clase "compuesta por profesionales, la mayoría con educación superior, que configura la sabiduría convencional del país y que beneficia al 1%" y que "ha configurado la cultura política y mediática del país" y cuyo dogma es el "hombre económico" (Navarro)[46].

24.    Y la grieta por la que entra de maravilla es la de los discursos "revolucionarios" que inventan la rueda. Una nueva legitimación del poder mientras se tiene la sensación de trabajar para un mundo más justo. Una auténtica revolución cultural, la revolución de la abundancia. (Comité Invisible)[47]

25.    Pero la realidad derrota si se la mira de frente. La tan reclamada abundancia no es sino la reabsorción de unos excedentes. Y no hablemos del conocimiento, por favor, al menos ahora. que, en su mayoría se gestionan por procedimientos tecnológicos sobre los que no se tiene ningún control y lo que siguen produciendo es un alto rendimiento de capital para el dueño de la " industria" y un ligero rédito para el que pone la fruta de trabajo. Si no, vean la normativa que prepara la UE en torno a los derechos de autor. ¿les suena? ¿alguna diferencia? evidentemente las hay, pero ¿cambia la esencial? No! El individuo sigue siendo el engranaje y ahora vuelve a tener que poner su herramienta, no sólo su tiempo y su cuerpo a disposición. Magistral.

26.    Y, como siempre, las estupendas agencias de publicidad (públicas y privadas) se encargan de vender la felicidad que entraña este nuevo modelo de economía. Pero se trata de una exclusión más que no corresponde de verdad a una lógica distributiva sino a una fractalización de

46 https://es.wikipedia.org/wiki/Vicenç_Navarro
47 https://es.wikipedia.org/wiki/La_insurrección_que_viene

las rentas. En realidad la aplicación de criterios convencionales pasados por un tamiz tecnológico y un cierto compromiso social arrancado de modo muy forzado de las teorías de los comunes. La realidad es que se anula todo el control colectivo bajo la tremenda paradoja de que este es algo abierto como nunca y que habita en las redes tecnológicas. (Chomsky[48] y Herman[49])

27.     Ahora el desarrollo y el progreso vienen de la mano de la abundancia y la colaboración. "Co, la partícula mágica". Pero todo sigue supeditado al lugar que ocupes en esa pirámide, todo sigue condicionado a la posición social y nivel de renta. ¿dónde está la abundancia, insisto? Simplificar la realidad sigue siendo muy útil. Adornarla con progreso, compromiso y revolución, muy atractivo, muy tranquilizador Una gran coartada para las políticas sociales y todas aquellas que quieren vestirse de cierta progresía, las economías justas. La abundancia acomodada y redistribuida entre las sociedades acomodadas. Otro simulacro. Otro entretenimiento de positivismo naíf. (Gabriel)[50].

28.     Este nuevo mantra de la abundancia y la colaboración nos lleva a la incapacidad desde lo inapelable ¿cuál es su impronta ética? La de una tranquilidad que lleva a ocultar situaciones sociales externas, que disfrazan la justicia distributiva mientras se aparta a quien no tiene nada que "compartir". Otro asunto de clase. Se consolida al individuo como productor y reproductor mientras se reafirma su figura mercantil. Se anula la estructura colectiva desde una supuesta cooperación horizontal. Un remix de la nueva caridad cristiana: la misa, la limosna y el vermú.

29.     La estructura del metacapitalismo integrada en un mundo imaginario. Un mundo que está en manos de los expertos, favorecidos también desde los gobiernos locales de todo color, que multiplican y amplifican el lenguaje "busines school". El mundo coach es un mundo de entrenamiento para la aquiescencia (Moruno)[51]. Para perfeccionar esa máquina productora que siempre ha sido el ser humano. Redireccionamiento de conductas. (Ehrenreich)[52]

30.     Los mantras de la abundancia y la economía colaborativa

48 https://es.wikipedia.org/wiki/Modelo_de_propaganda
49 https://es.wikipedia.org/wiki/Modelo_de_propaganda
50 https://es.wikipedia.org/wiki/Markus_Gabriel
51 http://blogs.publico.es/dominiopublico/16866/coaching-el-disolvente-de-la-politica/
52 https://www.youtube.com/watch?v=CVMBljP80-4

constituyen una dinámica cultural muy potente que conforma idearios y consolida comportamientos. Y lo hace otorgando, a quién abraza estos rituales, la tranquilidad de espíritu que proporciona la fe. Una vieja estrategia. Pero no perdamos de vista que estamos todavía bien dentro de un gran casino especulativo y que la abundancia también tiene mesa.

Trasformar la realidad no es adaptarse sino destapar los engaños. Y eso es desobedecer intelectual y activamente.

## notas breves para otras lógicas de la cultura local (o la obsesión por la planificación perfecta)

- El acto de gestionar la cultura se ha convertido en una delimitación de tiempos, espacios y ofertas. La política de la cultura no ha sido sino eso, unas determinadas acciones técnicas y soluciones a corto plazo. Una especie de "activización" de los calendarios y las programaciones de manera que se cubriera la necesidad de un sector en exceso dependiente de la programación pública. Lo que se deriva de esto es una cultura "embargada" a la que se limita por los factores de rentabilidad y pertinencia. La cultura pierde su propia lógica y sólo se programa lo que cabe dentro de los indicadores preestablecidos. La cultura administrada se atasca en demasiados inconvenientes mientras pierde oportunidades para implicarse directamente en proceso de construcción.

- Pero la cultura sólo se puede construir colectivamente. Porque no es un límite, tampoco hay dentro o fuera, ni con o sin como pretende la cultura como recurso. Al contrario, aborda y abarca una vida construida desde la totalidad. Los productos y su consumo son un apaño para quienes han contraído una cierta adicción, nada más, porque eso no construye per se sino que satisface la individualidad.

- La gestión cultural es un entretenimiento mientras alguien construye el mundo. La cultura no es eso que ocurre dentro de ese paréntesis. Todo va más allá y aparece desde múltiples caminos. Ya lo dije: no sé si los gestores gestionan la cultura, se acercan a determinada distribución y alientan determinados ideales pero la construcción continua de la sociedad viene por otros caminos y desde otros inductores. No es programando la mejor manera de contrarrestar.

- Por eso la idea de lo cultural debe alcanzar una dimensión estructural más allá de la llamada transversalidad. Algo que no sea interrumpido por la gestión y que alcance lo cotidiano y continuo, que alcance la normalidad sin esos tiempos que marca la mecánica. Que no se ciña a esa rutina experta. Parece raro, ¿no? Pues así puede considerarse cuando vemos que en realidad no ha habido políticas culturales en si, sino una gestión que se ha podido acercar más o menos a las necesidades comunitarias, bien por las características de determinados técnicos o por pura y simple casualidad.

- Por mucho que se reclame la cultura como objeto de cohesión, en realidad la unidad básica en el imaginario técnico y político siguen siendo las intervenciones, las acciones, las actividades paquetizadas, desvinculadas muchas veces de su hecho social. Todo pasa por contabilidad. El mundo de la gestión está saturado de productos y carece en general de una visión conformadora, de un espacio de construcción y de interferencia.

- Quizá no podamos evitar que en los gobierno locales siga existiendo esa pulsión distribuidora, que siga siendo necesario tener una carta de productos que poner a disposición ciudadana. Quizá tampoco debamos siquiera pretenderlo. Lo que viene siendo necesario es implantar unidades que trabajen sobre la construcción común, que lo hagan como artilugios de pensamiento y que consoliden la estructura ciudadana desde procesos abiertos y de alta porosidad. Es cierto que la distribución de productos culturales va a seguir siendo necesaria pero no se podrá olvidar que desde esa óptica (la cultura como objeto) es difícil encontrar las llaves para abrir procesos que no tengan su fundamento en el consumo.

- El reto no es ya la distribución sino abrir las posibilidades para una construcción en común una construcción colectiva. La saturación de productos, como decía antes, impide una construcción abierta. Fundamentalmente porque se ha actuado siempre bajo un modelo normativo y más bien cerrado que ha impedido explorar posibilidades múltiples.

- Reapropiarse del poder constructivo y ofrecer las posibilidades para conseguirlo, generar espacios institucionales apropiables. Cambiar la lógica, otra cultura de la cultura. Combinar, si acaso y como mucho, el modelo de gestión mecanicista (programación de eventos y festejos) con el

57

de gestión inductiva (generación de procesos). Abrir nuevos espacios dentro de las administraciones públicas para combinar las necesidades festivas, expositivas y distributivas con la acción cultural en el territorio, en la comunidad. Interferir con esas realidades que no caben en los catálogos y que, se quiera o no ver, ponen en marcha la ciudad o la congelan.

- No podemos seguir trabajando, ni pensando, ni estudiando las instituciones ni las políticas públicas como si los límites de la cultura fueran la programación. Surge la necesidad de dar un nuevo sentido a lo cultural para abrirlo a los componentes estructurales y aglutinantes de la comunidad, pensarlo, repensarlo desde las lógicas de lo social. Avanzar más allá de las estrategias señaladas por expertos y consultores. He dicho ya en algún lugar que es falso que la cultura esté en crisis, la cultura sigue curso como constructora.

- Tenemos bien clara la diferencia entre salud y sanidad y que la primera no depende exclusivamente de la segunda, pero no tenemos claro esto con la cultura y la dejamos en manos de la programación y el consumo de ciertos de sus productos. Voy a usar un una fase literal de Marina Garcés[53] de libro "Un mundo en común"[54] para enmarcar lo que, bajo mi punto de vista, ha sido la realidad cultural de los últimos años: "…En muchos casos, se nos ofrecen tiempos y espacios para la elección y la participación que anulan nuestra posibilidad de implicación y que nos ofrecen un lugar a cada uno que no altere el mapa general de la realidad. Como electores, como consumidores, como público incluso interactivo… la creatividad (social, artística, etc.) es lo que se muestra, se exhibe y se vende, no lo que se propone. Lo que se nos ofrece así es un mapa de opciones, no de posiciones."

- Los nuevos espacios para la cultura no son físicos únicamente. Son los que se introducen en las potencialidades de los individuos, de las comunidades. Los que forjan las prácticas cotidianas en todos los sentidos. La cultura no "activizada", la que busca en lo cultural su nueva razón de ser. ¿Cuál es la manera de acercarse a quien no participa en ningún circuito? No es la pregunta de siempre porque no parte del mismo lugar de siempre, aquel que se refiere a la participación, al consumo, a la presencia en lo elaborado. No es la pasividad de la participación (y no es ninguna incoherencia) la que genera en individuo culto que busca la tradicional

---

53 https://es.wikipedia.org/wiki/Marina_Garcés
54 http://www.ed-bellaterra.com/php/llibresInfo.php?idLlibre=731

gestión mecánica, sino la estructuración de situaciones que se pueden generar desde la gestión inmersiva. No hay que salvar a nadie.

- La deriva es la que marca esta forma de acercarse a lo cultural, todo lo que no tiene que ver con los proyectos sino que busca moverse por la incertidumbre y provocar la simbiosis (que no la cooperación), alcanzar esos espacios de búsqueda continua de lo inacabado (la incongruencia de la cultura proyectada). Otras lógicas.

- ¿De verdad que es tan difícil entender que delegar la producción y el desarrollo de nuevos productos culturales a la industria perjudica los intereses comunes? Los intereses comerciales por encima de los culturales. Y entre todo esto la dificultad real y creciente de acceder a estos producto por parte una cada vez más numerosa cantidad de ciudadanos. La finalidad de la industria condena a la producción de bienes y servicios culturales rentables y orientados hacia quien puede pagarlos. Como ya dije: la producción cultural actual es como el capitalismo: da de comer a quien tiene comida. Lo que se programe desde las instituciones tiene que ver, cada día más, con esos parámetros. La tendencia es que cada vez estarán más relegadas cualquiera de las manifestaciones culturales que no cumplan los estándares propios de los sistemas comerciales. Las administraciones locales condenadas a la subsistencia no harán otra cosa que aquello que pueda retornar dividendos. La deficiencia de un modelo que, no obstante, puede corregirse.

- ¿El fracaso de la planificación? La idea de cultura se ha formado principalmente a partir de la programación, ella ha sido la que ha señalado el grado de "civilización y modernización" que había alcanzado la ciudad. La argumentación principal no era la de atender a las necesidades de la ciudadanía (o como mucho esto servia de simulación) sino la de conseguir una ciudad "en el mapa". ¿Dónde estamos después de esas fantasías? En una evidente segregación cultural por consumo en función de esos grandes proyectos, de esos grandes eventos. La descontextualización de la realidad. La plasmación de la ideología neoliberal en los procesos de la cultura local. Para ello se ha destruido o debilitado la cultura comunitaria. Nada nuevo. Ahora se vuelve… dicen.

- Y a pesar de todo sigue imperando la ideología de la planificación. La cultura cuantitativa domina la pasión por llenar agendas. Poco de deriva, de búsqueda, de error. El control de la cultura tiene su reflejo en un conjunto casi infinito de normativas que delimitan y acotan el funcionamiento espontáneo de la cultura. Se ansía la planificación perfecta. El poder de la planificación es el acotamiento. Y quien desee entrar en esa planificación debe acercarse al poder. La lógica de la cultura espontanea no cuadra a este sometimiento institucio-industrial.

* Las lógicas de hiperplanificación enferman y matan la necesidad de vivir en común, del encuentro y de la libertad de creación. Las lógicas mercantiles las entierran. La cultura espontánea, las culturas tímidas. Sin estabilidad ni permanencia. Que no aparecen el los tratados. Pero que construyen de verdad la ciudadanía. Porque la cultura planificada no sólo ordena lo que se puede o no puede hacer, crear o consumir sino que modela la personalidad ciudadana según intereses más bien externos.

* Recuperar la cultura que sucede. O dejar que suceda.

## sobre el propósito transware y las aproximaciones a la cultura

No se trata de generar acontecimientos sino de la provocación de encuentros a través de la estructura molecular de las sociedades. Las organizaciones transware no son maquinaria sino energía.

Si vamos a hablar de lo transware vamos a olvidarnos de la gestión, de ese modelo mecanicista que tanto se preocupa por cubrir las necesidades ciudadanas y planificar, diseñar, producir y difundir cultura bajo presupuestos. Vamos a olvidarnos también del sector, eso que reúne a sus empresas, grandes o pequeñas alrededor al cine, al teatro, a los libros... y hasta en torno a los asuntos taurinos. Y también olvidemos al mercado, eso que, a través de la industria y las economías creativas, pone en circulación todo lo anterior bajo objetivos de rentabilidad diversa. Vamos a olvidarnos sobre todo de ese discurso recurrente, monótono e infinito que nos recuerda lo importante que es la cultura para alcanzar sociedades desarrolladas, prósperas, cohesionadas y jubilosas ¿Qué cultura? ¿Cuánto tiempo llevamos con él? ¿De verdad que todos esos productos empaquetados y distribuidos funcionan como prometen? ¿Es posible que todavía insistamos sin aparcar mantras? ¿Por qué no somos capaces de salir de esa circularidad infinita? No sé, pero si miramos alrededor lo que tendríamos que hacer es reconocer (voy a ser prudente) un cierto fracaso. No sé si somos mejores después de tantas expos, capitalidades, magníficos centros, de esas grandes superficies de oferta variada, de esos macroconciertos, de tantas exposiciones de categoría internacional y, cómo no, de esa dignificación de zonas y barrios marginales y deprimidos.

Por eso, vamos a olvidarnos de la cultura tal y como se interpreta desde las políticas públicas. Y no magnifiquemos, por favor, ya no, estamos muy acostumbrados a lo rimbombante: ir al bar también es un rito y también se convierte en una manifestación cultural que construye ciudad. Y, disculpen, quizá se construya más ciudad en los bares, ciudad de la de todos los días, de la que va dejando poso más allá de "lo cultivado". Otro cantar es el modelo que se construye y por eso hay que prestar atención... El caso es que ese "ecosistema cultural" del que tanto se habla no se limita ni a los centros, ni a los creativos, ni a los productores, ni al arte... ese ecosistema comprende cualquier espacio en el que se genere un mínimo intercambio intelectual entre individuos y desde él se modele el comportamiento medio de la sociedad (cuándo comprenderemos que eso que llamamos cultura es parte de este sistema y no el sistema). Tratemos de pasar de la concepción de una cultura profiláctica, utilitarista, de recurso, de espectáculo y de oferta a una que la comprenda como un todo complejo y, sobre todo, hacerlo desde fórmulas verdaderamente integradas. Que la interprete como un sistema vivo de comportamiento y forma, heterogéneo, no lineal y sensible a todo cuanto existe a su alrededor. Un sistema de emociones e inteligencias en una ciudad que va más allá de sus estructuras de paso, en una ciudad conectoma.

En este sentido preguntémonos para empezar quién gestiona la cultura. Fíjense en los últimos acontecimientos (escribo esto en pleno momento titiriteros) y comprenderemos que no son precisamente esos que se llaman sus gestores. La cimentación cultural se da en los espacios que controla el poder. Esa es la verdadera gestión cultural, la que está sucediendo desde hace ya un buen tiempo en esos espacios "ajenos" y que quienes trabajamos en este "negociado" no hemos querido o no hemos sabido observar y neutralizar. O no hemos podido, que eso también puede ser. Se gestiona desde esas industrias culturales que exportan marcas, desde esa economía de la cultura que ha sucumbido al capitalismo imparable (y al neocapitalismo colaborativo). Y, cómo no, desde esos medios de comunicación al servicio de cualquiera de los poderes. Y, les parecerá una barbaridad, también se gestiona desde los juzgados. Y desde los bancos, y desde las empresas, y desde los modelos de relación que aporta el urbanismo...

La cultura conocida, la cultura esa que reclama y exhibe índices de participación, la que se queja de que nadie va a los museos[55], funciona como un bálsamo profiláctico bajo control. Quizá porque se ha vuelto elegante y sujeta a la opinión de los expertos. ¿Y si resulta que no es el camino? ¿Expertos en qué? Esa cultura tan proclamada ni siquiera ha acabado siendo el "ocio del pueblo". Como el capitalismo da de comer a quien ya tiene comida, esta cultura institucional difícilmente ofrecen nada a quien no esta ya "cultivado".

En definitiva, la cultura emancipatoria que tanto deseábamos se volvió gestión y olvidó la calle. Se volvió gestión, se relajó y fue despojada de su vena crítica, fue domesticada y recluida en los espacios de difusión, se volvió posibilista y útil. Muy eficaz. Sobre todo porque, llegando al máximo de la eficacia la tiranía del trabajo que impone este sistema reduce el tiempo de pensamiento hasta el mínimo posible mientras toda la población sólo puede estar dedicada a procurarse el sostén cotidiano a través de la precariedad por cuenta propia o ajena. Busquemos dónde queda y qué calidad puede tener el consumo de esa cultura que tanto se reclama.

¿De gestionar a inducir? La conciencia transware[56] trata de trabajar sobre los modos de orientarse, busca atmósferas para trabajar sobre la cultura no asignada, la que no se consume, la que construye sensibilidades desde los espacios mínimos y aparentemente ajenos, fuera de los teatros, de los escenarios, de las bibliotecas… No podemos olvidar que la cultura es una forma de gobierno y que eso que construimos, que hemos ido construyendo desde los modelos de gestión puede que no sea sino una variable que refuerza el pensamiento y el escenario neoliberal[57] económico y de clase, la que divide entre los que consumen y son cultos y los que no consumen y no son cultos. La gestión ha domesticado la cultura y ha estratificado individuos según, no lo perdamos de vista, esos indicadores que deben cumplirse si se desea continuar en el mercado.

La cultura también es el modo de asumir, de aquiescencia, pero eso parece que se olvida en la tradición programadora. Por eso más bien parece que nos encontramos ante unos modelos que convierten todo en adornos mientras, por debajo, se va modelando y construyendo la personalidad de las sociedades, su cultura. Por eso construirla no depende en exclusiva ni del hard ni del soft, eso es retenerla bajo la arbitrariedad de quien gobierna, de sus delirios y sus manías. No olvidemos que el mejor modo de neutralizar una revolución es institucionalizarla,

55 pag. 77
56 pag. 68
57 pag. 124

hacer que migre de insurrección a instrumento. ¿Convertir la cultura en recurso? No creo que eso nos haya hecho demasiado bien.

La cultura no es producto sino potencia[58] y vínculo. ¿Esto se puede gestionar? Así hemos ido descomponiendo la cultura en dosis y paquetes según las necesidades del sector. En ocasiones siento como si ese sector hubiese separado a la cultura de su entorno natural, la vida cotidiana, y como consecuencia la ciudadanía ha optado por retirarse de algo que "no iba con ella". La sensación de clases que comentaba arriba. Los de dentro y los de fuera. Los que están por ella y los que no. Qué perversa situación. La cultura y la incultura se convierten en la misma moneda, algo incluido en los procedimientos de control, una forma de poder.

En cualquier caso, la obsesión por valorizar la cultura desde la mercancía y los discursos de desarrollo económico la acercado demasiado a esos modelos extractivistas, incluso aquellos que intentan convencernos de que el turismo cultural va a sacar de la pobreza a los países "en desarrollo". Y aquí voy a detenerme un momento porque es en el turismo donde quizá más claramente la cultura se convierte en una pieza más de esa macroinstalación global que es el mercado capitalista. La cultura se ofrece como un complemento de ese ciclo de consumo/marca y, además, se fundamenta como integración y desarrollo, como salida para las economías deprimidas. Pero no deja de ser un asunto civilizatorio más que obliga a un comportamiento normalizado: la vulgarización del poderío que, aparentemente, se tiene en las sociedades "desarrolladas". La construcción semántica para exportar normas sin medios. La generación de un estado económico-cultural globalizado desde parámetros de consumo. Los grandes relatos desde lo convencional.

¿La cultura ha sido vencida por la gestión? Si la economía se ha convertido en el mejor sistema para el control de las sociedades no nos puede extrañar que la dignificación de la cultura mediante argumentos económicos haya llevado a comprenderla como un bien sujeto a los dictados de la rentabilidad y sus simbologías. Que otras economías son posibles, por supuesto, lo que ocurre es que no han influido nada o bien poco en la lectura que se ha hecho desde los modelos de gestión. Y prometo no hablar más ni del pib ni del iva. Si el producto es lo que fortalece a la cultura no deja de ser una conquista del capital y de las estructuras ideológicas que lo soportan. Y por supuesto espacio de uniformización para facilitar el consumo. Y, como no, los expertos en comercialización y ventas los que impulsan según necesidades de rentabilidad.

---

58 https://espaciorizoma.wordpress.com/2011/03/09/670-2/

Las organizaciones transware tratan de interferir en este modelo fetiche[59] y buscar una conexión con la realidad más allá de los espacios del mercado capitalista. En todo caso es necesario recordar que no hablamos de maquinarias ni de instrumentos, ni siquiera de estrategias ni de seguir planes... hablamos de potencia. Por eso es un objeto mutante que se adapta al entorno, porque, sobre todo, utiliza energías renovables y aparca todas esas energías fósiles que se han venido usando tradicionalmente en los proceso de gestión mecanicista. La cultura desde la conciencia transware supera el espacio institucional, patriarcal, apropiativo, paternalista... no se aprecia por su contenido como acontecimiento sino por los afectos que genera. La planificación[60] se diluye en la aplicación de una especie de cultura paliativa. ¿Quién accede a ella tal y como ahora se entiende? Quien tiene ya predisposición. Es un sistema perverso que además culpabiliza a quien no se acerca. Ni se corrigen los niveles de desigualdad ni los de acceso.

No podemos modificar nada bajo los requerimientos de consumo de esta ideología neoliberal, de esta estructura que modela cuerpos y mentes, sobre todo porque lo que se va a consumir, cada vez más, va a ser lo que quepa en los moldes, lo que genera beneficio. Parece como si sólo pudiese haber espacios aislados y temporalmente conectados, lo demás es una especie de huida. La cultura no se reduce sino a las mercancías que pueden distribuirse (para eso está la industria cultural) y a determinadas prácticas en espacios aislados. La cultura tiene que devolverse al territorio de los comunes y quizá pueda hacerse únicamente desde el refuerzo de los vínculos. Algo que va más allá de los espacios, de los acontecimientos, de las luchas, de los colectivos... hacer de la cultura una necesidad consigue expropiarla de sus sentido y empaquetarla para que se desprenda de todo cuestionamiento. En realidad es incorporarla a la parte blanda de la estructura de poder. En cualquier caso, la gestión de la cultura parece que ha consistido en la generación de necesidades y éstas convertirlas en carencias. El propósito es revolver la cultura para evitar esa progresiva imposición de modelos sometidos y acríticos que aseguran estereotipos y comportamientos útiles para el inmovilismo.

La realidad de la cultura se expande, toma otros caminos, viene desde otras sensibilidades menos "productoras", menos "distribuidoras". Y las instituciones públicas deben ser conscientes tanto desde las estructura técnica como desde la política. El formalismo, la fragmentación, la compartimentación de las disciplinas,

59 pag. 95
60 pag. 77

las dictaduras de la excelencia, los procedimientos... son aspectos a revisar para alcanzar esas nuevas aproximaciones, esas okupaciones.

Se trata del fin de la institución pública como única poseedora y distribuidora de bienes. Se trata de revisar sus funciones, sus relaciones. Se trata de liberarse de la retorica del recurso y del secuestro del mercado. ¿Acercarnos desde modelos emergentes? Algo así, pero, no vamos a inventar nada nuevo, debemos tenerlo claro, se lo aseguro. En todo caso se ha pretendido que "gestionalizar" la cultura (disculpas por el palabro feo e inexistente) ha sido la salvación. Y así todo ha ido orientado a adquirir un cuerpo técnico adiestrado para la distribución por lotes y favorecer los modelos de acumulación. Trabajar la cultura ha sido mediar con el mercado para transferir producciones varias. Y de esta obsesión gestora han venido esos desajustes entre la realidad de colectivos que actúan fuera y la normalización que caracteriza a la institución pública, entre la distribución y la transformación, entre la operatividad y la experimentación... De lo que se trata es de interrumpir ese criterio y entender que la cultura es un proceso en construcción desde otros espacios y actores "externos". Porque la anhelada transformación a partir de la cultura no ha sido tal. Simplemente porque ha fomentado un uso pasivo continuado.

Esos modelos emergentes quizá deban construirse desde una doble perspectiva: la retroprogresión, retomando los principios sociales como prácticas de resistencia, de transformación y de deriva[61]; y la inmersión en modelos de cultura libre, tecnología y procomún. La necesad de estructurar espacios para la acción cultural desde las estrategias conectivas y la energía social.

En todo caso es necesario constatar que bajo la superficie de las políticas públicas existe una gran cantidad de experiencias comunitarias que vienen dando sentido y suponen ese halo de esperanza sobre el que apoyarse. Las que ejercen de conector y catalizador de la "realidad real" ¿Cómo recuperamos estos espacios de contacto? ¿Cómo superamos la paranoia de la "ciudad marca"? ¿Cómo trabajamos esos márgenes? ¿Cómo experimentar sin la tiranía de los indicadores, de la excelencia, de la rentabilidad? ¿Cómo abordar el riesgo? ¿Cómo incluir espacios de resistencia? La cultura ha dejado de ser una disciplina que sólo se contempla desde la perspectiva de las artes, está claro, pero todavía se necesita que esa visión se contagie no sólo en los terrenos de las políticas públicas, sino en la conciencia de las organizaciones comunitarias. Y no hablo de esa transversalidad que tanto se ha reclamado y tan poco se ha entendido. Alcanzo a decir que cualquiera de las estructuras públicas son de cultura. Porque todas

61 pag. 90

configuran.

Por eso, la observación de la cultura desde la noción de ciudad conectoma[62] pone en valor el sentido comunitario, la crítica, la implicación. La ciudad como experiencia común y como generadora básica de energías conectivas, como generadora de significado. ¿La superación de la fragmentación ciudadana? ¿como se ejercen las posibilidades de emancipación? ¿Cuáles son las potencialidades micro? ¿Cómo pasar de la cultura higienista a la transformadora? ¿Cómo superar los modelos inducidos? La cultura es el código fuente y debe ser escrita en común para rehacer lo cotidiano. No puede quedarse en una app ofrecida por las políticas públicas. ¿Cómo avanzar hacia esa cultura desarticulada? ¿Cómo comprender que la cultura no es lo que programamos? ¿Cómo entender que no hay presencia o ausencia de cultura? ¿Cómo desprenderse de esa afectación que concluye que no interesa la cultura?

En cualquier caso debemos ser conscientes de que no existe agotamiento de la cultura, eso es una banalización brutal, sino que lo agotado es el modelo de unos productos de la cultura institucionalizados y sometidos por el mercado. Esa cultura de participación, de reproducción. ¿Cómo abordar los espacios de autonomía? ¿Cómo escapar del ocio acrítico? ¿Cómo salir de esos espacios afectados por una seriedad malentendida? ¿Cómo abordar espacios antagonistas? ¿Cómo ocupar los espacios "no ilustrados"? ¿Cómo encontrar los bordes, los márgenes? ¿Cómo entrar a las casas de los comunes para construir otras sensibilidades?

Estos nuevos escenarios de aproximación a la cultura (o no tan nuevos sino por fin recuperados) son los espacios de resistencia, de experimentación, de cultura postmercancía, de procesos potgestores, de potencialidades humanas, de fuerza política, de sentido social... Libres de competitividad, de competencias, de precariedad, de hiperregulación, de estrategias, de excelencias, de indicadores...

La inmersión y el contagio, la complejidad generativa, la okupación de los espacios de pensamiento, la reconstrucción de los espacios simbólicos. ¿Siempre al abrigo de las políticas públicas? ¿Dónde está el equilibrio? ¿Se puede salir de la producción precocinada? ¿Hacia un sistema organizativo transware? Puede que si logramos

- ampliar los marcos de actuación más allá de la excelencia y el mercado

- reforzar las conexiones, los nexos y la creación compartida desde las

---

62 http://www2.ual.es/RedURBS/BlogURBS/ciudad-y-espacios-conectoma/

unidades mínimas para devolver la esencia vital y social a la cultura

- generar un hábito de reproducción expansiva de acción cultural directa que refuerce la conciencia emancipadora

- combatir de la precariedad (laboral y de acción) a la que nos ha conducido la estrategia del mercado y los espejismos del emprendimiento cultural

- superar la gestión dirigista y distribuidora de las políticas públicas y alcanzar garantías de continuidad fuera de los círculos oficiales

- desmantelar el subsidio de la cultura y caminar hacia formas de coherencia con la riqueza social y el comportamiento cotidiano

- sustituir el simulacro del espectáculo y componer un entramado de autoestima ciudadana

Y, por supuesto, reforzar esos modelos c2c, esas normativas y sistemas para la gestión comunitaria y colectiva de los bienes culturales. Establecer una cartografía que nos oriente hacia esa desconfiguración de la cultura como modelo de consumo. Y hacerlo pensando que la cultura para los comunes es

- la gestión de los bienes culturales por la comunidad

- la autoorganización con independencia del estado y el mercado

- la comprensión de lo cultural como bien y valor social

- la aceptación de principios de gestión comunes y sobre normas compartidas

- la anulación de los cercamientos de la cultura para el provecho comunicación

- la generación de prácticas comunitarias que se desenganchen de la jerarquía institucional

- la contemplación de lo cultural más allá del sector

## conciencia transware para las utopías conectivas

La ciudad es una conectividad sin equilibrio en la que todas las partes ejercen un papel homeostático inconsciente. El equilibrio es la muerte y por ello no hay manera de encontrarlo en un ser que evoluciona. No hay problema en la tensión, el problema es no mantener la fluidez en los niveles necesarios como para que ninguna de las partes se vuelva cancerosa y crezca hasta el punto de aniquilar a las demás. El reto consiste en provocar que las conexiones, las relaciones, los contactos, las interacciones... sean generativas sin anular. Para ello es necesario mantener ritos sociales, ceremonias y protocolos, que al final contribuyen a aglutinar eso que llamamos ciudadanía. Desde las organizaciones públicas estos ritos se han canalizado desde la gestión mecanicista de los procesos.

Pero en este sentido conectivo que apuntamos, esa estructuración mecanicista ya no sirve del todo. Sencillamente porque una ciudad es ese ser que transciende el estar y lo que hay que conseguir, en realidad, es que todas las conectividades sean elevadas al nivel cortical para que sean operativas. La conectividad ciudadana es "transgestora" y no puede ceñirse a instrucciones burocráticas e inamovibles, Quizá habría que pensar todo esto más cerca de una especie de neurociudadanía que desde las fórmulas administradoras. Lo que ocurre es que los modelos de rendimiento han traspasado sus fronteras y han invadido la esfera humana. Como si no hubiese otro modo. La reproducción sin critica.

En cualquier caso, la gestión mecanicista se corresponde con el hard (infraestructura) y con el soft (servicios). Al trans le corresponde la deriva y la conectividad, las emociones, las sinapsis, los nodos, la no linealidad, el flujo, la complejidad, lo antagónico... La gestión mecanicista se encarga de lo inerte, la conciencia trans trata de lo vivo.

Aún así, la conciencia trans debe jugar conjuntamente con las dos tipologías previas (¿arcaicas?) la hard y la soft. Dónde empieza y termina cada una es algo de difícil precisión. ¿La transcendencia y la inmanencia? De ahí la necesidad de disfrazar la conectividad con ilusiones culturales, con construcciones, en definitiva, que mantienen una cierta intención de utilidad simbólica. Algo al alcance de la mano para intentar explicar esas estructuras arcaicas fundamentadas sobre la gestión, sobre un dualismo sólido en definitiva. Porque no hay ciudad sin huella sináptica. Y si es así, si la ciudad es un conectoma vivo, poca razón de ser tiene ya esa especie de *ayuntocentrismo* en el que la institución es la que marca el ritmo, un mecanicismo trasnochado que más bien paraliza.

Lo trans como conciencia más que como herramienta, algo que permita evolucionar desde una gestión mecanicista hacia una gestión de las conexiones. La interface para una ciudad conectoma. Para el estimulo de las pequeñas utopías.

Y uno de los referentes, las metáforas también construyen este modelo, podría ser la idea de evolución bacteriana como proceso. Puede parecer que no tenga nada que ver pero una de las graves deficiencias de la gestión arcaica es que parece que pensemos solo desde parámetros inamovibles. A mi me gusta metabolizar otras disciplinas, hacer una especie de metástasis de conceptos y aplicarlos a nuestro medio. En este sentido vamos a seguir el trabajo de una de las grandes biólogas, Lynn Margulis. Ella nos presenta a las bacterias como una red de intercambio genético que ha persistido durante miles de millones de años y que se ha reconstituido de forma abierta y desde parámetros de la absoluta sencillez: el intercambio genético es absolutamente descentralizado y horizontal. Y nosotros, yendo más allá del asunto genético podemos determinar cuatro características básicas:

1.- La información de una bacteria a otra con absoluta promiscuidad y a una velocidad de transferencia inaudita si la comparamos con organismos más complejos. Las bacterias están continuamente liberando, compartiendo su código genético.
2.- Estas nanomáquinas son capaces de hacer algo realmente sorprendente: se reprograman, se recompilan a sí mismas basándose en los genes recibidos. No necesitan esperar a la siguiente generación para expresar sus genes. ellas inventaron la ingeniería genética.
3.- Esta red de nanomáquinas tiene una profunda tolerancia a fallos y la fuerza de una amplísima base de proceso distribuido y paralelo, sin controles de mando centralizados.
4.- Todas las cepas bacterianas comparten sus genes sin que haya una especie verdadera. Cualquiera de ellas es capaz de llevar la ingeniería genética a escala global.

Puede que la gestión transware sea como las bacterias. Puede que los nuevos espacios institucionales tengan que leer más biología y filosofía que economía y administración de empresas. Esas utopías conectivas que nos permiten crecer.

## posiblemente metacultura

La gestión de la cultura, continuando con la argumentación de los artículos precedentes, desde un carácter normativo y sectorial (tal y como viene sucediendo sin demasiadas diferencias en las políticas locales) no supone sino la categorización de lo culto y lo no-culto en función de presupuestos, influencias, rentabilidades, oportunidad de ventas... suprimiendo de un plumazo todo comportamiento que no encaje en este patrón y desterrando posibilidades de manifestación ciudadana a espacios y programas de escaso nivel. Se constata una culturalidad obligatoria y excluyente que, además, tiende a evangelizar y, con ello, a encauzar todo cuanto no está dentro de su parámetro legitimador: la cultura normalizada que organiza un sistema en el que se está o no está. Un sistema que define los atributos de la cultura, que genera la realidad de la cultura. Resultado: sólo se producirá aquello que permanezca dentro de lo señalado por el sistema. La cultura, en este sentido, ha sido un suplemento del poder que ha normalizado los procesos de emancipación introduciéndolos en los dos mercados: el capitalista y el político.

A la huida de la ciudadanía que considera la cultura como algo impropio (véase "a por la cultura sin participación"[63]) podemos añadir la huida de una creatividad que no se ajusta a ese canon. La comunidad anónima de la creación y la creatividad, de la imaginación y de la sensibilidad, no encuentra acomodo fácil en esta cultura distribuida. Y no estoy hablando de esa creatividad del genio o del inconformismo, sino de la creatividad de esas personas que les intima no estar dentro de lo correcto. Una especie de homogeneización. El poder produce la cultura a través de mecanismos inductivos de muchos órdenes y en razón de ellos te adopta o te aparta. La deconstrucción y resignificación de la cultura local, empecemos por ella, supone analizar esos procesos de cultura normativa/cultura natural.

La responsabilidad de transformación no la tenemos pues en la revisión (ligeros retoques) sino en la subversión (alteración). La eliminación de los marcos normativos y sus prácticas políticas, la eliminación de los estándares, la eliminación de las categorías... Se necesita que la cultura transcienda el objeto para alcanzar un planteamiento sistémico, abrirse a las múltiples realidades (y no estoy hablando de las identidades, multiculturalidades y todos esos nichos de mercado tan apetecibles) que no son marca ciudad, que no ocupan paredes ni escenarios, que no llenan páginas... esas que no contabilizan en bolsa.

63 pag. 77

El gran relato de la Cultura ya no es creíble. Es hermano de ese otro gran relato: el capitalismo salvador. Y los dos relatos beben de las mismas fuentes de desarrollo y de progreso. Con el agravante de que el relato de la cultura está construido a partir de argumentos que no son propios y que nadie ha puesto en duda. No importa. En realidad lo que se necesita es un movimiento continuo que permita justificar algún despropósito. La racionalidad no construye. Así, tomar este modelo de cultura oficial como clave para la salvación de la humanidad es una constelación de creencias como cualquier otra. Se ha convertido en un discurso generativo a través de la gestión. No ha habido estrategia más brillante para neutralizar a la cultura que someterla a la programación, a la gestión.

Entonces, por qué posgestión. Simplemente porque el actual modelo no fomenta sino esa esclerosis en la que ha caído la gestión pública. Un modelo turbio que todavía bebe de esas fuentes y que se construye desde el capitalismo utilitarista y extractivo. La deriva metodológica como sistema de inmersión, de cortocircuito, de interferencia capaz de modificar los sedimentos de una cultura fósil. Una deriva que permanece liberada de los prejuicios de clase, de concepto, de verdad, de excelencia, de jerarquía, de contingencia, de valor... No es el fin de la cultura, evidentemente, es el fin de un modelo de gestión. El fin de la organización y de la administración para dar cabida a un rastreo por encima de esas normativas de rentabilidad y exhibición. Y, sobre todo, por superar la era sectorial de la cultura.

Insisto, posiblemente metacultura. La superación de esa cultura convertida en disciplina que estandariza comportamientos, conocimientos, inquietudes. La superación de esa cultura que se sustenta sobre la privatización del conocimiento. La superación de esa cultura que no concibe nada que no venga determinado por el espectáculo y por el éxito. La superación de esa cultura que se aleja de lo comunitario para centralizar y jerarquizar. La superación de esa cultura gestionada y sectorializada.

## algunas preguntas de la cultura

Es necesario comprender, y sigo en la línea de los artículos anteriores (abrazo el nuevo año con un continuo), que la cultura no es una acción sino una racionalización de la realidad que se alimenta y se reproduce desde y en situaciones. Es un sistema complejo que concilia la funcionalidad con la razón crítica. De ahí la necesidad de un escenario postgestor que contemple lo cultural como un espacio en el que se abandona la funcionalidad del hecho cultural para contemplar la cultura como un entorno de construcción relacional no instrumental.

Descolonizar la cultura, como he dicho en otro momento, para reconciliarla con la simbología y las sensibilidades comunitarias. La lógica de la administración, la lógica de la funcionalidad, la lógica instrumental, la lógica del recurso, la lógica de los medios, la lógica del resultado, la lógica de la modernidad... han contribuido a establecer unos intereses limitados a la producción y reproducción material mientras se todo se justificaba con ciertos pigmentos de beneficio social. Me da la sensación de que ese mundo fantástico no lo hemos alcanzado por esta vía. La cultura oficial ha fracasado. La cultura administrada se ha descompuesto. La promesa de la libertad y el desarrollo no ha llegado.

Trabajar la cultura sobre el consumo y la participación ha sido una simplificación que la ha alejado de esa utopía emancipadora hasta encarrilarla en una linealidad programática utilitarista y conivente. Siento que en demasiadas ocasiones se la ha utilizado como instrumento para "verificar y demostrar" determinadas políticas, determinadas tendencias, caprichos u obsesiones. La cultura explotada ha generado residuos, como lo generan las energías fósiles.

Y siento también que la cultura, lo cultural, precisamente porque se encuentra en una especie de punto ciego marcado por la lógica mercantilista y contable, así lo creo y así lo he manifestado, se está trabajando más desde espacios ajenos, desde áreas, servicios, unidades... donde no se programan actos ni actividades "culturales" pero en los que se incide en el espíritu ciudadano, humano, en los que se potencian los modos de ver e interpretar la vida, las relaciones, las construcciones sociales... Gestión transware, espacios transware.

Superar ese punto ciego supone imaginar una cultura liberada de su gestión clásica, de las tendencias que la encuadran en la programación del acontecimiento. Replantear el modo de acercarnos a un modo de entender esa gestión como interferencia. Si la gestión del producto ya no sirve como referencia: ¿cómo nos enfrentamos a una realidad postgestora? La cultura no es un objeto sino el movimiento mismo de transformación. No hay un afuera ni un adentro como se desprendía de las interpretaciones administrativas, todo está dentro del mismo nivel de acción ordinaria. No es posible reducirla a una visión técnica ni organizativa. No admite esos criterios de especialización porque se trata de la mismísima estructura de pensamiento, de comportamiento. Algo relacionado con la dinámica de los afectos. ¿Hacia una cultura de los cuidados, una cultura feminista?

Existe pues un secuestro de la cultura que proviene directamente de la sistematización de los "contenidos" como herramienta para alcanzar esa rentabilidad prometida, ese sueño. Un escenario que la ha recluido en esos centros de internamiento y la han convertido en una especie protegida. La reclusión de la cultura la ha alejado de esa transformación social y colectiva precisamente por esa obsesión gestora y dirigista, por esa interpretación del mundo desde el modelo de reproducción capitalista y de consolidación de los estándares de bienestar y desarrollo impuestos por la élite para su seguridad. Es imposible seguir trabajando desde estos formalismos administrativos de esa burocracia centrada en la asimilación de consignas y en la transcendencia de las cifras. No puede haber otra salida que la potencia de lo común y eso no se da exclusivamente ni por esencia en los despachos que despachan. La potencia de la cultura reside en el entorno que genera. Una aproximación muy simple: los bares son verdaderas Instituciones Culturales menospreciadas y tremendamente infrautilizadas. No es posible continuar con la narrativa de la excelencia, del producto, de las prodigiosas cualidades de la cultura sin comprender sus espacios naturales. ¿Acaso es que no sabemos pensar de otro modo? Es complicado salir de esas directrices. ¿Cómo podemos construir colectividades desde un discurso tan plano, desde una simplificación tan perversa?

La cultura no puede seguir interpretándose desde esa dualidad dentro-fuera. La reclusión no es sostenible, no genera contagio. La cultura tomada así, recluida y administrada, forma parte de esa sociedad de control, de esa sociedad circular[64] que no produce sino que reproduce. La cultura para ser debe deconstruir, abandonar, redimensionar... ¿Cuáles son las preguntas que debemos hacernos? ¿Qué debemos enfocar para no acabar siempre en las mismas obviedades? La construcción de un nuevo acercamiento supone saber hacer las preguntas precisas. Sin las preguntas la cultura se convierte en un acontecimiento puntual, aislado, finalista e irrelevante.

Esta aproximación, digamos ontológica, propone sacarla de ese secuestro y pensarla de otro modo para poder abandonarla y así recuperarla. Preguntarnos cómo la hemos traído hasta aquí para descolonizarla de la lógica instrumental. Preguntarnos cómo podemos sacarla de ese encierro. Dónde está la resistencia. Qué lo impide. Preguntarnos y responder desde otras lógicas genera nuevos enfoques, nuevas prácticas. La cultura sin participación, la cultura sin calculadora, la cultura de la situación, la cultura nómada, la cultura tímida, la cultura renovable, la cultura efímera, la cultura sin modelo, la cultura sin identidad, sin excelencia,

64 pag. 87

sin original, sin autoridad… abrazar las lineas de fuga

¿Cómo avanzar hacia esa cultura desarticulada? ¿Cómo comprender que la cultura no es lo que programamos? ¿Cómo entender que no hay presencia o ausencia de cultura? ¿Cómo desprenderse de esa arrogancia que concluye que no interesa la cultura? ¿Cómo abandonar esa obsesión ligeramente "creacionista", disculpen, de que todo parte de lo que nosotras hacemos?

**2015**

## a por la cultura sin participación

La cultura en estos territorios, por sus especificidades sociales, políticas e históricas en general, ha tenido una mala relación con el pensamiento, una relación difícil. Por una parte, la intelectualidad ha dado los bandazos propios de una vida entre dictaduras y monarquías rancias (pero no olvidemos las identidades). Por otra, y quizá resultado de lo anterior, la ciudadanía ha considerado todo lo relacionado con la cultura como algo impropio (o algo con lo que diferenciarse y resaltar supuestas grandezas). Podemos convenir que, dentro de ese imaginario rudimentario, la cultura ha oscilado entre los paternalismos asistenciales, los dogmas de fe y los refuerzos identitarios. Resultado: un estado de la cultura comunitaria y de construcción crítica sin demasiada trascendencia. (Quizá, la única pulsión transformadora en este sentido se dio, y de forma más bien breve, en la época del inmediato postfranquimo, aquello que dimos en llamar animación socio-cultural).

Así, con el descubrimiento de un neocapitalismo para pobres, la forma de relacionarnos con la cultura ha sido desde mantras acríticos: las hipocresías del desarrollo urbano, los espejismos del empleo, los múltiples atractivos del turismo y la etnografía redentora... Toda una ingeniería para que la centralidad de la cultura se especializara en zurcir argumentos y adaptarlos a los discursos economicistas de esa modernidad alcanzada. Los pilares para construir este discurso: un complejo de inferioridad sobrevenido de esa inmadurez endémica que la mantiene vulnerable, dos, la ambición desmedida de los sectores mercantiles, tres, un aparato político sometido a la retórica del decorado y, cuatro, un cuerpo técnico connivente y sin voluntad transgresora. Podríamos decir que la cultura se ha vuelto hostil contra la propia sociedad al convertirla en una multitud de consumo superficial. La ciudadanía ha respondido a esa hostilidad y se ha alejado. (Si es cuestión de consumo, cada quien consume lo que más le apetece dentro de sus posibilidades y prioridades).

En paralelo a esta desposesión se ha construido el discurso recurrente de la cultura como fuente de todos los prodigios. Pero ¿qué cultura? Los libros son cultura. ¿Todos? En principio sí, todos. Porque así esta catalogado y normalizado. Como el cine, la música, el teatro... Pero ¿toda la literatura, el cine, el teatro, la música... pueden formar parte de ese mito que nos salva y nos lanza a una sociedad más justa, feliz, cohesionada, desarrollada y rica? Pues miren, no. Determinados productos catalogados bajo el epígrafe culturales son bien tóxicos (y más desde su industrialización). Pero, perdonen por la duda, tampoco sé si alguien que consume *picasos, wagneres, cervanteses*... es alguien culto porque sí y ya. Tampoco veo la correspondencia directa. Quizá porque no sé muy bien qué es ser culto según estos cánones contemporáneos.

En este contexto, suponer una "cultura especulativa" dentro de las administraciones públicas es una extraordinaria quimera. ¿Una cultura que se haga preguntas? Lo máximo a lo que se aspira es a completar un buen listado de indicadores, algo que parece también dotado de cualidades milagrosas. Lo malo es que esos indicadores más bien han podido actuar como verdaderos inductores y modelar desde su influencia un patrón determinado para hacer y entender la cultura (sesgo de confirmación). Los indicadores han sido la trampa de una cultura extractiva. No podemos pues extrañarnos de que la cultura que sale de lo público, de que esa cultura programada y distribuida tenga las características que tiene. A través de esta interpretación de excelencias, riquezas y contabilidades se ha conseguido un efecto totalizador y unificador bastante perverso. Hasta las diversidades se unifican y se usan como argumento de venta, como nicho de mercado y como excusa para la explotación de comunidades.

Quizá, de esta cultura del producto y del objeto (la cultura programada) deberíamos migrar a aquella cultura de la situación, postgestora, aquella que busca la provocación y la complejidad. Una especie de "cultura sin participación" que busca la autonomía y la libertad intelectual de la persona, que se retira del decorado de las cifras. Una cultura incómoda para las rentabilidades. Esa "cultura fuera de la cultura" que no coincide con la asistencia.

Hemos asegurado la mediocridad de la cultura por haberla imaginado rentable, gestionable.

Administración >> Gestión >> Inducción

Actividad >> Acción >> Situación

## los límites de la cultura

En este positivismo contemporáneo la experiencia del pensamiento no computa demasiado. Todo remite a los objetos como referencia, a los hechos: la tiranía del acontecimiento como la única medida para dignificar y documentar. La coartada para la cultura parece haberse anclado en el argumento consumo y en la riqueza que genera. Sin embargo su sentido no se reduce ni al mundo del acontecimiento, ni al de la ocupación de espacios, ni al empleo que crea, las tres grandes referencias, los tres grandes símbolos que la justifican. En esa cultura del reparto hay ausencia de valores y significaciones. Me parece mentira que se siga, desde determinados círculos, defendiendo esta perspectiva centrada en el sentido capitalista de consumo, en la compra de fuerzas de trabajo y en la rentabilización mercantil... Y me parece mentira porque de sobra está comprobado cuál es el resultado de este enfoque.

Decía en otro post que hoy los límites de la cultura son los límites de su gestión, de esta gestión. Y lo es porque todo lo que no cabe en ella queda fuera, es invisible, como si no existiera... porque se continúa reforzando una oficialidad, una narrativa empeñada en modelos, digamos, contaminados. La gestión, tal y como la conocemos, es algo que pone límites: los límites del capital, de los posibles, de las narrativas, de las tendencias, de la lógica neoliberal... Quizá, por no parecer excesivo (soy consciente de que los últimos post publicados así están pareciendo) deberíamos reformular el concepto gestión además de su significado y su presencia en las instituciones públicas. Aunque lo primordial sería comprender que, uno, a golpe de espectáculo no se regenera esa sociedad crítica que tanto se invoca; dos, que es perverso que al consumo de cultura (por supuesto y como a cualquier otro producto) se le supongan efectos mágicos, automáticos y milagrosos (una sociedad estructurada, cohesionada, feliz, comprometida)... y, tres, por acudir a otro de los grandes argumentos, que para aumentar las estadísticas de empleo tan solo hay que incorporar las nuevas esclavitudes.

Si hasta ahora la narrativa de la cultura se estaba construyendo sobre estos pilares, imaginando una sociedad feliz por su consumo, por el reparto de accesos y por el empleo creado, va a ser muy complicado señalar una cartografía que supere la taxonomía del producto. Pero ¿a quién sirve, de verdad, la cultura tal y como se está tratando? ¿A quién sirve la lógica de producto? ¿Por qué ese empeño? Hace bien poco, ésta misma semana, un tuit se lamentaba por la caída de usuarios a los museos diciendo: "no les interesa la cultura". Ese es el nivel de análisis que se desprende de ese modelo de cultura de reparto, de cultura gestionada desde la lógica de la oferta y la demanda, en definitiva, de la cultura vista desde la lógica capitalista y del experto que distribuye. Sin duda es algo que alimenta y retroalimenta cualquier discurso sin encontrar una salida. Pero el capitalismo no da de comer a quien tiene hambre sino a quien tiene dinero. La cultura, sostenida por estas narrativas funciona del mismo modo. Pero hay cultura fuera de los museos. Y fuera de las librerías. Y fuera de los teatros. Y fuera de los conciertos. Y fuera de las salas de arte. Y fuera de los cines...

Por eso, desde esta perspectiva, es normal que lo social no entre en el mundo de la gestión (aunque ahora parece que vuelven las voces sociales a la cultura, ya veremos). Los cánones son de reparto. En todo caso, la instrumentalización de la cultura no puede de ningún modo alcanzar ese espacio intersubjetivo que de verdad genera un marco funcional para las sociedades.

## vuelva la cultura a la cultura

La cultura, despojada de ese empeño por el desarrollo, de la terapia, del entretenimiento o del éxtasis se puede convertir en una "potencia de experimentación" como diría Marina Garcés de la filosofía. Evidentemente, desde esta perspectiva que abandona el producto, la producción y la oferta (la cultura como objeto de reparto), cambia el escenario, un escenario que se había condenado al dato, a la cifra, a la contabilidad. La cultura, así despojada, ya no es ese mundo de opuestos sino que constituye una aventura que altera las coordenadas del objeto, del recurso y hasta del derecho. Es así también que cambia la perspectiva: no se hace cultura sino que se habita cultura[65]. Se abraza su carácter sustancial, elemental, y se libera de esa posición mediatizada por la gestión contable.

Vuelve la cultura a la cultura porque no es algo producido sino un hecho en si que sucede sin nuestro conocimiento, sin que seamos conscientes: Podríamos hablar de la fenomenología de la cultura, una cultura que no necesita ser empírica, que no se acoge al objeto ni a lo dado. Ni al dato de "lo hecho" como mecanismo de autojustificación. La cultura "sin contenidos" que no desaparece sino que multiplica su fuerza respecto al objeto que representaba. De este modo no tiene que reaccionar a la intermediación del producto sino que se manifiesta por la conexión de sus fundamentos.

Este planteamiento "postcontable" es el que huye de la cultura fingida, esa que busca la apariencia sin crítica, esa que alcanza unos resultados evidentes: el refuerzo de las estructuras occidentales capitalistas. Por ello, desde su "desanclaje", la cultura encuentra la reconciliación con la realidad de los comunes y alcanza el verdadero mundo de las significaciones. La vertiente gestora se

65 pag. 81

queda expuesta a un código de cifras sin demasiado sentido, a un empirismo vacío a un positivismo aritmético que distorsiona el fundamento y contabiliza sin sentimiento.

Y es desde esta óptica contable desde donde únicamente puede considerarse y argumentarse la crisis de la cultura. Un ejemplo lo tenemos en el reciente "informe sobre el estado de la cultura y las artes" del CoNCA[66] donde, considerando y respetando el esfuerzo invertido, no aporta ningún dato sobre esa esencia necesaria, sobre el estado de la ciudadanía, sobre sus comportamientos relacionales, sobre su espíritu crítico, sobre su felicidad, sobre sus esperanzas... Si la cultura cura, ¿por qué no me dicen estos informes cómo está la salud de la ciudadanía, su esperanza de vida, su resistencia a las enfermedades...? Todo parece deducible de forma directa pero no es así. Con este sistema no sabemos qué le ocurre realmente a los individuos. Ni si lo que han consumido les ha sentado bien o mal.

La narrativa contemporánea y desarrollista de la cultura ha caducado, se ha vuelto incluso impertinente. Y quizá todos esos discursos de las últimas décadas no han hecho otra cosa que ocultar y desnaturalizar la cultura, codificarla para venderla. Por eso la reconfiguración de la cultura, en su concepto y en su abordaje, necesita liberarse de ese culto por el objeto y la medida (una forma de cultura sin pensamiento) para buscar una reconstrucción hacia su propio sentido, hacia la interpretación de un lugar personal, hacia una racionalidad que la conciba como una realidad de construcción común de las esencias de un humanismo universal. Buscar su espacio más allá de la gestión objetual[67]. Trabajar su sentido más allá de las corrientes administrativas y contables.

La cultura es su transcendencia.


## la cultura que habitamos


Puede que la cultura, tal y como se viene planteando e interpretando, sea más bien un mecanismo de discriminación, una herramienta que se empeña en establecer distinciones entre "dentro"y "fuera", "con"y "sin", "alta"y "popular", "excelente"o "próxima"... Entre quienes participan de ella y entre quienes,

66
http://www.conca.cat/es/publicacions/publicacio/INFORMEANUALSOBRELESTATDELACULTURAIDE    ׳
LESARTS032015
67 pag. 83

aparentemente y siempre bajo criterios oficiales, se mantiene al margen, no participa, no quiere saber nada de cultura. La cultura, esta concepción de la cultura, "pone en un lugar" y siempre se enfrenta a "otro posible" que más bien ignora o descarta.

En este sentido de atadura a lo ofrecido, la cultura se ha convertido en ese "más allá" idílico al que acceden los elegidos. Algo que, además, proyecta la ilusión de saberse en posesión de una gracia especial tanto por participación como por ejecución: la ciudadanía que comulga con los ritos, los sacerdotes que los proveen y esa "clase creativa" dotada del don divino. Y, por supuesto, el saber esotérico de los expertos. Una iglesia que, como todas, tiene dificultades para relacionarse con un exterior bárbaro por dos razones: por no desear nada con unos infieles irrecuperables y condenados o por esa pulsión a convertir a las almas descarriadas y frágiles.

Sin embargo la cultura ni es una condena, ni un sacrificio, ni un Paraíso al que acceder. Solo con comprender que la cultura la habitamos, no que la consumimos, estaríamos en excelentes condiciones para plantearnos modos de abordarla más coherentes, más adecuados, más potentes, más oportunos.

Pero la cultura (así en abstracto) sigue tomándose como ese objeto sagrado que nos va a lanzar hacia la abundancia y nos va a proporcionar un desarrollo social y económico envidiable. La cultura como objeto de reparto. Hoy todavía estamos en este escenario. Un escenario de conformidad con el discurso que rige a las sociedades "desarrolladas" y a aquellas otras que, con nuestra ayuda y generosidad, se quieren "desarrollar".

Como digo, un cambio rotundo en los sistemas de interpretación de la cultura sería bueno. Un cambio que nos hiciera descreer, apostatar de esa cultura de altar mayor y bursátil, y abrir caminos para la sospecha, para la duda, para cuestionarse modelos y procesos. Para abandonar esas trampas que nos limitan una visión amplia, un escenario múltiple, alterno, sin centralidades, sin sacerdotes. Una visión liberada de esas reglas, de esos dogmas.

Pero nos encontramos una y otra vez con un problema insalvable: los límites de la cultura, parafraseando a Wittgenstein, son los límites de su gestión. Y allá hemos caído. ¿Qué hay detrás, qué hay en el fondo de esa cultura local "gestionada"? Más allá del marketing de ciudad que la ha dominado hasta ahora, poco. Más allá de las actuales intenciones de retorno comunitario, ya veremos. Poco futuro también si usamos las mismas herramientas intelectuales y las mismas referencias y nociones de desarrollo.

La cultura, abundando en lo dicho, se ha gestionado bajo dos lógicas: la lógica de la salvación (¿vuelve con fuerza con esas nuevas intenciones de alcanzar la comunidad[68]?) y la lógica del desarrollo. Como en toda moral abstracta, la fe ciega funciona como motor y como camino. Por ello sería necesario pasar de esa "moral" de la cultura como algo que nos sobreviene (sobre todo a la ciudadanía) a una "ética"de la cultura en la que se habita. Ni desarrollo, ni salvación, ni terapia. Desanclar a la cultura de esa actitud salvífica e incorporarla a la interpretación de lo cotidiano. El fin de la cultura administrada e industrializada. Puede que nos encontremos en un buen momento de desplazamiento. De enfocar con otras ópticas. Ya no sirve el discurso economicista. Y el de la Ilustración ha fracasado, no llega. Pero tampoco es demasiado creíble el discurso comunitario, rechina. Porque, a buen seguro, se va a abundar en errores de intervención y de observación: Se van a aplicar herramientas impropias, se van a medir resultados desde los mismos principios de rentabilidad que la han objetualizado.

Se necesita una mirada potgestora que no pretenda universalizar los procedimientos ante algo que, como el pensamiento requiere de tantos matices como individuos. Para todos por igual pero no igual para todos. La necesidad de una nueva forma de pensar y de enfrentarnos a la cultura que habitamos. La cultura no fingida.

## la sensación agridulce del eterno retorno. descolonización y cuidados

La cultura no es útil o inútil, necesaria o accesoria, aglutinadora o disgregadora, fuente de desarrollo o de decadencia, de riqueza o de pobreza... posiblemente esto sea parte de esos discursos que mejor funcionan para controlar el análisis crítico, para preparar convenientemente los mecanismos que conducen a una visión extractivista de la cultura (el mismo extractivismo que se ha practicado en la naturaleza). La cultura es. Y lo es en toda su extensión: la centralidad que articula la vida social, el artificio, la convención de valores, la ejecución de la voluntad relacional, o como dije en otro momento: gozo, ética, conocimiento y hábito. Por eso me resisto desde hace bastante tiempo a hablar de gestión cultural porque ya me suena a gestoría. En cualquier caso me voy resistiendo a encuadrar la cultura dentro de una profesión que "la gestiona". Eso se me antoja más cerca del mercado y siempre veo conciliábulos comerciales (públicos o privados) en

68 pag. 83

muchos de los abundantes eventos que siguen reuniendo a esta "ocupación". Será porque todo ha sido absorbido por el discurso del capitalismo neoliberal y ha acercado el asunto de la cultura a los modelos más perversos del beneficio, a las prácticas políticas de una derecha idiotizante, a las de una izquierda meliflua y connivente, a las de una prensa dirigida y dirigista... Haber trabajado en un gobierno local dentro de este ámbito no me ayuda, lo confieso, y continuamente tengo deseos de huida: la deriva del pensamiento no acompaña a la realidad. Además siento y vengo observando que hoy se trabaja mucho más por la cultura desde otras áreas, servicios, negociados... Eso sí, podríamos decir que lo que se trabaja es una cultura "sin producto" (¡anatema!), algo que, me da la sensación, se ha abandonado desde hace mucho tiempo en sus espacios "de toda la vida". Pero, en fin ¿era o no era esa la transversalidad que tanto reclamábamos? Al hilo: ¿no es gestión cultural la venta de enciclopedias? Pues eso, gestores culturales.

En este circulo y desde esta perspectiva productivista y utilitarista se ha ido engastando el concepto cultura con las estructuras de la administración pública, local y estatal. Ha salido lo que ha salido: algo forjado desde la connivencia y sumisión acrítica al discurso dominante, a la paranoia posibilista y a la falacia del PIB. Todo ello ha contribuido a la debilitación mayúscula de un vector que no ha sabido hacerse respetar usando sus propias herramientas, sus propios argumentos, sus propias cualidades, sus propias fortalezas. Que no ha sabido colocarse de forma sólida en la realidad social desde sus propios principios conceptuales. Un vector que ha sufrido grandes pérdidas en función de un cierto complejo de inferioridad que le ha llevado a subordinarse a los parámetros del mercado capitalista. Sencillamente: hemos jugado en un terreno que no es el nuestro. Triste.

Y ahora, así se desprende de dos de los grandes encuentros que se han celebrado últimamente, Interacció15 y el encuentro Cultura local y construcción de ciudadanía[69] parece que la cultura se despierta social. Vaya. Que quiere volver sobre esos pasos que nunca debería haber dejado, recuperar esos caminos abandonados. Pero no tengo muy claro que la intención, desde los organismos oficiales, sea profunda o si, simplemente, todo se queda en ese castigo del juego de la oca que te manda a la casilla de salida. Retirarse a los cuarteles de invierno, a eso me suena todo esto, y ya saldremos cuando escampe. En todo caso me resultan agridulces los discursos/intenciones de los tiempos recientes. ¿Que es mejor escuchar esto? Desde luego. Pero no es eso. Deberíamos estar ya en otro

---

69 http://www.mecd.gob.es/cultura-mecd/areas-cultura/cooperacion/mc/encuentro-cultura-local/presentacion.html

estadio.

En todo caso, aun desde esta postura de recuperación de lo social, se siguen utilizando expresiones que, a mi modo de ver, enfocan mal la reflexión, que desorientan y que a mi, personalmente, claro, me llevan a pensar que nada cambia sino que se disimula. Términos y conceptos que, a pesar de formularse desde instituciones y personas con probada solvencia intelectual, creo que contribuyen a esa confusión, a esa inexactitud de partida. Tres, sólo tres de ellos a modo de ejemplo, podremos ampliar y profundizar en otro momento: 1.- la noción de "cuatro pilar de sostenibilidad": si la cultura, por su condición de generadora de ideas, conceptos y comportamientos, modifica a los tres restantes, no puede considerarse como cuarto ya que está por encima: es el pilar. 2.- la idea de ciudadanía participante lleva a considerarla siempre como un "afuera" ya que, a la postre, las políticas culturales se cocinan "dentro": la ciudadanía es la cultura como esencia. Y 3.- El "sector", esa especie de amalgama en la que caben toda serie de propuestas, disciplinas y despropósitos para entretener con sus productos a una clientela receptora. Sólo estos tres puntos de vista nos impiden modificar el pensamiento y, por lo tanto, la dirección.

Y es que esa realidad comunitaria a la que se desea volver no existe como se pretende "desde dentro" y, para colmo, me temo que durante este tiempo perdido no se han renovado ni los conceptos, ni las fórmulas, ni los hábitos, ni las herramientas o , sencillamente, se ha obviado e incluso despreciado la sola existencia de una cultura desde lo social. La explicación es simple: todo el esfuerzo se ha dedicado al perfeccionamiento mercantil, a la excelencia, al abandono de lo común, a la exaltación de la competencia, a la maximización de la marca. Mucho se ha destruido bajo la artillería del desarrollo. El efecto invernadero de la cultura. Puede que este giro actual hacia lo abandonado, este *déja vu*, no sea sino un residuo político-mercantil para garantizar que la partida continúa, que sigue el juego. Para estandarizar espacios. La nueva *doxa*. Puede que no sea sino adaptar nuevos rankings de excelencia. Bienvenido sea todo pero tengo mis recelos. Técnicos, estructurales, ideológicos, de oportunidad social y de ajuste temporal. Ya tendríamos que estar en otro nivel, ya tendríamos que haber superado esta pantalla y, sin embargo volver a la anterior nos parece un logro. Preocupante.

Mientras, en este escenario seguimos enfrascados en dos obsesiones: el acontecimiento, que resuelve la cultura únicamente en acciones, en productos, y las estrategias, ese envoltorio atractivo en forma de planes y directrices que en demasiadas ocasiones ocultan frivolidades. Y lo hacemos así porque, a pesar de todo, todavía miramos con las mismas gafas. Caminamos en una circularidad sin fin y la cultura se convierte en una pieza más de una sociedad fallida. Por eso me preocupa también que, después de tanto tiempo, esa búsqueda de la comunidad, de lo común, de la ciudadanía... no sea sino el resultado de otra fase más de la estandarización de los discursos, de los procesos, del pensamiento oficial, de las formas más que de los fondos.

Porque, en cualquier caso la cultura ha estado demasiado tiempo dentro de la administración y siempre ha marcado lo que es Cultura, así, con mayúsculas. Sin embargo la cultura no es, nunca ha sido Administración y con ello nunca ha sido ni es algo administrativo ni administrable. ¿Se va a asumir ahora desde esta nueva perspectiva social? No creo. Como decía hace ya tiempo (también coseché recelos) la única aproximación que podemos tener hacia ella es desde la incertidumbre, algo que convierte en inútiles cualquiera de esos planes directores y múltiples catálogos de indicadores que hemos confeccionado para asegurarnos de que lo que decíamos era lo correcto (la observación inducida). La cultura en la administración pública local se ha asfixiado con estas y otras obsesiones. Y cualquier municipio se ha convertido en un centro de producción y distribución que debía competir para alcanzar capitalidades y centralidades varias, para alcanzar esa marca que tanto ha preocupado. Como digo: la sensación agridulce de intuir un nuevo horizonte pero sin escuchar nada nuevo, nada que no debiésemos haber abandonado. Que generemos un nuevo catálogo de ofertas, algo meramente instrumental. Que tranquilicemos las conciencias. Que se obvie la cultura simulando cultura.¿Hay que diferenciar entonces la cultura productiva de la no productiva?

En todo caso asistimos a un momento de aparente reconexión entre la cultura oficial y la real. Pero repensar los conceptos, las ideas, las estructuras... no pasa por volver la vista a un ideal de dinámicas comunitarias que nunca debieron ser abandonadas, ni de suavizar los empujones del capital poniendo la etiqueta "social" a cualquier discurso. Si se trata de modificar hay que romper, construir y fortalecer, liberarla de la burocracia disciplinaria que la priva de frescura. Es necesario terminar con el dentro/fuera porque, entre otras cosas, en el próximo descuido nos vuelven a desplumar. Y porque no es cierto que la cultura esté en peligro, otro error de concepto, esta en todo caso en peligro alguno de sus productos y la forma de distribuirlos. Y todo porque que se ha querido convertir la cultura en una gran empresa de producción global asfixiando su ser "no comercial" y jugando en una liga salvaje con unas normas que no entienden de humanidad. Más bien parece que quienes están muertas son las instituciones que dicen mantenerla. Porque, entre otras cosas, se han vuelto incapaces para comprender y conocer lo que ocurre fuera de ellas. Y ante esa incapacidad ha devenido la estandarización.

Se necesita descolonizar la cultura y hacerlo requiere abandonarse a esa cultura del "afuera", a la que vive sin necesidad de lo que desde "dentro" opinemos. Y eso requiere olvidarse, entre otras cosas del término gestión. Rechazarlo porque nos pone "encima" no "dentro". Porque nos reduce al mundo de la contabilidad. Porque nos coloca en el mundo de la alteridad mientras vemos todo desde un púlpito. Porque desde esta visión "gestora" se olvida la heterotopía y se considera la cultura como un recurso (¡cuánto daño!) que, cómo no, también y por lógica genera residuo. Sólo descolonizándola podremos colocarla donde le corresponde: en una posición política y existencial. Descolonizarla es descosificarla. Y desconolizarla es admitir que la cultura es algo más que la cultura gestionada. Existe un mundo infinito más allá del que nos presenta el mercado iluminado, el gestor iluminado, un mundo que no tiene dimensiones materiales.

Por eso la verdadera gestión de la cultura es aquella que la libera de la tutela de la gestión. Y quizá debamos abordar también una visión feminista. Que abandonemos la "gestión de la cultura", un concepto mercantilista y con tics patriarcales, para abordar el "cuidado de la cultura", como el conjunto de acciones que van a posibilitar su desarrollo cotidiano y sostenible. Algo, en todo caso que nos aleje de las lógicas de uso y consumo (¿de verdad creen que desde esta lógica genera esa sociedad crítica, cohesionada, estructurante... y todos esos blablaismos recurrentes y manidos?) para hablar de una lógica que abrace y mime lo que no cotiza en bolsa, lo que no aparece ni en las páginas salmón no en las de ocio y espectáculos.

Nunca nos deberíamos haber comprometido con ningún tipo de poder. Como digo, sensación agridulce.

## fantasías de normalidad o la sociedad circular

Desde la sociedad del espectáculo (Debord), de la disciplinaria (Foucault), la del simulacro (Baudrillard) y la de control (Deleuze), vamos construyendo día a día escenarios para sobrevivir. Para guiarnos por señales que nos permitan transitar por nuestras vidas con las menores dificultades. Escenarios que difuminan los contornos y suavizan los matices. Escenarios de normalidad. Fantasías. Esa es la felicidad al fin, ¿no?

Pero lo peor de las fantasías no son ellas mismas, al final cada uno somos libres de cultivar lo que más nos place. Lo peor de ellas es cuando el poder las reclama y se las apropia para gestionarlas, para distribuirlas en formato solución o distracción. Cuando forman parte de las iglesias, de cualquiera de ellas, no hace falta que huelan a incienso, algunas son bien laicas. Cuando las meten en ese catálogo de novedades que nos van a salvar.

Y sobre esas sociedades que nos proporcionan espectáculo, disciplina, simulacro y control se va construyendo un decorado circular muy tranquilo para que todo gire sin demasiados mareos. Se va poniendo nombre nuevo a lo viejo para no hacer otra cosa, al parecer, que administrar "bujías para el dolor[70]". Ahora toca poner todo el énfasis y la fuerza en la innovación, el emprendimiento ( y no voy a hablar del "intraemprendimiento", del "intraemprendedor", porque es la estupidez más extraordinaria que he oído en mucho tiempo), la colaboración… y nos vamos haciendo la idea de que estamos revolucionando el mundo y sus confines. Bien por la intención. Aunque me asalta la duda, como tantas veces, ya voy para mayor, de si no nos entretenemos descubriendo la rueda y colocándola en el carro de ese capitalismo que transmuta gracias a los trajes que nosotros mismos le vamos remendando. No sé muy bien si se está construyendo algo, ni qué ni cómo porque esta circularidad la alimenta el poder, también el local (ningún municipio sin su área de innovación y emprendimiento).

Y así, mientras emprendemos, colaboramos, innovamos y coworkeamos van avanzando esos modelos que endulzan un poco la desposesión: Para sobrevivir al empleo cada vez más déspota, allá está el emprendimiento (aunque vaya suavizado con el apellido social). Para sobrevivir a la hiperindividualizacion, allá están los viveros y los coworkings. Para sobrevivir a la miseria inducida allá esta la cooperación… Para llegar a lo que siempre tendría que haber sucedido, allá está la innovación (tremenda paradoja ésta).

En todo caso puede que se esté gestando un nuevo capitalismo colaborativo que no se enfrenta sino que se adapta. Un parche, una fantasía de normalidad mientras se va desmantelando el sistema público y las políticas sociales desaparecen. En el capitalismo extremo la razón crítica desaparece. La realidad no es buena para la salud, parece ser. Y la búsqueda, la desobediencia y la resistencia no ayudan a la digestión. Se colabora para alcanzar el sueño neoliberal, para poder acercarse al modo de vida señalado por el mercado, no

---

70 https://www.youtube.com/watch?v=jYlmb1EpAoE

para restaurar el apoyo mutuo. Esa es la trampa mortal en la que se cae sin demasiada crítica, sin pensar demasiado. Para reforzar la tiranía de un trabajo siempre precario, siempre bajo el signo de la servidumbre. Nos dejamos engañar con entusiasmo porque ese capitalismo colaborativo nos llena de anabolizantes. No colaboramos para salir de la trampa, para organizar nuevos modelos sino para subsistir en este, para ir capeando, para navegar con cierta seguridad. Parece que se colabora no para subvertir sino para consolidar el turbocapitalismo actual. La fe posmoderna que no se pregunta por su dios y que cree lo que no ve. El neoliberalismo va a consentir la colaboración y la economía social por una razón evidente: forma parte de él. Y porque no es cierto que sea una economía entre iguales.

La sociedad circular es la que ha creado esas fantasías de realidad en las que la sumisión viene disfrazada de revolución olvidando que no hacemos otra cosa que redirigir los conceptos mientras olvidamos reaccionar. Y al poder neoliberal le gusta que esto ocurra. ¿Trabajamos para completar esa metástasis que necesita? Puede que actuemos como el software trucado de Volkswagen que oculta la contaminación. Puede que no hagamos sino facilitar la subordinación desde cierto compromiso correcto y moderno... La adaptación frente a la movilización.

La innovación ciudadana tan presente hoy no puede quedarse en poner parches, no puede quedarse en imaginar procesos para "mejorar la competitividad", en imaginar y distribuir productos para cubrir necesidades no satisfechas, en aplicar conceptos de una economía social que imita a la de mercado... Se trata de darle la vuelta a un sistema que fomenta las desigualdades en función de principios basados en el consumo, en la colonización de nuestras mentes y de nuestro futuro por el mercado, por cualquier mercado. Y si tomamos la definición de innovación de cualquiera de las organizaciones y gobiernos que la proponen, podremos convenir en que, a mi juicio, no es sino una obviedad extrema, algo así como una evidencia magnificada de lo normal, de lo que siempre hubo que hacer. Me descorazona porque si la innovación es una amplificación de lo obvio en formato descubrimiento ¿dónde está en realidad el avance?

Se dice que la IC es el trabajo de la ciudadanía para el empoderamiento urbano, que la ciudadana coja las riendas, que aproveche las tecnologías, que se organice, que tome conciencia... ¿De verdad consideran que eso es innovación? ¿Todavía estamos ahí? A mi me parece un más de lo mismo pero con terminología renovada. Será porque voy para mayor pero si la innovación propone todo aquello que tendría que existir como algo normal y desde hace mucho tiempo (es decir algo cotidiano y antiguo) es que fallan muchas cosas, que estamos en una circularidad extrema en la que cada cierto tiempo volvemos a lo mismo cambiando el color de la fachada. Una representación posibilista que facilita el autoengaño a través de discursos bienintencionados. Una ingeniería socialdemócrata bien engrasada.

Pero, como nos dice Rendueles en su "Capitalismo canalla" cuando relata sus conversaciones con el poeta Antonio Gamoneda y cuestiona el trabajo: "... escuchándole me di cuenta de que cualquier resistencia a la doma laboral te convierte en una especie de pirado estetizante". Ahora cualquier voz que cuestione cualquiera de los conceptos, de los discursos oficiales, es contemplado con precaución. Lo asumo, pero debemos saber dónde estamos, con quién nos encontramos, qué discursos amplificamos para acabar siendo parte del proyecto hipercapitalista. Porque todo discurso continuado deja huella, tiene sus consecuencias. (No puedo dejar de pensar que todas estas políticas de apoyo acrítico al emprendimiento como tabla de salvación han allanado el camino para la derrota de las humanidades: menos filosofía y más empresa. Los espacios de pensamiento masacrados desde los currículos escolares).

Hemos sido conniventes. La circularidad infinita.

## gestión de la deriva

Aplicar el pensamiento nómada a la acción de los gobiernos locales en materia de cultura supone considerar que ésta no permanece ligada a un espacio, a un momento, a un interés, a un mercado, a una querencia personal... Supone comprender que todo ocurre en los espacios abiertos, en los márgenes, en el movimiento, en esa búsqueda que permite desplazarse por territorios mentales vadeables. La imagen de una cultura anclada en un territorio, en una identidad, en un dogma, en una ideología, es una aberración que llevamos demasiado tiempo alimentando. La cultura es la acumulación de emociones que se transforman en multitud de acciones, de actitudes, de sensibilidades que van dando forma a la sociedad que nos envuelve. La complejidad y la infinitud de esos factores nos separa de las rígidas evidencias que han guiado la gestión local de la cultura (que tampoco es lo mismo la gestión de la cultura local) y la han concentrado en solemnes planes y estrategias. Qué sentido tiene, desde esta necesidad ambulante, seguir esos documentos estratégicos que nunca salieron de los reducidos círculos que los crearon, que nunca, siquiera, entraron en las mentes de los responsables políticos que los encargaron. Tengo la sensación de que todos cumplieron dos características finales: el máximo boato y la máxima indiferencia.

No puede haber rigidez ante algo que fluye de un modo tan abierto y ésta quizá sea, haya sido, una de las razones por las que la comunidad se ha ido alejando de la acción cultural proactiva limitándose a recibir las ofertas. El campo de acción se ha visto limitado a la administración y a los profesionales: la autoridad y los expertos, los técnicos y los creadores. Una escena de la cultura que ha dificultado la aproximación de una ciudadanía a la que solo le quedó, le queda, la función consumidora.

No existe exploración del territorio, no existe descubierta cuando sólo se transita por el *camino debido*, cuando no se permiten incursiones fuera de los territorios compactos. De ahí mi duda sobre si la gestión cultural ha existido (o siquiera si es posible que exista) más allá de la *distribución de los posibles*. Al contrario, se trataría de fomentar ese espacio de descubierta, de exploración abierta, de acercamiento a modelos no privativos, de aplicar la yuxtaposición. De dignificar las intenciones (largamente menospreciadas en una sociedad del rendimiento) que, en definitiva, también son procesos. De darle importancia al viaje más que a su fotografía. Se trata de apartar esas prácticas que han estado dirigidas por el posibilismo político, la anuencia con la ortodoxia y la banalidad de la sociedad de mercado. La cultura y su mundo no comercial es infinitamente más rica que la que se refleja en esos programas políticos, en esos listados de intenciones. Hemos vivido en la simplificación de la cultura a partir de las cuentas de resultado y de las urnas, conclusión: La ciudadanía ha habitado en "la cultura de los otros". La que no es suya. La que no construyen. La que reciben. La gestión dogmática de la cultura que choca continuamente con la realidad. En general, a quien maneja los hilos de las políticas anacrónicas, no le interesa saber qué ocurre fuera; y saberlo tampoco entra dentro del imaginario de quien gestiona las culturas fósiles.

### Articular lo próximo / Incorporar lo distante / Provocar el contagio
### Nexonomía / Proxicuidad / Viralidad

¿Algunos caminos? Construyendo estamos. Porque no es bueno tenerlo claro sino avivar alguna polémica. En todo caso se me antoja que la idea de un pensamiento "postgestionario" ha comenzado a fluir. Tan solo queda que podamos ir introduciendo estas nuevas sensibilidades en el cuerpo técnico de nuestras administraciones. Un desarrollo gradual en tiempos de ruptura.

- La gestión de la deriva supone enmarcar los procesos y las inteligencias dentro de modelos adaptativos, abiertos, heterogéneos, contagiables... Y que alaben la gestión lenta, esa que permite gestar procesos y aclimatarlos, que den fruto antes de pasar a otra cosa, esa gestión que se aleja de la urgencia tecnopolítica.

- Abordarla desde lo social para reparar, con paciencia, la frialdad que ha dejado la cultura de marca y de mercado, la cultura tecnócrata y experta, la cultura con poca alma, demasiado servil y connivente.

- Superar el escaso tiempo de visibilidad y que tienen los productos culturales (al margen de los folclores varios) mediante la aplicación de modelos y formulas de gestión que legitimen la acción cultural que se ejerce fuera de las instituciones y de los espacios expertos.

- Acercarse a lo imprevisto, a lo que no está en el manual o en el campo visual del cuerpo técnico.

- Investigar nuevas energías que nos alejen de la contaminación del mercado y de las lógicas de la acumulación.

- Permitir la exploración sin objetivos y, si me apuran, abandonar la programación.

- Y si no es posible abandonarla, regularla, armonizarla con las ofertas empaquetadas.

- Construir desde la proximidad.

- Reconstruir un nuevo comunitarismo que entrañe una sociedad plataforma y permita una reapropiación ciudadana de la cultura.

- Desarrollar modelos de investigación, formación y creación accesibles desde una lógica comunal-comunitaria para enriquecer las capacidades y los conocimientos.

- Generar un banco colectivo de creaciones culturales desde donde se pueda intercambiar de forma autónoma y desligada de los procesos mercantiles.

Puede que lo tengamos que hacer desde una especie de políticas de resistencia, que tengamos que dignificar las lógicas de proceso frente a los modelos estáticos y continuistas, que tengamos que alejar clientelismos varios, que debamos alejarnos del "suministro cultural" y de una cierta servidumbre a esa autoridad que señalaba lo correcto. Un programa de construcción abierto.

De las lógicas de distribución a las de proceso.

## la paradoja del músculo hueco

La cultura, como resultado o como proceso, es una máquina teórica con multitud de conjeturas. No sé si la labor d eso que hoy llamamos gestión cultural es enfrentarse a ellas, a esas afirmaciones y acciones de las que no dudamos y aplicamos y amplificamos como verdades aunque no podamos movernos más allá de la duda.

Lo cierto es que construimos los discursos a partir de esos principios que nos parecen correctos e inamovibles y que se han encuadrado, en su mayor parte, alrededor de argumentos lineales muy afines a la economía dominante y, en ocasiones, las más loables, desde conductas bien intencionadas, contemporizadoras. De ahí salen informes, declaraciones, compromisos, borradores, cartas ... Junto con infinitas variables de modernidad como el derecho, la creatividad, la innovación, la gobernanza, el emprendimiento, la implementación... Y, cómo no, las inevitables estrategias y planes directores. Todo muy útil para "normalizar" la cultura como un elemento explotable que lo aguanta todo (hasta la despreciable tortura animal). Imagen de cambio. Pero nada de nada podemos cambiar si lo que hacemos es trabajar desde principios que se fundamentan sobre la lógica binaria tan tradicional: los que tienen y los que no tienen, lo masculino y lo femenino, lo público y lo privado, la ética y la política, lo culto y lo popular...

La cultura, seamos claros, es la construcción del imaginario colectivo, el mundo simbólico en el que nos movemos. Ahora miren ustedes a su alrededor y decidan quien construye la cultura, quien organiza ese imaginario. La cultura, lo he dicho ya en alguna ocasión, por desgracia, no está en las salas ni en las librerías, no está en los museos ni en los escenarios. Quien genera esa atmósfera hoy es la economía capitalista a través de sus herramientas básicas: la publicidad y el marketing (creando las necesidades y los roles – véase cómo trata a la mujer la publicidad) y los medios de comunicación generando masas acríticas (prensa) y orgullosas de su ignorancia (tv). Pero no olvidemos tampoco esa otra herramienta que acaba de adquirir: el Estado en todas sus magnitudes incluida la local. Este se ha convertido en un maravilloso amplificador de modelos y no solo a través de sus grandes eventos, festivales y expos varias (que eso, al final casi se quedaría en anécdota de consumo si no fuese por los despilfarros y corrupciones despreciables), sino a través de algo más suave:

- uno, la ideología del emprendimiento cultural (en nuestro caso pero no solo) Su apoyo incondicional y bien argumentado que convierte a la persona en producto/mercancía y convence de que si no tienes trabajo es porque no vales y, además, de que si no trabajas en lo que te gusta es que eres imbécil;

- dos, las regeneración urbana y la ciudad marca. Un extraordinario negocio que juega con las necesidades básicas (la promesa de puestos de trabajo) y el mito del desarrollo infinito. La cultura secuestrada y usada para amplificar enormes intereses privados. La cultura subordinada.

Y así la cultura se va incubando dentro de éstos gestos de normalidad social, de modelos que se transmiten y se reproducen desde esos púlpitos privilegiados e inmejorables. Por eso, la "enfermedad de la cultura" no tiene su raíz en la falta de consumo, ésto es, como mucho, un síntoma, una señal de la existencia de algo, de alguna patología que hay que tratar, Un indicio pero nunca la raíz. Pero la "racionalidad técnica" que parece dominar el mundo de la gestión de la cultura nos orienta hacia el control de este síntoma y punto: promover, propiciar y vigilar el consumo y la producción parecen ser las únicas obsesiones. Un consumo, por otra parte, inducido desde las excentricidades, manías y/o fijaciones de los responsables políticos o técnicos y, cómo no, según las tendencias que la industria promociona a través de expertos diversos. Nos encontramos atrapados en una "cultura disciplinaria" que se manifiesta en dos versiones: Consumo-espectáculo y comportamiento-símbolo. La cultura cerrada y encerrada en un entorno muy fácil de manejar. Sin sorpresas. Sobre lo conocido. Aunque, eso sí, un espacio adornado con discursos y gestos de progresía y modernidad, algo muy cercano a la ceremonia de la representación. No dudo, conozco de cerca ejemplos, que trabajan sinceramente por conseguir un "estado social de la cultura" pero seamos conscientes: nos movemos en un entorno demasiado contaminado.

De ahí lo del musculo hueco: por causas técnicas y/o políticas, los organismos públicos de cultura actúan como una bomba aspirante e impelente que se limita a distribuir la sangre tal y como le llega. Un órgano mecánico que se acomoda los discursos oficiales sin espíritu crítico, sin acercarse a la cultura como bien común, como proceso, como espacio de relaciones, autogestionada, interdisciplinar, próxima... Distribuir sin oxigenar. La decepción es el obstáculo que, en demasiadas ocasiones, reside en las patologías del propio músculo y su difícil recuperación sin trasplante.

Pero la cultura es una misión común y colectiva que se construye en y desde espacios abiertos, espacios que no necesitan rentabilidad ni dogma. Una cultura que está concebida como lugar de tránsito. Por eso no creo en las estrategias, en esos catálogos que la cultura institucional toma más como una referencia empresarial que como brújulas para el servicio público. Si el ojo del observador determina lo observado, el criterio e intereses del estratega, determina el programa. Imaginen.

Y por eso, porque concibo la cultura como lugar de tránsito, prefiero los mapas abiertos y reivindico una aproximación flâneur. La política de cultura apartada del fetiche (el producto, el consumo, el evento, el emprendimiento...) y más cercana a lo transitable (los márgenes, el proceso, la sorpresa, lo cotidiano...) Una forma de cuestionar la realidad buscando el enlace entre sus mundos. La conectómica, el ensamblaje, la simbiótica. La cultura como una factoría de energía social renovable. Que no desea adoctrinar ni sentar cátedra. Que transmite experiencias emocionales. Que investiga desde la intuición y las coordenadas. Que vive lo fragmentario como riqueza. Que abraza lo cotidiano. La deriva.

## cultura: entre el valor y el fetiche

La planificación (gestión) cultural de los últimos veinte años (vamos a redondear) ha evolucionado, de forma sutil, hacia la explotación de la cultura como una extensión del mercado. Se ha desmenuzado y se ha dividido en lotes (industrias culturales – economía de la cultura) para favorecer su producción, distribución y consumo, para respaldar un control muy bien argumentado desde narrativas técnicas y de método. A la par, desde la construcción capitalista de imaginarios, se la dignifica con "argumentos pib" para auparla a la categoría que necesitan quienes quieren entrar en el juego de esa modernidad difusa que reniega de su pasado. El proceso hace mella, por supuesto, en las políticas culturales y aparecen, con su apoyo y fomento, los tres estados de la cultura contemporánea:

1. Se organiza una "cultura extensiva" que busca abarcar el mayor mercado posible desde un modelo evidentemente industrial. Los grandes espacios,

los grandes eventos como metáfora del modelo neoliberal y las ciudades "marca".

2. Se configura una "cultura de lo dado" en la que no participamos sino que adquirimos. Una inercia de civilización consumista en la que sólo pueden ofrecer los expertos.

3. Se propicia una "cultura extractiva" en la que todos no pueden jugar porque no tienen fuerza, capital, posición o contactos suficientes como para competir en este entorno.

El clima: Un gran consenso alrededor de estos discursos que han homogeneizado hasta el límite todos los procesos y las formas de entender la cultura. Se ha conseguido consolidar una visión de ella en la que el estado y el capital se sienten muy cómodos: se han controlado las ansias de libertad que la socio-cultura planteaba. A la vez, se ha logrado que esté inevitablemente subordinada a las lógicas de la economía capitalista. Se ha alcanzado un entusiasmo unificador a través de lo que Ron Sakolsky[71] llama "aquiescencia mutua", un lineamiento acrítico en torno a comportamientos, actitudes y discursos que, bajo una apariencia de rebeldía y progresía, no hacen sino asimilar y asegurar la continuidad del sistema que pretenden derribar. El papel institucional es importante y de ahí la implicación de muchos gobiernos locales en esta dimensión facilitadora.

En este escenario, es como si la cultura hubiese adquirido un carácter fetichista: no hay discurso que no la ponga en la primera línea para alcanzar ese desarrollo que tanto se desea. Un fetiche que resulta bastante atractivo para esa política liberal-progresista, representada por la socialdemocracia, que tan a gusto se siente en un entorno tibio compartido con la derecha tradicional. Como diría Giorgio Agamben[72], un fascinante artificio que se utiliza, en realidad, para la expropiación de la idea de cultura de comunidad: al estar comprometidos con el pensamiento dominante, con su promoción, con su refuerzo, la operativa de una búsqueda alternativa desaparece.

Es como si todo hubiese girado en torno a una lógica cerrada, a una racionalidad que se sustenta sobre mitos que no se cuestionan, que no se piensan, en definitiva una fantasía global que mantiene las condiciones para esa paz tan necesaria. Pero estas afirmaciones desarrollistas y positivas tan claras y taxativas se hacen desde una tremenda simplificación y sin observar matices ni

71 https://en.wikipedia.org/wiki/Ron_Sakolsky
72 https://es.wikipedia.org/wiki/Giorgio_Agamben

comprender la cultura como un sistema complejo de difícil atomización.

Y así vamos creando una sociedad que cada vez se sumerge más en modelos de relación que sólo circulan por ese espacio de valor de mercancía. Como Pasolini decía: quizá estemos consiguiendo una "mutación antropológica" desde la homogeneización tan absoluta de comportamientos y horizontes. ¿Dónde está la cultura en este escenario que nos viene sobrecargado y mediatizado? Quizá estemos asistiendo a la devaluación de la cultura en función de un "exceso de cultura", de una sobrecarga que se somete a la necesidad rotación y circulación infinita del producto: la cultura como una herramienta "blanda" para hacer negocios.

Y cómo no, desde esta circunstancia, la cultura es algo que nos viene dado, algo que no construimos desde las relaciones sino desde las normativas del mercado. El éxito neoliberal ha sido vaciarla de su carácter social y político y dejarla en manos de los "expertos", apartarla de la vida cotidiana y comunitaria, apartarla de lo ordinario y hacerla rentable, excepcional, ostentosa... Organizarla de modo que sea previsible y ordenada, utilitaria, calculada y planificada para que concuerde con los estándares de una sociedad bien delimitada. La cultura "se hace" en las fábricas autorizadas de cultura. Lo demás no lo es: "solo es cultura si lleva la certificación oportuna". La cultura para "ser cultura" se encuentra sometida a la planificación centralizada, a la supervisión de los expertos y a la puesta en valor de mercado. La homogeneización es la consecuencia lógica tanto en cuanto a sus productos como a sus procesos. Por supuesto en cuanto a los discursos. ( Nota mental: Quizá el folclore cumpla con una curiosa necesidad de diferenciación que cuadra muy bien con la teoría de las identidades y con ello tenga un hueco más o menos cómodo. Las señas de identidad convertidas en un eslabón más de esa cadena productiva bajo vigilancia).

Por eso mismo a la cultura, a esa cultura que hoy se propone, sólo se acercan quienes reúnen alguna o las dos de las siguientes características: tener potencial económico suficiente para comprar el producto ofrecido, y dos, tener una pulsión y curiosidad "natural" por asomarse a otras ventanas. ¿Dónde está el resto? Me da la sensación de que estamos en un círculo cerrado en el que sólo tienen cabida ciertos elegidos y qué, como en esa economía neoliberal que dirige nuestros futuros, sólo se da de comer a quien ya tiene comida, aquí solo se da cultura a quien ya tiene cultura. En ambos casos la brecha de la desigualdad crece.

Pero la cultura que "habitamos" no sé si puede llamarse cultura desde el momento que ha abandonado los espacios utópicos y ha olvidado las razones que le llevaban a la interpretación, a la imaginación de otra vida, de otras posibles vidas. La dicotomía entre la "cultura ordenada" y la cultura como espacio espontáneo de creación, de gozo, de hábito y de conocimiento es algo que sólo puede superarse si nos liberamos de ese pensamiento único y uniformizador con el que nos construyen. Quizá pudiésemos delimitar tres grandes dolencias fruto de ese "pensamiento patrocinado":

1. Gran debilidad teórica en cuanto todos los análisis giran en torno a los modelos económicos y de mercado.

2. Una estandarización extrema de programación fruto de las exigencias de ese mercado al que se somete.

3. Un acatamiento por parte de su "cuerpo técnico" de la ortodoxia.

¿Dónde está el límite? ¿Hasta dónde puede llegar un modelo de cultura distribuida? ¿Dónde está el límite de una gestión de producto? Qué podemos cambiar cuando consideramos la cultura como algo externo, fuera de todo comportamiento que no sea el del consumo. Porque el horizonte de la cultura no se despeja únicamente desde los escenarios, las salas, los museos, las librerías, los cines... Ni desde unas barricadas que acaban convirtiéndose en otros espacios cerrados. Se requiere interpretarla desde su contexto ordinario, considerarla como algo propio, natural, intrínseco... no siempre e inevitablemente como algo externo que se nos da, que viene de fuera como una concesión, algo que otorga quien gobierna y quien sabe. Sería bueno alcanzar una "cultura cotidiana", trabajar por emanciparnos de los "saberes expertos", de esa cultura que lo sabe todo, que todo lo conoce, que todo lo resuelve, que todo lo vende... Cuestionar, en fin, este fetichismo de la cultura/mercado para imaginar otras salidas. Algo que la libere de la valoración capitalista (Robert Kurz[73] y Anselm Jappe[74]) y que la aborde desde el afecto, la relación, las emociones, los gozos... no mercantilizados. Un modelo menos instrumentalizado, menos mediatizado por la ideología del capital...

De lo que fuimos y de lo que queremos ser podría llamarse también todo esto. De lo que hemos hecho y de la oportunidad que se nos presenta, de la oportunidad que parece que hoy tenemos para modificar hábitos, para mirar la cultura desde una perspectiva menos instrumentalizada, liberada de ciertos secuestros... Pero para eso es necesario acercarnos desde la critica a esta realidad que hemos ido construyendo, de lo que los gobiernos locales han ido promoviendo como cultura.

73 https://es.wikipedia.org/wiki/Robert_Kurz
74 https://es.wikipedia.org/wiki/Anselm_Jappe

Entender que, quizá, todo este tiempo que hemos usado para hablar y reforzar estos discursos uniformes y lineales lo hemos perdido para analizar y plantear otras tendencias más acordes con una sociedad no mercantilizada. Un decálogo/resumen, para finalizar, remezclado e inspirado en el documento generado en el seminario "perspectivas y oportunidades de la ciudad construida"[75]

1. La cultura es nuestra. No existe un futuro si no disfrutamos de ella en todos sus sentidos.

2. La cultura necesita procesos flexibles y adaptables más allá de los reglados y los estructurados por la necesidad de rentabilidades varias

3. Todo lo que hacemos, todos nuestros actos... construyen la cultura en la que nos movemos y la conforman como un caldo nutricio.

4. La oferta de productos culturales y la sobreexplotación no genera necesariamente cultura.

5. La cultura esta condicionada a su uso como elemento socializador. No es una imposición.

6. La gestión multinivel, multicriterio, multidisciplinar... supone el aprovechamiento de recursos, la sostenibilidad y la expansión

7. Las iniciativas espontáneas suponen una riqueza sociocultural que es necesario comprender para impulsarlas y multiplicar su valor.

8. La mezcla y la remezcla potencian los atributos propios y funcionan como mecanismos de cohesión

9. La realidad de la cultura colectiva y comunitaria señala caminos que nos guían por mapas más humanos.

10. Los mecanismos de decisión no se fundamentan en la autoridad sino en la canalización de las potencialidades.

Nota fin: en ocasiones me gustaría que la cultura fuese como un bar cutre.


## gestionar o interferir

75 http://www.uimp.es/blogs/valencia/actividades/actividades-realizadas/perspectivas-ciudad-construida/

Nada se gobierna desde eso que llamamos cultura, desde eso que parece se entiende hoy por cultura. El gobierno pertenece a la economía. A ella le corresponde y se le encarga el formateo de las sociedades. Ella se ocupa de modificar las necesidades de las personas, de adaptar sus comportamientos, de procurarlos uniformes, de diseñarlos para cumplir con las exigencias de progreso infinito, de configurar los futuros, de garantizar obediencia, de generar subdesarrollo. También de definir y orientar las acciones sobre esos productos de la cultura que ayudan a estructurar esa personalidad social .

En este escenario economicista, que hemos asumido con verdadera entrega, nos hemos especializado en "gestionar la cultura". La hemos tratado como un objeto más, como un recurso más, como un bien acumulable, almacenable. La hemos tratado desde la estrategia de la distribución, de la logística. Como si hubiese existido una especie de alucinación colectiva para abrazarnos a un modelo de sociedad único e incuestionable. Y esa gestión se ha convertido en una triste lucha por alcanzar una parte del mercado, el financiero y el político.

No hemos sido conscientes, o no hemos querido percatarnos, de que la cultura no puede considerarse como una extensión de la vida, como un apósito, como algo que complementa nuestro día a día, sino que es la vida misma, lo que hacemos de ella y con ella. Por eso hablamos de gestionar, seguramente, porque cuando hablamos de cultura solo hablamos de esos espacios que tienen cabida en el mercado, en alguna de esas partes que ya hemos atomizado: el turismo, la gastronomía, el arte, el diseño... Puede que tomado así se pueda pensar que hemos confundido la estrategia. Que la gestión, lo que hemos llamado gestión, no ha sido sino una expropiación de la cultura al haberla troceado según los intereses políticos, técnicos y/o comerciales. Y así hemos convertido la "gestión de la cultura" en una especie de "ciencia del ocio" especializada en llenar los espacios que caen fuera de nuestra verdadera obligación: el trabajo. El trabajo y el ocio (la cultura según hoy se comprende) dependen del mismo paradigma de gobierno, del mismo programa retroalimentado de producción/consumo Solo se "obtiene" la cultura que se puede comprar y que se programa desde los centros especializados.

Lo peor es que, al parecer, hemos asumido que este es el modelo válido y único, lo hemos dado por definitivo y lo estamos consolidando y reforzando desde todos los púlpitos posibles. Y si son universitarios, mejor. Todo gira en torno a la "optimización" de la maquinaria para que funcione tal y como se supone que debe funcionar. Parece que nos hayamos rendido y la cultura también se ha reducido a sus "empresas" aunque se opte por el apodo de social (al fin y al cabo juegan con

las mismas reglas externas del mercado –producción, distribución, consumo–
aunque internamente se organicen de modo más horizontal o compromentido, no
sé si ganamos mucho). Es el credo que ha vencido y no contempla otros
escenarios. Pero no olvidemos que la única horquilla permitida va a ser la de la
oferta y la demanda. Hacer de la cultura una necesidad y no un comportamiento
nos lleva a incluirla en un catálogo de consumo en el que las sociedades de
control se sienten muy cómodas. Se trata de generar dependencias. Y parece que
ese es el fundamento de la gestión cultural actualmente: dotar de producto.

¿Se trata pues le gestionar o de interferir? Cualquier acción toma importancia no
por su contenido sino por los efectos engendra. Una acumulación de actos
inocuos no es suficiente, una hiperprogramación de actos atomizados no conduce
sino a la magnificación de las cantidades como parámetro de referencia. Esta es
la fatalidad de la gestión: la sobreacumulación de oferta en función de unos
indicadores de desarrollo obsesionados por modelos capitalistas.

Cambiemos la estrategia: trabajemos por considerar la cultura como un
comportamiento, no como una necesidad (me atrevo a decir incluso que ni como
un derecho) . Intentemos, al menos, generar interferencias. Intentemos alterar,
perturbar, introducir ondas que modifiquen este modelo social que nos
sobreviene.

## dónde reside la cultura

Reforzar la revolución neoliberal y consolidar la decadencia de los derechos, no
puede conseguirse sino apartándonos del pensamiento, de la filosofía, de la razón
crítica... la ampliación hasta el infinito de esas/sus libertades desde el escenario
de una política firmemente instrumentalizada. No existe otra forma para
conseguirlo que centrarse en la economía, en una economía que funciona como
un dios verdadero (cuánto daño hacen y han hecho los monoteísmos) y que sirve
para canalizar el pensamiento único (solo hay una posibilidad y es ésta que
presentamos), para amplificar el discurso del miedo (si no es así vamos a la ruina
social y personal) y conducir las ilusiones (el triunfo reside en el sacrificio).
Perfecto. Un soberbio estado de demencia en el que todo debe regirse por las
cuentas de resultados. Conformar la política en función de rentabilidades.

La retórica neoliberal logra reproducir en casi cualquier medio aquello que le
beneficia y lo hace desde camuflajes excepcionales, desde los espacios de

101

modernidad. La complejidad de la vida queda reducida a los autos de fe como simplificación de los devenires y de los deseos individuales: el fundamento básico para la logística del poder. La legitimidad constituida como artefacto de dominación

Y, en este escenario ¿dónde reside la cultura? Hay veces que pienso que eso que denominamos Cultura no es sino lo que la postmodernidad nos regaló en formato discurso, en formato paraíso para el asalto urbano, para el chantaje, para el clientelismo local... para la normalización de dogmas (la Cultura como fuente de desarrollo económico, claro, pero ¿de qué modelo de economía hablamos?), para la normalización de excesos (la precariedad y la atomización de los empleos), para la normalización de alcaldadas (las ciudades y sus grandes eventos, sus capitalidades)...

Hoy la gestión de la Cultura, la Cultura misma, está en la fibra óptica y en la mercantil. Lo demás, eso que gestionan los gestores, no es sino un residuo colateral en forma de entretenimiento. La Cultura viene inoculada a través de la tecnología y el mercado. Y todos esos congresos, seminarios, asambleas, encuentros, másteres, posgrados... no tratan al final sino de determinar cómo nos repartimos ese espacio residual mientras, por encima, las verdaderas estructuras culturales, las del poder mediático y financiero, van maquetando la cultura según sus necesidades: van conformando sociedad a través de sus franquicias políticas. Esa es la verdadera gestión cultural.

Y para llegar a esto la han desmembrado y descompuesto. Hace mucho tiempo que van trabajando sobre ello. Primero la alta y baja cultura. Ahora todas sus especialidades: el turismo, la moda, el diseño, las artes, la publicidad, la gastronomía... las industrias culturales, por supuesto, las economías creativas. Todo lo necesario, junto con el discurso del pib, para la inducción masiva. Ahora la cultura también se emprende y se organiza y formatea en torno a las necesidades del management más moderno. Se le han extirpado sus genes conflictivos, se le han reconfigurado sus constantes vitales: es sustituible como producto, acumulable, sacrificable, publicitable, almacenable...

¿Dónde están pues los centros de producción? ¿Dónde reside la Cultura, decía al principio? Las Instituciones Públicas han perdido la influencia real. Por mucho que se quieran reclamar los espacios de programación, lo que queda es la reproducción de formatos que se acomoden al mercado, a la línea de hiperreproducción capitalista, al refuerzo de la marca ciudad. Y por desgracia, por méritos propios o por mandato directo, muchos de los trabajadores de la cultura no son sino meros observadores para que todo funcione correctamente, de que toda la maquinaria cumpla. Son meros vigilantes de lo automatizado. Son como los equipos de mantenimiento de las grandes cadenas de montaje.

Porque en términos de valor, la cultura solo es aceptada y reconocida si circula como mercancía. Una gran ironía ¿no? No sé si la cultura ha sido vencida por la cultura, ya lo dije en otro lugar[76], pero sí que ha sido desmantelada desde dentro. Cuando se ha normalizado. Cuando se ha supeditado a los modelos tan cuestionables como los que configura la sociedad occidental. La jerarquía política y financiera sigue sabiendo lo que la ciudadanía necesita, lo que le conviene.

Pero la cultura es conducta, pensamiento, costumbre, deseo, o como dije en algún momento[77]: conocimiento, gozo, hábito y ética. ¿Quién la conduce hoy? ¿Quién la gestiona? La manipulación consciente o inconsciente de estas y otras emociones es lo que construye un modelo de sociedad, un modelo de cultura, un modelo de sentimiento comunitario. Y eso, hoy por hoy, disculpen, está muy lejos de los escenarios, de las librerías, de los museos, de los cines...

¿De verdad creen que la Cultura reside en las instituciones? Quizá sería necesario experimentar desde fuera, regresar.

## la cultura reglada/la cultura deprimida

¿Qué queda de la cultura cuando "deja de serlo"? ¿Qué queda cuando se convierte en valor de cambio? ¿Qué queda de ella cuando sólo se reproduce su funcionalidad mercantil? Quizá no queda sino el remedio de la sumisión. No es ella misma sino algo "en función de" en su sentido ontológico. Más, puede que esa misma razón de utilidad sea la que la hace viable a la vez que la paraliza. Quizá se podría hablar de una aculturación vía mercado. Algo que comenzó con un gran trastorno: considerarla como recurso. Algo que seguro tiene mucho que ver con la época del hiperreproductivismo neoliberal, las esencias del capitalismo inmortal. En mundo donde todo es producido y reproducido hasta el infinito, la cultura también ocupa un lugar en las estanterías. Pero solo aquella sin taras.

Por eso mismo parece que solo existe la cultura que navega por esos canales. Parece que todo se reduce a esos productos que admiten su matasellos. Como si todo fuese una exigencia de culturización reglada y su afuera consistiese en

76 pag. 149
77 pag. 114

medianías y aficiones. Una especie de subordinación obligatoria que regula lo que debe y no debe ser. La mediación y la directriz siguen indicando lo correcto. En este escenario las manifestaciones culturales alternativas, las estructuras culturales independientes, no forma parte de esa balanza, no son "escaparate". Puede que vivamos, si no en una cultura fallida, sí en un decorado de utilitarismo cultural para el aprovechamiento particular de un producto simbólico. La uniformidad de la cultura reglada. Pero, al fin, la cultura no puede confundirse con lo que se nos ofrece o con lo que encaja en los ámbitos formales, en esa mercantilidad articulada bajo criterios de instrucción.

Por ello la cultura que va quedando quizá se haya convertido en un asunto autorreferencial. En una especie de huida hacia adelante de esos restos de la cultura-recurso, de la cultura-producto, de la cultura-prescripción. Por eso estamos asistiendo no a la muerte de la cultura sino a la depresión de la cultura. A una cultura que se deprime por exceso de ego, porque ha sido y no es, porque ha perdido los laureles y el boato. Pero no nos engañemos, en realidad se deprime porque no ha tenido nunca otra referencia que ella misma.

Solo lo inservible para los aparatos de producción puede estar liberado. La excelencia no constituye sino un simple atributo coyuntural. Algo que niega la posibilidad de generación de matices, algo que no esta ya contenido "en lo dado" si nos fijamos en lo que nos dice Castoriadis[78]. La excelencia se convierte en esencia inmutable y lo hace a través de la cultura reglada. La que conviene. La que es necesario seguir para estar dentro. Un esencialismo que desde lo público se ha reforzado convenientemente, no lo olvidemos.


## el producto perfecto del capital...


... bien podría ser éste: un entorno prerreflexivo o incluso un entorno que ha logrado prescindir de la reflexión para centrarse en la generación de individuos-proyecto. Algo que funciona muy bien en procesos que necesitan neutralizar la crítica y que entrena y predispone una subjetivización con referencias de rivalidad y dominio. Una libertad moldeada a medida de las necesidades de las sociedades hipercapitalistas. Una libertad que empuja hacia el movimiento productivo perpetuo y que genera verdaderas patologías de competición e individualismo. La esclavitud neoliberal no ve sumisión sino gozo y proyecta esa imagen como el

---

78 http://es.wikipedia.org/wiki/Cornelius_Castoriadis

ideal humano de progreso, la figura admirable del luchador que se debe conquistar, que cada uno debe querer para si, que debemos reproducir como sociedad avanzada... el "yo como amo de uno mismo" en la paradoja de la coación autoasumida. La explotación de los sentimientos y las emociones no es nada nuevo dentro de las estrategias del capital. La cuestión es cómo se ha conseguido reforzar y consolidar esa emoción de libertad que descansa sobre un espejismo brutal: la expropiación de uno mismo.

Las nuevas estrategias de control: hacer como que no existen. Para ello el neoliberalismo ha jugado con habilidad, ha tenido la astucia de deshacerse de todos sus compromisos, de los vínculos que le ataban al trabajador, a esa figura industrial que había alcanzado dosis de seguridad y de bienestar que empezaban a ser intolerables. Ha externalizado la molestia. Ha inoculado ideología y ha eliminado la conciencia de clase, la de clase trabajadora, ahora la clase dominante parece que se ha expandido convenientemente, ahora todos somos clase dominante. La cadena de montaje está en cada uno de nosotros y quien no se engarza no puede responsabilizar a nadie: es que no sirve, no es competente, esta condenado a la vergüenza del fracaso. No hay lucha común en un espacio hiperindividualista.

El trabajo sigue siendo un panóptico disciplinario pero esta vez aislado y enquistado en cada uno de nosotros. El poder ya no niega la libertad sino que la concede desde el absoluto. Nadie puede oponerse a la libertad: ¡perfecto! Pero es importante que exista también una estructura que vele por ella, que encienda el espíritu y lo mantenga. Los motivadores: esos especialistas que te apoyan, que te animan, que te muestran ese camino a la felicidad, que te allanan el sacrificio, que te adulan, que te seducen... rituales y ceremonias hacia eso que nos muestran como coaching. La violencia de la positividad. El capital es el propio ser humano, algo más que una máquina como lo fue en la era industrial, en los espacios de la biopolítica[79] de Foucault.

El sueño voltariano[80] que prescindía de todo elemento mitológico para alcanzar una sociedad ilustrada no ha resultado. La libertad fue un episodio pasajero si alguna vez lo fue y ahora el mito resurge con fuerza. La disciplina ha mutado. La magia del emprendimiento, con todos sus complementos motivacionales y correctores, con todos sus artilugios y ritos, se ha convertido en la nueva revelación. Todo mito anula el por qué. Sencillo: el por qué induce al conocimiento y el comportamiento aconceptual (Hegel) impide observar el objeto. No hay mayor

79 http://es.wikipedia.org/wiki/Biopolítica
80 http://es.wikipedia.org/wiki/Voltaire

logro que haber minimizado el "hecho consciente" y haberlo sustituido por "esto es lo que hay".

Pero, en realidad, no hay elección porque no se puede elegir entre dentro y fuera. Otra de las paradojas de esa libertad. Solo lo que existe dentro del sistema puede alcanzarse. No hay problema: esa grave limitación se suaviza con la magnificación de las emociones, con su hipertrofia. Otro objeto de mercado. No existe la individualidad sino como una concatenación infinita de comportamientos inmanentes (Deleuze)

## sujetos de rendimiento

La exaltación y alabanza del trabajo ha ocupado los espacios del imaginario social hasta convertir al individuo en una máquina que no puede plantearse otro objetivo en su vida que la del rendimiento pleno (también en el supuesto ocio). La óptica del trabajo a través del empleo marca la máxima distinción. La necesidad de subsistir en un escenario hipercapitalista para que ese mismo subsista y crezca. La rueda infinita que gira como una "relación de autoexplotación" en lo que Byung-Hul Han[81] denomina "sujetos de rendimiento [...] emprendedores de si mismos".

El lenguaje positivo de la motivación, de la pulsión innovadora, de la excelencia productiva reconfigura los procesos disciplinarios[82] que Foucault nos presentaba. No existen espacios de disciplina externos y cerrados de obediencia sino que se distribuyen desde la inmediatez individual y casi siempre soleados. En un mundo postnietzcheano podemos decir que, muerto dios[83], el trabajo lo ha sustituido (en el emprendimiento tendrás la recompensa). Y aquí es donde se abren esos espacios cerrados. Donde antes había oscuridad y coacción, ahora aparecen los templos del coworking que desbordan luz y autonomía. Y para que no te veas en la desilusión de abandonarlos contarás con mini-kitchen para el coeating, espacios para el cotalking, zonas el corelaxing... siempre co.

No pertenecer a esa clase es ser nada en una sociedad que sacraliza la productividad, el esfuerzo por mantener una disciplina de rendimiento máximo. El imperativo social. ¿De dónde viene la glorificación del 24×7[84]? La estrategia es

81 http://es.wikipedia.org/wiki/Byung-Chul_Han
82 https://aquileana.wordpress.com/2007/09/08/sociedad-disciplinariasociedad-de-control/
83 http://es.wikipedia.org/wiki/Muerte_de_Dios
84 pag. 155

anular los vínculos y crear una atmósfera de libertad: la de pertenecerse a uno mismo. Cuando en otros momentos se tenía la idea clara de pertenecer a un amo, a un patrón, a una empresa, a un convenio... la estructura generada los ha destruido. Una paranoia de autonomía pero con los mismos principios de débito.

El mandato del rendimiento. La libertad paradójica. La absolutización del trabajo, en términos de Hannah Arendt[85]. Cuando el empleo no es la solución sino el problema: la degradación a animal laborans. Una mutación social que reacciona ante otros procesos que no sean los de la vida dedicada a la productividad absoluta. Se destruye la capacidad contemplativa.

## transformar el hecho en acontecimiento

Transformar el hecho en acontecimiento. Este parece ser uno de los recursos sobre los que se apoya esa globalización del mercado del pensamiento. El acontecimiento, por repetición, compone y conforma una forma de crear modelos, comportamientos. Un tratamiento icónico que ha estado presente en todos los momentos de la historia: prototipos y matrices sobre y con los que se va construyendo la sociedad que imagina el poder.

El tratamiento del empleo como acontecimiento de prestigio se superpone al hecho de la necesidad forzada a la que aboca el concepto de capitalismo neoliberal. ¿Por qué se elije como símbolo de progreso, como modelo exclusivo, como encarnación de la excelencia, como imagen de compromiso y sacrificio... el mudo del emprendimiento? La figura icónica supone el control de la realidad a partir de modelos incuestionables a los que se tiende sin reflexión. Una realidad que se concatena con las necesidades (materiales y espirituales, por una parte, y de pertenencia e identificación con un grupo, por otra) y que oculta los principios de control sobre los que se sustenta. Nada nuevo, nada que no hayan practicado en todo momento cualquiera de los estados y religiones.

La retórica del progreso es la misma retórica de salvación que la del "más allá": un entramado ideológico que se sostiene sobre un concepto perverso del sacrificio y, en este caso, sobre una idealización detestable del empleo. Violencia conceptual. El emprendimiento como técnica de intervención social.

85 http://es.wikipedia.org/wiki/Hannah_Arendt

## la cultura como extravagancia

Como ya he dicho en algunas ocasiones, cada vez tengo más dudas. Cotidianas o no tanto. Unas que vienen y se quedan, se quedan para siempre. Las audaces van migrando a medida que me parece que las voy despejando. No es cierto. Mutan. El mundo infinito de la duda mutante (más terrible que la metódica)

¿Puede la cultura normalizarse? ¿Puede funcionar dentro de la norma? ¿Qué es lo que la normaliza? Fuera respuestas antropológicas, sociales... Empiezo a creer que la cultura no es más que un trastorno con un afán de invisibilidad muy propio de las especies en extinción. Por ello hablar de la cultura como extravagancia (algunos separan la palabra en dos) es hablar de algo que no quiere discurso porque ya está caducado. Es hablar de algo que funciona mejor en la deriva, en el caos de la deriva mientras opta por no cumplir con la satisfacción de lo correcto. Que apuesta por el derecho a pensar fuera del feísmo y el esperpento de la política y de sus gestores.

Esa es la extravagancia de hoy. El asco a lo que nos ataca y dejar en evidencia la mediocridad absoluta de una élite infecta. El asco a lo dominante y trastornar un aparato técnico demasiadas veces intoxicado. El asco por la tranquilidad normativa que nos señala qué es y qué no es cultura. El asco por la obediencia. Por los efectos embrutecedores que surgen del coto. Esos dictados que al parecer nos traen la civilización y la tranquilidad.

La cultura como extravagancia tiene una direccionalidad transgresiva y transgresora, de ironía. La excentricidad como sacudida. La excentricidad, lo que no se queda en el centro. La dispersión, la controversia, el germen. Todo lo contrario de lo adecuado y el sentido común, de lo posible.

¿Cómo defender la extravagancia de la cultura? La cultura postpolítica. Podemos ser conscientes o no, seguir haciendo como que existe eso que le llama "gestión de la cultura" pero en realidad no hay sino seguimiento normativo.

## dispersión y políticas de colectividad

Deseo profundamente que un centro público no sirva para nada, absolutamente para nada. Que no se pueda medir lo que en el se hace. Que no encaje en los indicadores, en esos indicadores que domestican la observación y obligan a mirar desde los ojos de la rentabilidad, de la utilidad, del posibilismo. De la aceptación. De la acumulación. Será porque me parece que construir lo común es algo que está lejos de la estabilidad y de la indicación, que se apoya más sobre las tensiones y el asombro.

La política de la colectividad-conectividad no existe cuando todo esta atomizado hasta el extremo, una característica neoliberal que pone la medida en el centro de las apreciaciones como si no existiese otro medio de superar las subjetividades, como si no existiese otro medio de reforzar la sensibilidad, la emotividad, la ilógica material.

Pasamos directamente a la neutralización de lo comunitario por exigencias de lo estructural, de esa constante discursiva que minimiza la complejidad a partir de ofrecerla en dosis. Reducir el valor a unos datos, a la interpretación de lo visible, no cuadra con la necesidad de un panóptico abierto. Incluso de la magia de lo inútil. La experiencia de la reflexión. La deriva como metodología. La situación generadora. Los matices. Y sobre todo: ser conscientes de que la pureza no está en ningún lugar, ni dentro ni fuera. La generación desde la incertidumbre.

En todo caso no se trata de ejercer la privatización de lo común ni desde los gobiernos locales ni desde la sociedad civil. Y a eso se ha tendido en demasiadas ocasiones y por parte de las dos instancias. Estoy convencido de que la verdadera función de la institución pública es generar y retirarse. Provocar y retirarse. Catalizar.

Solo existe ciudad si existen formas autónomas que la construyan.

## los excluidos

Las políticas neoliberales abarcan mucho más de lo que parece. La política neoliberal la confirman discursos que aparentemente nacen de la emancipación. Convierten a los descreídos y alejan falsos dioses. Exportan el dogma desde instancias que no levantan sospecha porque fomentan la ilusión.

Pocos análisis críticos sobre los modelos, sobre las influencias del capitalismo reciente. La fe no se toca. Muy poca reflexión sobre la verdadera incidencia de esta estrategia emprendedora. No voy a abundar en datos pero bien es sabido que el 80% de los casos termina en abandono. Claro que, como ya he dicho, esto no contabiliza como despido[86] y directamente la responsabilidad absoluta recae sobre el individuo que emprende. Todo muy bien concebido. Todo muy en la linea de la nueva catequesis y de los monoteísmos. Fe ciega, sacrificio y entrega. Y la culpa y el pecado, cómo no. El filón de los predicadores y los grupos de terapia, esos nuevos ejercicios espirituales. El fracaso y el pecado como estrategia y regeneración.

Pero el trabajo debe pensarse desde una visión más antropológica, más humana. Que busque mecanismos de corrección ante la estrategia depredadora y de sometimiento. Nada ha sido menos liberador que el empleo y el trabajo es otra cosa. ¿Deben las administraciones públicas reforzar este discurso? Pues no sé muy bien. Desde luego aquellas afines a las ideologías capitalistas están en su medio. En el caso que su ideología no case del todo con ese modelo quizá habilitar espacios de reflexión sería lo más adecuado. Si la misión de los gobiernos locales es velar por lo común hay algo que no cuadra mucho. La complicidad con lo establecido es lo que marca la política municipal. La dificultad de la congruencia es patente

El pensamiento del trabajo sigue estando dominado por las ideas que han fomentado la explotación y la autoexplotación agradecidas: alimenta el discurso de la dedicación plena y te hace sentir mal si no comulgas con la ortodoxia. No se trata de anular a quienes desean ese camino, esa forma de vida. Se trata de verificar hasta cuánto da de si y reflexionar sobre la ética de jugar con las necesidades. Sobre cuánto emprendimiento cabe en un modelo como el nuestro. Se trata de no sacralizar y de explorar otras vías.

Reimaginar el trabajo no pasa por el culto exclusivo al emprendimiento. Ni siquiera de ese emprendimiento colaborativo cuando, al final, tiene que pasar por las mismas reglas de mercado que el resto. La reestructuración de las sociedades y el futuro de las ciudades no puede pasar exclusivamente por la reactivación económica, sobre todo porque esa reactivación se fundamenta sobre los mismos modelos que la han hundido. La causa y la solución conviven mientras parece imposible poner la vista en otros modelos. En ocasiones parece que el dogma del emprendimiento no hace sino reforzar y consolidar ese escenario de precariedad e indefensión que reclama el capitalismo financiero. Gran parte de ese mundo de los emprendedores no deja de ser el de los doblemente excluidos: del entorno de la clase trabajadora y del entorno de la clase capitalista.

86 pag. 111

## el ensayo institucional del emprendimiento

Este modelo de autoempleo postmoderno puede considerarse como una componente más de la dicotomía público/privado. En cierto sentido forma parte de la enfermedad del espacio: el espacio privado que aborda y se apropia del espacio público (terrazas, publicidad, tráfico…) a través de discursos y sistemas de inmersión lenta (Lefevbre)[87] y siempre bajo las lógicas de una ciudad ofrecida al mercado . El lugar que ocupa el emprendimiento es ese que sustrae a otros modelos de vida y ocupación en función del concepto contemporáneo de libertad y desarrollo, el producto es la misma persona, el individuo como objeto de producción y consumo. Una fuente más de ese imaginario que pone lo individual por encima de lo común, un escalón más para la producción extrema desde cualquier ángulo de la vida. La máxima de la libertad es el individalismo. Muy paradójico que esa libertad exija y ensalce (a través del trabajo) la dedicación extrema, las veinticuatro horas de todos los días del año. Muy paradójico que sean las instituciones que velan por el interés ciudadano las que arropen y acojan el discurso y lo magnifiquen. Muy paradójico que los representantes de esas instituciones públicas sean los que se echen las manos a la cabeza si advierten el interés de una peligrosa mayoría por dedicarse "a lo público". Muy sorprendente que inmediatamente se pongan manos a la obra para remediarlo y no para reforzarlo. Este espacio público del empleo estará pronto bien preparado para ser tomado por terrazas y chiringuitos que distribuirán la educación, la sanidad, el agua, arreglarán los jardines, compulsarán documentos, apagarán fuegos, regularán el tráfico…

El discurso del emprendimiento es lo que marca el tránsito, lo que te lleva de ser trabajador a formar parte de esa élite creativa, aventurera, valiente… una clase con superpoderes que no desea sino manejar sus propias riendas (todos necesitamos de vez en cuando algún narcótico para continuar, eso también es verdad). Desdelgitimizar el empleo y sobre todo el empleo público. Ensalzar el trabajo y sobre todo la renuncia. Puede sonar incoherente pero el hecho es que ambos son dos conceptos con sutiles diferencias, con matices que les hacen claramente distintos. Ya no se piensa en personas, ni en puestos, ni en categorías… no se piensa en condiciones sino que todo forma parte de una estructura holística mercantil.

87 http://www.google.es/url?sa=t&rct=j&q=&esrc=s&source=web&cd=2&ved=0CCkQFjAB&url=http%3A
%2F%2Fwww.academia.edu%2F6459787%2FHenri-lefevbre-el-derecho-a-la-
ciudad&ei=iHU3VbT8JMa8ygOMzYCADQ&usg=AFQjCNEbkNoqxhgGsnSnXAMPgWhCsQSdZA&sig2
=c8djkQfmEfl2_RD3WD48kA&bvm=bv.91071109,d.ZGU&cad=rja

Este modelo, este discurso no es neutro, ni mucho menos, sino que tiene enormes implicaciones sociales, conductuales, tiene mucho que ver con formas de ver la vida y, por tanto, con la forma de construir sociedades. Quien piense que el emprendimiento es un espacio de emancipación, que es algo que esta fuera de los procesos de control, esta totalmente equivocado. No ha comprendido ni el modelo ni, mucho menos, el objetivo. Todo forma parte de la estrategia del control. El emprendimiento frena el conflicto permanente entre clases creando una ilusión de unidad que no es sino algo impuesto. El empleo (como mecanismo de socialización) y el emprendimiento (como modelo de individualización) son cuestiones antagónicas, algo cargado de gran significado y generador de contextos de diferenciación.

La supresión de estas categorías laborales nos lleva a otra sutil apreciación. El fracaso por goteo no es alarmante. Lo es (todavía) el despido masivo, la regulación masiva… la tragedia del emprendedor tampoco es social con lo que no computa en la indignación ni en la solidaridad. El cimiento ético del entorno laboral se anula por completo. No existe el riesgo de una alerta sobre el altísimo porcentaje de "fracasos" y de ruinas en el entorno emprendedor. No vende. El emprendedor no sólo es la mercancía[88], es una herramienta útil.

Y quizá otra gran sutileza, estrategia de estas nuevas sociedades: el empleo, como todo en las futuras sociedades hipercapitalistas, solo lo tendrá quien pueda pagárselo.

## el eslabón estructural

La sociedad disciplinaria de Foucault[89] no puede tener mayor presencia en este momento. No solo lo consigue a través de las clásicas estructuras: cárcel, hospital, fábricas y escuela, sino que amplía sus mecanismos y se ajusta a los nuevos modelos: la producción de mano de obra (el trabajador siempre ha sido una mercancía más) adquiere en el discurso del emprendimiento un nuevo y eficaz modelo de disciplina. Lógico ante la necesidad de ajustes continuos en esos procesos de control. Era necesario quitar el mono de operario y ofrecer un halo de magia y prosperidad. Conclusión: compactar el desarrollo individual frente a los modelos comunitaristas (hasta los modelos colaborativos está sometidos a las lógicas darwinistas dentro de la estructura del mercado capitalista). La figura

88 Pag. 143
89 http://foucault.idoneos.com/296540/

112

del emprendedor elevada a la máxima potencia de heroicidad, sacrificio e impulsora del desarrollo de estas nuevas sociedades. Nadie antes había hecho nada similar, al parecer. Nunca antes hubo tecnología, creatividad, curiosidad... nunca antes hubo nadie que se arriesgó. Será porque no existía el término mágico. Al parecer. Pero antes de un "nunca antes" siempre ha habido otro "nunca antes". Y eso lo olvidamos. El "nunca antes" de la revolución industrial fue la máquina de vapor. Y mucho antes hubo un "nunca antes" que lo hizo posible el arado. Y cualquier sociedad ha evolucionado desde el conocimiento y la innovación, pero ahora se llena la boca con semejantes tautologías. El argumento esta harto manoseado, ya no se sostiene ni cala, ya no puede mantenerse por mucho tiempo. Es la exaltación de lo obvio cuando parece que no hay nada detrás.

Por eso nuestro "nunca antes" parece retroactivo y está volviendo a modelos medievales: ahora los dueños del capital no necesitan relaciones contractuales, tan solo reciben los diezmos en formato deuda, acciones y plusvalías varias. Y cuando las relaciones contractuales son imprescindibles la ingeniería del capital ha recuperado las fuerzas perdidas y ha destruido cualquier posibilidad de defensa. El proletariado ha evolucionado en dos lineas: el precariado[90] (marcado no solo por unas relaciones laborales amputadas, sino por la ampliación de los grupos sociales a los que afecta) y, su línea más icónica, el "emprendariado", al servicio de los mismos pero con ilusión de libertad (en realidad, todo es ilusión de libertad, eso sí). Pero no se olviden estos últimos: siguen si ser los dueños ni de los medios de producción ni del capital. Y a ambos les une, al menos, una característica más: a nadie podrán reclamar una mejora en las condiciones de vida. Sencillamente, el emprendedor es la mima mercancía[91]. Y todo gira en torno a esas nuevas catequesis que van depositando la fe en nuevos miembros. Los viejos ejercicios espirituales en formato coaching.

El control (casi físico) que antes ejercía la fábrica, se extiende y se ejerce sin necesidad de mancharse. Nadie es un trabajador, nadie es un autónomo (por supuesto tampoco hay ya empresarios). El halo emprendedor quita impurezas. La sutileza del auto convencimiento. El discurso de la libertad. La obligación de permanecer todos sumidos en la disciplina y en la absorción total del tiempo. Nada que no sirva para la producción (eso que Byung-Chul Han[92] denomina "la sociedad del rendimiento"), de cualquier modo, de todos los modos. La disciplina del capital sigue organizando las estructura por muy modernas que parezcan.

90 http://ec.europa.eu/translation/bulletins/puntoycoma/124/pyc1242_es.htm
91 pag. 143
92 http://es.wikipedia.org/wiki/Byung-Chul_Han

Nada nuevo. Tampoco la sorpresa de que los modelos socialdemócratas amplifiquen este dogma (no olvidemos que el "contrato cero[93]" es obra de esa especie de socialdemocracia postmoderna) como la quintaesencia de la innovación social. Desde los estamentos públicos se asumen las reglas y todo se envuelve con argumentos de impacto. Se amolda la ciudadanía a un patrón de restricciones, de renuncias. Los códigos de una economía que no admite matices.

El emprendimiento es la marca blanca del capital. Una de las tres obsesiones de los discursos retóricos. La innovación y la creatividad completan este triángulo que encierra todo análisis en la lógica de mercado y del mercado. Monetizar hasta el extremo y calcular, para dignificar parece ser, el impacto económico de cualquiera de las acciones que se acometen. Tremenda obsesión.

## pensar en abstracto / añadir dimensiones / valorar la sístémica

Notas para la mesa "Las industrias creativas y culturales cómo motor económico". Getxo. Jornadas de promoción económica en ciudades de servicios. Marzo 2015.

- Cultura > > > conocimiento / gozo / hábito / ética

- Yo no creo ni en dogmas ni en sacrificios. El dogma de la economía de la cultura fundamentadas en la producción/consumo como factor de desarrollo, ni el sacrificio del esto es lo que hay, algo que me parece una de las posturas más reaccionarias que existen. Es necesario cuestionar lo que parece incuestionable, dudar de lo que parece tan sólido.

- Permítanme que recuerde la definición que la Unesco dio allá por el 2009 sobre economía creativa: "Aquellos sectores de actividad organizada que tienen como objeto principal la producción o la reproducción, la promoción, la difusión y/o la comercialización de bienes, servicios y actividades de contenido cultural, artístico o patrimonial". Bien, y luego el DCMS el departamento para la cultura medios y deporte de Reino Unido dice: "Las industrias creativas son aquellas basadas en la creatividad individual, las habilidades y el talento" > hay diferencia con un* panader*? Por qué pues esta obsesión.

- No es la innovación, la creatividad y la tecnología un común a lo largo de la

93 http://elsalariado.info/2015/02/09/el-contrato-de-cero-horas-en-el-reino-unido-el-grado-cero-de-la-explotacion-del-trabajo/

historia y sobre lo que siempre ha evolucionado la humanidad? No es creativa toda acción que pretenda modificar de algún modo lo preexistente? Valorar la holística.

- La cultura va más allá y supone la forma de ser de las sociedades. La cultura es un sistema complejo y la reducimos de modo simple a sus formas mercantiles. Función y significado los reducimos a un utilitarismo extremo que adornamos con florituras sociales.

- La cultura ha perdido su fuerza subversiva y transgresora cuando se ha unido al mercado (se produce lo que puede venderse). La cultura es la que señala el modelo de economía que a su vez modela el entramado cultural que lo sostiene. En estos momentos, lo queramos o no, el mayor generador de cultura es el modelo neoliberal[94] (pero de eso no se habla) de creación de sociedades y éticas. La economía como religión monoteísta.

- El capital es el que está generando la cultura que le interesa para su crecimiento ilimitado. Es él quien genera los discursos de desarrollo según sus propias interpretaciones.

- La diferencia entre distribuir productos y favorecer la creación. Donde están estos viveros para la creación comunitaria, colaborativa, inclusiva?

- La manera de verlo todo desde las tres dimensiones capitalistas: el mercado, la jerarquía, la excelencia. Una visión multidimensional al estilo de la física cuántica seria más que deseable.

- La rigidez del formato limita la atención a la cultura >> economía de mercado/políticas públicas >> producción, distribución, rentabilización (también la rentabilización política)

- Lo triste es que fundamentamos la cultura en torno al un utilitarismo economicista de producción/consumo dejando atrás cualquier otro valor si no es para justificar lo anterior o complementarlo sin convicción.

- Por qué no hablamos de la magia de lo inútil.

- Igual estamos fomentando otra burbuja, al menos conceptual porque ya ha perdido su relación con el ladrillo

- Nos contamos siempre lo mismo, a los mismos y en los mismos rituales ¿cuándo seducir a la ciudadanía? hace tiempo que digo que estos

94 pag. 124

encuentros sirven como catarsis colectiva pero sin influencia real. Bien sabemos que todo rito es una puesta en escena que controla el riesgo de cambio, para mantener lo establecido, para defender el orden. Antropología pura.

* El discurso dominante no deja de transmitir que la cultura es la que debe doblegarse a la lógica del capital, de un determinado capital por cierto (porque hay otros tipos de economía que parecen no interesar, otros economistas que parece no se leen), aunque ahora se habla de responsabilidad social, cooperativismo cultural, colaboración... me temo que como cuestión cosmética desde ciertos estamentos.

* El discurso de la cultura como motor de desarrollo suena demasiadas veces a vacío, impostado y conservador, desfigurado y neutralizado por le necesidad de empleo. Y no voy al hablar del pib[95] porque, con todo lo que es que es y mucho, no deja de tener unas connotaciones de despiste bastante elevadas[96].

* Facultamos la cultura fósil frente a la renovable. La cultura sedentaria frente a la nómada[97]. La cultura Hard frente a la trans.

* La cultura solo puede sostenerse a partir de un proceso colaborativo que incorpore nuevas sensibilidades económicas, nuevas lecturas.

* La cultura tomada desde las lógicas del mercado no representa sino un proceso fabril más y sujeto a las exigencias de la rentabilidad.

* La economía creativa supone la referencia a una ciudadanía espontánea y nunca a la concepción de ciudades escaparate y marca sujetas a la dominación de la fachada de un parque temático al servicio de intereses financieros.

* Los límites de la cultura parecen ser hoy los límites del mercado, de un tipo concreto de mercado. Y cuando digo de la cultura digo de la sociedad porque no puede haber una lectura más completa de la cultura que la cultura antropológica.

* La lógica capitalista no puede tener otra intención que no sea la del beneficio extractivo. ¿ Qué es lo que le interesa pues de la cultura? ¿Lo que corresponde a parámetros de excelencia fundamentados sobre los

95 pag. 229
96 pag. 173
97 pag. 126

criterios del mercado? Las fresas que se exportan e importan son las de forma más perfecta, no las más sabrosas. Eso evidentemente crea un modelo y genera un comportamiento selectivo que solo busca aquello que se ha marcado como tal. El resto puede hundirse aunque tenga mejores cualidades de todo tipo. La cultura puede caer en el mismo complejo de fresa perfecta.

- La uniformización de los productos culturales es lo que verdaderamente funciona dentro del mercado. ¿Eso es lo que se quiere para las economías creativas en el entorno local?

- La cultura desde el paradigma producción/consumo no solo tiene los evidentes límites del la hiperrotación (obsolescencia) sino que en un plano de consumo básico se enfrentan también con de la acumulación (cuanto puede comprar/adquirir un individuo familia). Todo se convierte en material desechable. La cultura también.

- Nada se puede alcanzar sin un pensamiento abstracto, móvil, mutante y múltiple. Abrazar la cultura desde la óptica mercantil la limita a procesos utilitarios reduciendo al mínimo el resto de sus capacidades.

- La cultura es fundamentalmente un territorio de pensamiento en el que el ser humano se construye y garantiza un hábitat emocional e intelectual apto para el armazón de colectividad, de espacios simbólicos. En este ambiente no puede ni debe limitarse a lo económicamente posible.

- Asistimos a la omnimercantilización de la sociedad (Serge Latouche)

- La metafeudalización de las sociedades supone que los estados y sus representantes son los nuevos vasallos que cumplen las órdenes del señor. El siervo siempre es el mismo. La novedad la suponen las urnas con la representación de un teatro democrático que cumple cada X años la función de ritual conmovedor, purificador y tranquilizador de conciencias. Una ceremonia codificada que por supuesto sirve para el fortalecimiento del vasallaje.

- El emprendimiento[98] y su discurso magnificador no es sino parte de esos rituales que tratan de reforzar los vínculos entre las partes necesarias de un engranaje extractivo. El refuerzo del individualismo es más que necesario, la descomposición de los entramados comunitarios. Me pregunto si la economía social no es sino una especie de apósito obligado

98 pag. 161

a mantener las mismas estrategias de competitividad para poder llevarse parte del pastel. Pueden ser nada más que una especie de "mercado naïf".

- El emprendimiento se ha elevado a rango de norma y la cultura ha sido arrastrada.

- El mercado marca el sentido único de la cultura. Y lo que hace es planificar una distribución de los productos en función de sus lógicas de modo que la distribución produzca rentabilidad, la producción abarate costes y las necesidades del consumidor estén perfectamente estandarizadas > la uniformización de las sociedades a través de la cultura. ¡Qué gran paradoja!

- Siento que todos los discursos en torno a la cultura giran en torno a la pasión consumista, a la pulsión acumulativa. En cualquier caso hasta la mejor intencionada de las acciones se referencia por la necesidad de arropamiento economicista. La colonización del imaginario.

- La economía logró convertirse en un conjunto de creencias que formula y construye el imaginario de las sociedades. No sé si esa es la única cultura que verdaderamente sobrevive y el resto se va a reducir definitivamente a festejos varios.

- No podemos permitir que los límites de la cultura sean los límites de la economía. Todos los residuos generados por la producción fundamentada sobre los criterios de explotación máxima son irreversibles, como dice Nicolás Georgescu-Roegen, la ciencia económica ignora la entropía, es decir no tiene en cuenta la irreversibilidad de sus acciones. La cultura se modifica y modifica el resultado de las sociedades. Es acertado resaltar su carácter creativo e innovador sin definir qué tipo de creatividad e innovación? Entramos en el mito.

- No sé si lo que hacemos es pensar continuamente desde el mismo paradigma que nos ha llevado al colapso. Si lo que hacemos es una huida hacia adelante sin modificar las bases del pensamiento. Y metemos a la cultura en esa bolsa sin revisar los fundamentos. Es una especie de estafa intelectual.

- El análisis de la cultura está fundamentado así en aquellas teorías del crecimiento infinito. Es una esquizofrenia que nos hace reforzar lo que conocemos que no sirve. Lo que está demostrado que nos ha llevado al colapso. La sobreexplotación de eso que llaman cultura es la que conducirá a su extinción incluso como concepto y se diluirá en el magma de cualquier otro producto de consumo. Será aniquilado definitivamente el gen que la hacía peligrosa y, como dije ya hace muchos años, se habrá logrado una transición eficaz.

- La economía de mercado, la economía capitalista actúa como un extraordinario pesticida que impide la salida de mala hierba y garantiza grandes cosechas. Además, a la par, estos mismos pesticidas limitan la diversidad genética, la diversidad cultural. ¿Cuántas lenguas, por poner un ejemplo, mueren? Por otra parte la diversidad cultural se limita a ser observada y expuesta en reservas a modo de festivales varios. Como decía arriba, los límites de la cultura.

- La idea de nomadismo no se refiere únicamente a los aspectos físicos, logísticos... El nomadismo lo entendemos también en el terreno intelectual, de pensamiento, de investigación emocional. La búsqueda de la óptica múltiple, fractal, no terminada... Y sobre todo con la intención de no atascarnos en dogmas, en mantras. La cultura fósil, sedentaria frente a la cultura renovable, nómada.

- Los límites de la cultura están en los límites de nuestro conocimiento (por hacer una analogía con el principio de Wittgenstein). En este momento parece ser que estos límites se encuentran en los que nos señala la economía como referencia absoluta y el emprendimiento como máxima de desarrollo. Por supuesto el emprendedor es el nuevo héroe como si no fuera un trabajador más. Eso sí tocado por la mano de algún dios extraño. Estos son los ojos que interpretan la realidad, lo cotidiano, la óptica que señala el camino.

- ¿Se le priva a la cultura de cualquier atributo que no sea de alguna utilidad para el mercado? Estamos en un paisaje cada vez más homogéneo, más organizado, más mecanizado. Y cuando queremos plantear otros asuntos no sabemos salir de ese círculo de razonamiento. Paseamos por el mismo paisaje.

- No sé si estamos con todo este escenario de multiemprendimientos en cultura abandonando el territorio del bien común y desarrollando procesos individualistas. Porque, en definitiva, el fundamento de una empresa capitalista es el beneficio. Si no existe, no existe la empresa. Incluso en aquellas que trabajan en lo que ahora se llama economía social. También compiten por un nicho de mercado. Lo perverso es el modelo.

- ¿Cuántas empresas culturales pueden sobrevivir con este modelo de producción consumo?

- La economía se vuelve religión en el momento en el que trata de trazar una moral universal en torno a su credo y todo puede destruirse o crearse según los designios de su divinidad. Lo que permanece fuera no tiene cabida ni siquiera en les escenarios de la elucubración y la racionalización. Ni siquiera se discute porque topamos con el anatema y la herejía.

- Al centrar la cultura en el consumidor ocurren dos cosas en paralelo: el ciudadano pierde su estatus de sujeto autónomo (ese que nos señala la filosofía) y genera comportamientos de apropiación y acumulación. Y dos, la cultura dirige sus pasos hacia una estrategia de venta que impone las lógicas de la rotación, la obsolescencia y el beneficio. Así se vuelve ineficaz en otros ámbitos "inútiles"

- Reconstruir la cultura en común. Decrecer en expertos y lobbies. Favorecer la creación si rentabilidad. Abonar las culturas tímidas. Abrazar lo que no cotiza en bolsa.

- Centros de producción cultural colaborativa. Se convierte la ciudad en un centro de creación de culturas comunitarias con intención expansiva. Cultura lab.

- La materia prima de la cultura puede decirse que es la imaginación. Se afirma que esta es inagotable. Puede. Pero no por inagotable es valiosa o apta. La imaginación se deforma cuando se circunscribe a los limites de cualquier ortodoxia, se limita al seguir tras sus balizas, tras sus exigencias, bajos sus dogmas. La imaginación circular.

## de la cultura distributiva a la conectiva

Siguiendo la estela de la economía dominante, la cultura ha ido confirmándose como un apéndice más de sus dogmas y ha trabajado desde una linea reproductiva muy alineada con la lógica capitalista. Hablo de la cultura oficial, esa que se ha ido ordenando y despachando desde los Gobiernos locales. Parece que, como en cualquier proceso extractivo, ha dominado la lógica distributiva. Una lógica que, además, venía consolidada desde dos supuestos: uno, el que los convierte en expendedores y patrocinadores de productos aptos para el consumo; otro, el que los convirtió en salvadores de las ciudades transformándolas en parques temáticos. Se abrazó la excelencia y la marca. De forma paralela se hablaba de sostenibilidad (siempre he creído que se trataba de un mantra más) y desarrollo. En todo caso, es lo que he observado durante muchos años de profesión, siempre desde posturas demasiado conservadoras. En fin, no es que ya no valgan estos principios, estas fórmulas, es que no han valido nunca! La cultura distribuida ha matado la cultura.

Y ahora, al calor de la escasez, la participación pareciera que revive, que se trata de recuperar como panacea, se convierte en recurrente, forma parte de ese catálogo de términos fetiche. No sé si se trata una vez más de una especie de asistencialismo cultural. La institución, que no ha perdido todavía ese fondo arrogante, es la que guía. Temo que nos hundamos en una participación asistida.

¿Podemos ir más allá? La participación patrocinada no va a reequilibrar los procesos. Va a seguir estando atada a sus dueños, a sus tutores. Por eso la lógica de la participación debe ser superada y ampliada por las lógicas de confluencia[99]. Lógicas que superan la obsesión por la contabilidad y la actividad y que centran su energía en provocar situaciones[100]. De la acción a la situación. De los espacios participativos a los espacios conectivos[101].

Unos espacios que deben ser tomados como generadores de sensibilidad creativa. Algo que supera con mucho la pasión consumidora y distribuidora a la que estamos acostumbrados. Algo que impulsa la inteligencia colectiva y generan valor desde la proximidad. Los espacios que fomentan la incitación intelectual para la consolidación de comunidades transformadoras.

## imaginarios de contragestión

Si todavía creen ustedes que vamos a salir de esta, no sigan leyendo. Tampoco sé por qué deben avanzar en la lectura si creen que no vamos a salir pero que podremos sobrellevarlo si nos adaptamos a "lo que hay" o, como colmo de fantasía, que podremos recuperar algo de lo que hubo intentando retomar viejos caminos (hay discursos que parecen agradecer a esta gran estafa la posibilidad

99 pag. 124
100 pag. 122
101 pag. 108

que nos da para reinventarnos). En realidad no sé ni si se debe leer algo si no se está dispuesto a abandonar.

Después de todo parece que vamos a seguir buscando el cómo dentro de los modelos que ya conocemos, dentro del más de lo mismo, de una especie de remiendos con las fórmulas que no han funcionado, algo así como disfrazar los errores a ver si así algo se arregla. Una rueda sin fin. Todo tremendamente conservador. Todo tremendamente conocido y trillado, repetido, eterno, incansable, estéril... Quizá fruto de una mezcla de incapacidades, miedos, egocentrismos, servidumbres, desconocimiento... Quizá por ese apropiacionismo institucional, quizá por ese dejacionismo ciudadano. Quizá por un enfrentamiento absurdo en un mundo que de ningún modo es excluyente. Sorprende observar cómo desde ambos ámbitos, el institucional y el ciudadano (vamos a decirlo así) el frentismo se afana por subestimar al otro. Sorprende la actitud con la que la institución pretende administrar (sí, digo administrar en todo su sentido) la cultura, y sorprende la actitud, desde la bandera de lo común (qué paradoja), con que bombardean cualquier iniciativa que provenga de lo público. Quizá ambos pretendan la propiedad de la cultura, otra gran paradoja. Ensimismados y atrincherados, esa parece ser la tónica. Quizá se confunde lo público con lo común. Quizá lo público no haya sido sino una privatización de lo común. Quizá el asociacionismo haya derivado también la misma necesidad apropiadora. Quizá el gen propietario haya evolucionado en demasiados entornos.

Por eso no sé si quiero escuchar más. Porque no salimos de ese bucle. Porque cualquier modelo de gestión no hace sino colocar a la cultura en alguno de los dos papeles: de consumo o producción. ¿Qué es si no el discurso de la economía creativa, del emprendimiento cultural? Una lógica de mercantilización infinita. O de elitismo prepotente (<u>"Una ciudad sin museo no tiene verdadero prestigio"</u>[102] dice hoy mismo De Montebello). Cualquier modelo de gestión en esta linea se plantea como un objetivo. Cualquier tipo de gestión (llámenla como quieran, incluso la comunitaria si me apuran) debe distribuir carteles, llenar folletos, saturar actividades, salir en los papeles... no soporta la penumbra. Se abandona el proceso. Se abandona la atmósfera. Se suprimen los espacios de socialización, los territorios emocionales. Las capacidades de transformación.

Caminar de la estética a la ética. Y avanzar en una deriva experimental que abandone las estadísticas. Que circule de la acción a la situación. Un código abierto verdaderamente transformable que no juegue a la hipertrofia extractiva y que confluya en prácticas de transformación. Una acción que vaya más allá de la

102 http://cultura.elpais.com/cultura/2015/03/09/actualidad/1425929977_023585.html

política facilitadora, eso que parece ser se inventa ahora al calor de la necesidad de confluencia. O, en cualquier caso, no se trata de facilitar la producción para la redistribución, sino de provocar una construcción social que produzca comunidad, ese aspecto de la cultura que no se aborda porque no se monetiza. Porque se sale de la economía capitalista. Creo que ha hecho mucho daño el concepto de la cultura como recurso, disculpen, porque se ha abandonado el concepto de bien común. Y tampoco hablo de la cultura como derecho. ¿Tengo derecho a respirar?

No me importa nada ya la gestión de la cultura. Hace ya tiempo me preguntaba sobre la "gestión de los gestores"[103]. Ahora ya no me importa porque cada vez tengo más claro que no sirve de nada si no existe una correspondencia directa con la mejora de las sociedades. Y no me importa porque no se reflexiona sobre los modos de fortalecer el pensamiento y la conciencia crítica sino de ofrecer una excusa más para sustituir una burbuja por otra. Porque no se trata de proporcionar canales para desarrollar el progreso ético de las sociedades sino de canalizar los discursos desarrollistas de la ciudad en la misma línea, y parece que única, que marca la lógica dominante. La que concibe a la ciudadanía como súbditos o consumidores. Y a la contra, autoridades o productores. Porque ese es el fondo de la economía creativa, no nos engañemos, el que fortalece el discurso a través de la impecable cantinela de motor de desarrollo. Ese es el fondo de la cultura. Y todo encaja, claro, en un modelo en el que la supervivencia diaria está en juego.

La gestión debe liberarse de la esclavitud de lo inmediato y abundar en la construcción de lenguajes, en la construcción de situaciones, como decía más arriba. La gestión patrocinada, y me da lo mismo por quién o quienes, no es compatible con la perspectiva que necesita la cultura. Siempre actúa detrás de una barrera, siempre concibe dueños y amos. Siempre intenta sustituir a unos por otros sin abordar un cambio profundo.

Los imaginarios de contragestión: de la acción a la situación. Los imaginarios tácticos: de la administración a la provocación.


## el neoliberalismo también es cultura (pero eso no se toca) o las lógicas de confluencia


La lógica acumulativa del capitalismo inunda, ha inundado también los procesos

103 https://espaciorizoma.wordpress.com/2011/09/08/796/

de gestión local de la cultura. Han tendido sin remedio hacia la lógica de la hipertrofia, la acumulación de actos,actividades, presencias, mercadillos, intervenciones... Reconceptualizar la cultura también requiere la deconstrucción del concepto capitalista de desarrollo, un decrecimiento que cuestione la centralidad única de la oferta. Porque los mercados autorregulados y las instituciones públicas autorreguladas pertenecen al mismo ideario, a un modelo que empobrece la decisión de la colectividad y anula el poder decisorio de los ciudadanos. Ambas generan dependencia. Esto, evidentemente, es especialmente grave en el entorno público sobre todo porque se tapa con el manto buenista de las urnas.

El paso de las lógicas de participación a las lógicas de confluencia. Y no solo en cuanto a la confluencia del consabido público/privado, mercado/estado. Dejemos ya también ese dualismo cartesiano que solo nos lleva a una disputa de méritos sin otro final que el homenaje a una de las partes. Y tampoco confundamos: confluencia no es consenso (otro de los grandes errores románticos) sino que es intersección y bifurcaciones. Una forma de enfrentarse a la cultura local desde conductas desjerarquizadas, desde modelos inductivos no distributivos. Una reestructuración que toca de lleno no solo los objetivos y los procesos sino los criterios de valoración del impacto.

Pero los esfuerzos conectivos no se valoran, no computan para la gestión, no cuadran con la contabilidad. Para que algo cambie deben regenerarse las hipótesis políticas, las controversias administración-administrado, deben valorarse los recursos colectivos, los mínimos también, los que no cotizan en esa bolsa electoral o no adulan la vanidad técnica. La recuperación de la capacidad colectiva para generar otra cultura social fuera del mercado. Recuperar, en realidad no se muy bien si alguna vez ha existido, el municipalismo colaborativo que ponga en común los recursos del conocimiento (cultura y creatividad) desde las relaciones abiertas. Revertir los procesos de insititucionalización y mercantilización de la cultura colectiva. Volver a vincular. Las lógicas inclusivas más allá de las consultivas.

El cercamiento del conocimiento y de la cultura por parte de los poderes públicos (que no comunes) ha limitado reflexión, ha impedido que estallen referencias al margen. Sin embargo, la velocidad de la cultura está en su pensamiento. Pero éste se ha limitado a la cuadratura del mercado. Y mientras abundaba la preocupación por dignificar la cultura a través del pib se han abandonado los espacios comunitarios, las cultura tímidas. Y mientras enturbiaban los discursos circulares, cada vez podíamos distinguir menos matices, y mientras obsesionaban

124

los metros cuadrados cada vez confundíamos más los síntomas… y mientras estábamos entretenidos jugando al capital (mientras hacíamos que hacíamos algo) sus verdaderos profesionales ya habían ganado la batalla. La inteligencia de la cultura se había puesto a su servicio.

Y así nace el horizonte neoliberal de la cultura. Desde su concepción unilateral como producto. Pero, no se olviden, ese discurso es el que colabora también a crear un modelo de sociedad, algo que, indudablemente, es cultura. Y lo es también porque la cultura parece no pertenecer a otro mundo que no sea el de la mercancía. Y si la cultura son las creencias y las conductas, los símbolos y las emociones… hemos conseguido consolidar el neoliberalismo. Y con respecto a la cantinela de la cultura como transmisora, formadora de sensibilidad, generadora de conocimiento, instructora de pensamiento… deberíamos preguntarnos qué es lo que hemos hecho para llegar hasta aquí y, sobre todo, cuál es la razón por la que, de forma obsesiva, valoramos el impacto de las políticas de cultura según el consumo. Y aún más, por qué nos empeñamos en ofrecer como excusa, cuando las cifras no convencen, esa nueva letanía que argumenta la incapacidad de ajustarnos a los nuevos paradigmas. Y aún me preguntaría más ¿de verdad creen ustedes que el consumo de los productos que se ofrecen en nuestros escaparates de la cultura pueden generar ciudadanía más comprometida, sensible, implicada, libre, igualitaria…?

Usos y consumos. Esa es la dualidad sacrosanta. A mi, disculpen, me da mucha, muchísima pena leer este artículo publicado en El País "Así derrotó la crisis al consumo cultural en España"[104]. Pero no por las cifras que expone sino por el trasfondo, por el vacío al que se ha reducido la cultura. Por la obsesión de los expertos por esos criterios de valoración. Por la confusión acerca de esos nuevos paradigmas que dicen y la fetichizacion de las tecnologías (la misma que suscitó la máquina de vapor, por cierto), por las excusas fáciles… Porque parece que no existen otras gafas para mirar la cultura.

El neoliberalismo es cultura, no lo olviden, también lo es porque forma parte de los constructos humanos. Por eso debemos concretar más cuando decimos que la cultura ensalza. Por eso debemos afinar más cuando pretendemos reforzar la cultura. Por eso debemos acotar más cuando alabamos el consumo de lectura, ¿qué lectura?, de cine ¿qué cine?… El neoliberalismo reproduce unos imaginarios concretos y construye modelos ¿no es eso cultura?

Articularse con el entorno y convertirse en espacios conectivos, estructurar

---

104 http://cultura.elpais.com/cultura/2015/02/18/actualidad/1424279535_861999.html

conexiones, encauzar procesos y dejarlos crecer, habitar en el contagio, abandonar las certezas. Quizá el elogio de la invisibilidad.

## cultura trans/nómada vs. cultura sedentaria

Creo que estoy cansado de muchas cosas. Será el tiempo. No sé. También se me van disipando las certezas. Y si ya no tengo prisa es que empiezo a estar de paso. Que no quiero quedarme demasiado tiempo en ningún lugar del pensamiento porque todo se va abreviando. Por eso me cansa la letanía de la cultura generadora de igualdad, de libertad, de compromiso, de desarrollo... Me aburre ese discurso que no transita ni profundiza, repetido, desvinculado, automático.

Hagamos un ejercicio: divida una pizarra en dos columnas. Ponga en una de ellas todas esas cosas que dice usted que la cultura alcanza, mejora... Ponga en otra columna las actividades que su municipio programa. Una con una linea cada una de esas virtudes que la cultura multiplica con las actividades indicadas. El método y la práctica industrial (con su estrategia comercial) que todavía impera en la mayor parte de las programaciones abocan a la obsesión por el producto. Y esa obsesión confunde (a propios y extraños, pregunten por la calle qué es cultura y siempre se relaciona con el libro, el cine, el arte... Sus productos en definitiva; pregunten por la salud y nadie la relacionará únicamente con los fármacos). Producción y distribución. Esa es la cultura sedentaria. La que permanece inmóvil en discurso y modelos. Difícilmente podemos casar la rentabilidad con la utopía.

Lo contrario es aquella cultura que no está anclada, que no necesita espacios cerrados, que no necesita tiempos herméticos, que no reproduce patrones, que no busca contextos... Una cultura que se contamina, que intuye, que se socializa, que transita por lo desconocido, que asume riesgos, que habita el conocimiento, que navega, que motiva, que fracasa, que experimenta, que conecta, que es invisible, quizá sobre todo esto, que es invisible, que quiere ser invisible y no se deja cuantificar ni retratar ... Una cultura que se desarrolla más allá de la oferta y que hace confluir para generar modelos sociales distribuidos e híbridos, que abraza los procesos, la horizontalidad autónoma. Que abandona la programación para habitar en el intercambio.

La cultura trans/nómada obliga a replantearse los espacios, los físicos y los mentales. Los cimientos sobre los que la hemos anclado más que construido. Hay que revisar y posiblemente abandonar, huir del sistema, rescatarla, liberarla de esa estructura mental fósil que la cuantifica en la multiplicación hasta el infinito de la oferta. Una multiplicación que no edifica sino que facilita la segmentación para el consumo. Siempre rápido. La modelización del fast food y su aplicación al producto cultural. Las vanidades contables.

La cultura, si es que algún día nos ponemos de acuerdo en lo que queremos decir con ello, no se ve representada hoy por hoy en las instituciones (ojo, no hablo sólo de las públicas) porque la han abocado al sedentarismo físico y mental con todas sus patologías. Y porque la interpretación de las nuevas formas de socialización no entiende las viejas maneras de programar, de dentro a fuera, de los especialistas a los legos... La complejidad no puede encerrarse ni en instituciones ni en conceptos. La complejidad piensa en abstracto y la cultura trans/nómada es holística. Ya no vale, no sirve sedentarizar la cultura, no vale la cultura vigilada. El horizonte es colectivo y coral.

## manual para el pasado. no future? qué hemos hecho con la cultura

A propósito de los veinte años de la publicación de "La gestión de sistemas en los servicios socioeducativos y culturales"

Esta reflexión nace del vértigo. Quizá podría ser eso, vértigo. Leer una obra que cumple veinte años. Empieza a ser una cifra. Leerla y descubrir los cambios. Los pasos...

No sé si hoy firmaría el texto. Posiblemente no todo. Hoy me rechinan alguna de sus tesis. Empezando por el título. Rimbombante quizá, intentado condensar todo el contenido en la portada. Un error de bulto, de principiante, diría hoy. Quizá también un pecado de soberbia, no sé. Pero entonces entrábamos en esa modernidad que intentaba tratar a los servicios públicos desde la "dignidad del mercado". Todavía no se hablaba de los emprendedores con ese adoctrinamiento que parece indicar la única salida, ni de la marca como la salvación milagrosa de ciudades y personas, pero acercarnos a ese lenguaje nos parecía de lo más avanzado. En algunos lugares y momentos lo he dicho luego: nos hicimos modernos abandonándonos en brazos equivocados (¿leemos, hemos leído a los economistas adecuados?). Aún así algunos intentábamos, y eso es bien verdad, sacar el polvo a servicios municipales que agonizaban y darles ese cariz contemporáneo, activo, provocador, aprovechar la coyuntura que la nueva sociedad nos ofrecía.

También es cierto que a lo largo del texto se desprende un tono crítico y nada connivente con la obsesión mercantilista que ya comenzaba (lo decía Fernando Cembranos[105] en el prólogo que aceptó redactar) pero hoy no citaría ni por asomo términos como cliente/destinatario para referirme a los ciudadanos aunque esa barra separadora intentara quitarle hierro. Consumidor, tal cual me inquieta. No sé, quizá hubo una cierta inocencia. O quizá fuese la energía que da la ilusión de un futuro abierto. Todo puede ser. Quizá por eso no me atrevería, aún así, a cambiar ni una sola palabra. Un ejercicio de aceptación. Quizá también de análisis. Quizá de catarsis.

En todo caso me queda el recelo de que hayamos sido partícipes, cómplices, responsables también de esta mercantilización de la sociedad (hoy leo en una viñeta de el roto las sociedades mercantiles tendrán derechos humanos y los seres humanos derechos mercantiles) que por el camino hayamos ido perdiendo la esencia que siempre nos debió acompañar. No sé si hemos abandonado la cultura sin pasar por la cultura. Una especie de anomalía que quizá proceda de esa prisa que tuvimos por incorporarnos a la civilización en un país (que nunca será tal porque se ha construido sobre falsos contratos, pero eso es otra cosa) en el que la ilustración entró, si lo hizo, de refilón.

Además parece que ha habido una tendencia a despeñarse por tres pronunciadas laderas y a gran velocidad, mayor pendiente y mayor velocidad a medida que nos vamos acercando al presente: 1.- la apropiación y secuestro de la política por parte de los grandes partidos (cuanto más grandes, mayor es la requisa) en un despotismo que prescinde del disimulo; 2.- como consecuencia, el progresivo alejamiento de la cultura de los asuntos políticos en una aproximación obsesiva al mercado y al entretenimiento; 3.- y con ello una desconfianza absoluta hacia cualquier planteamiento crítico o de intencionalidad reflexiva bajo la necia arrogancia del "menos pensar y más hacer" (¿eso que Byung-Chul Han[106] denomina "la sociedad del rendimiento"?)

Quizá habría que añadir algún trastorno más, derivado de los anteriores: el empobrecimiento del ambiente erudito (muerte a los intelectuales) en una sociedad orientada hacia la humanidad como mecanismo de producción (animal laborans); la anulación de todo obstáculo teórico, especulativo o utópico (la

105 http://www.catarata.org/catalogo/mostrarAutor/id/819
106 http://es.wikipedia.org/wiki/Byung-Chul_Han

infancia y juventud privilegiadas deben aprender a jugar en bolsa antes que filosofía; las desafortunadas no deben preocuparse por ninguna de las dos opciones); el progresivo abandono del compromiso en construcción social, aunque esto no sé muy bien si es consecuencia o antecedente. Y una grave, más si cabe, el creciente posmodernismo individualista (anulación de lo colectivo) sustentado sobre el consumo y la propiedad de infinitos gadgets.

Claro que sigue habiendo islas en las que se juntan especies raras. Aunque aquí me queda una tremenda duda. Siento que en el mundo de la cultura, esas mareas que refrescan y limpian, que remueven, se han centrado en aspectos más corporativistas y marcados por los asuntos del ivi que por las profundas transformaciones. No sé. Como ven, tampoco sé... no puedo dejar de pensar, no puede nadie apearme de la idea de que si no hubiésemos puesto todo en la balanza del consumo, del mercado, de los puestos de trabajo, hoy no tendríamos una mayoría absolutista como la que tenemos. En definitiva hemos caído en la trampa del discurso neoliberal, incluso lo hemos reforzado, hemos llenado imaginarios. Y eso es cultura.

En definitiva, sigo pensando que fuimos presa de una alucinación colectiva; que fuimos modificando el algoritmo para hacer creer que el libro es cultura, que lo es el teatro, el cine, la pintura o la música, así, sin más, sin matices. Que es cultura el folclore y que cultura es la fiesta y los farolillos. Y visitar edificios pintorescos y comer bien a la orilla del mar. Y ver correr a los toros, y marchar en procesión y arrastrar santos... O sea, asuntos cada vez más alejados de ese concepto que nos remitía al cultivo de la mente y de espíritus libres y colocando en el mismo saco artes, tradiciones, progreso, desarrollo y ganancias. Claro que todo lo que no es un logro natural es cultura...

Puede que solo a mi me parezca, y por ello esté absolutamente confundido, pero cuando la posmodernidad proclama la muerte de las ideologías, la inclinación consecuente tiende a encerrarlo todo dentro de un escenario posibilista y en torno al pensamiento dominante del que nos habla Touraine. La consecuencia coloca a la cultura como un objeto sin compromiso (sí, sé que los discursos la han ofrecido como la estructuradora de las sociedades y su valor central) ausente de otros méritos que no sean la generación de empleo, el patrimonio como experiencia a partir del turismo, el ocio, los espectáculos y últimamente las comunidades como discurso renovado en forma de culturas vivas. En todo caso, todo bien delimitado por un buen marco cínico.

Y ahí nos hemos quedado. Alimentando el espejismo hasta que de repente todo se rompe y ya no se venden esas vasijas sin fondo. Y todo se paraliza porque ya nada cuadra con el mercado infinito. Ya no nos preparan esos estupendos platos que nos alimentaban, esos estupendos manjares elaborados por expertos cocineros y servidos por eficientes meseros que nos libran de la incomodidad de pensar, de la posibilidad de que cada cual pueda elegir la mezcla o el orden, la combinación, las texturas... (Barthes[107], en su "El imperio de los signos" hace un precioso análisis sobre la comida japonesa que bien podríamos leer y aplicarlo a este mundo de la cultura). Todo nuestro alimento-cultura se ha servido a lo grande y con una secuencia y dosificación bien estructurada y calculada para una ingesta sin sobresaltos. Para que los destellos y la espectacularidad cumplan su papel. Para ello, en el camino se ha ido olvidando y despreciando lo pequeño, lo minúsculo, la armonía se ha ido perdiendo en ese infinito cúmulo de sabores sin son. En un consumo forzoso de grandes bocados que, a la postre, mal pueden ser digeridos, asimilados, aprovechados.

Y en esa superioridad de quien prepara y distribuye, esa autoridad que no cabe duda es fruto de nuestra metafísica occidental, aristotélica, cristiana, cartesiana y, sobre todo, monoteísta, todo lo que se produce desde la institución, desde el centro del poder, es obra del dios único, es la Verdad: lo que debe ser. Y así, como en la más pura "guerra cultural preventiva", así como el Imperio quiere imponer la democracia a los bárbaros y siempre por su bien, quizá así acabó nuestro intento de democratizar la cultura: imponiendo modelos y muchas veces paranoias. No sé si nos hubiese ido mejor sin esos ministerios, secretarias, unidades, servicios, áreas... no sé.

Lo que si creo tener claro es que estamos en una especie de desajuste de los códigos. Por un lado la distancia que existe entre la realidad y los espejismos de la gloria. Por otro entre la sensibilidad creativa y la indolencia lucrativa. La cultura oficial acaba siendo la representación de una copia, un estereotipo inanimado. Ni siquiera se pretende la ilusión de una realidad sino la construcción de unos artificios que más bien buscan gloria superficial. Y alcanzamos una cultura intransitiva que no filtra sino que se canaliza en dirección única y sin retorno. Una especie de ejercicio del vacío sin vasos comunicantes. Un aparentar de esencia. Los envoltorios de la nada en forma de esos grandes eventos que han dilapidado las energías ciudadanas y han servido a más nobles intereses: adecentar riberas, esponjar barrios, limpiar zonas oscuras, acelerar el turismo, urbanizar terrenos, explotar el ladrillo... ¡poner a nuestras ciudades en el mapa! La lectura de los mercaderes. La práctica de las formas, la práctica del vacío.

---

107 http://es.wikipedia.org/wiki/Roland_Barthes

La cultura parece que ha sido obligado sacramento, el bautismo a una nueva vida, ese adeudo con el dios único para codearnos con los más grandes. Mandamiento y fe. Eso sí, evitando la heterodoxia y la razón, evitando cuestionar modos y principios. Y todo a través de los sacerdotes.

Pero la cultura es también su contrario y eso, quizá, no lo hemos sabido comprender.

Nadie sabe el pasado que le espera.

Dice un proverbio cubano. Magistral. A mi me sucede que no sé si vivimos el presente de un pasado que no supimos construir, un presente que no podíamos esperar. La cultura ha jugado con dos modelos de futuro y, al parecer, en algún momento decidió abundar en uno de ellos. Por una parte el diseñado por y para el mercado, la feria, el zoco en su más amplio sentido. Por otra, el señalado por el compromiso, la humanidad, la proximidad... Tengo muchísimas dudas sobre si hemos hecho lo correcto pero a todos se nos ha ido en algún momento el pib por la boca. Muchos, muchísimos, demasiados, solo han tenido ese argumento.

Está bien claro que es un indicador productivista que nada tiene que ver con el bienestar individual o comunitario y menos todavía con el desarrollo de la cultura como tal. Algo sujeto a las tendencias financieristas de la sociedad y que arropa y aúpa un concepto de desarrollo absolutamente influenciado por el liberalismo y a costa de la dignidad de las personas. Existen claros ejemplos de sociedades con extremas desigualdades y pib's excelentes. Existe, sobre todo, el papanatismo de extender consignas sin ningún tipo de crítica, doblegados ante un sistema que difunde afirmaciones que la mayoría toman como absolutamente sólidas solo por que suenan con la melodía que se ha encargado que suenen, solo porque ellos parecen muy listos y nosotros muy tontos. El capitalismo, sus consignas estrella y su necedad dineraria son las que han compuesto un discurso absolutamente perverso que ha hecho desaparecer otros argumentos relacionados realmente con el cultivo de las sensibilidades, con el crecimiento intelectual. El discurso impone y desde este negociado de la cultura se ha doblado la rodilla quién sabe si por parecer contemporáneos o por no perder algún tren. ¿El desmantelamiento de la cultura? En algún momento también he hablado de la transgenización[108]. El pib también modifica los genes de la cultura. Solo es necesario cambiar el enfoque y configurar una nueva perspectiva para que el escenario se distorsione de modo absoluto. Enfocar la cultura a través del pib no hace sino desmejorarla. Lo demás son cantos de sirena mercantilista.

108 https://espaciorizoma.wordpress.com/2010/06/03/602/

Esos dos modelos anteriores ni siquiera han colisionado (se sabe por la física que cualquier colisión genera contaminación), uno ha anulado al otro, lo ha relegado a "prácticas menores" porque, al parecer, lo contemporáneo, lo respetado y prestigioso, solo puede tener una lectura práctica, de resultados, de cifras, esas que nos iban a salvar sin esfuerzos. La inmortalidad, el liberalismo infinito. Por eso la cultura, como tal modelo de compromiso social, no importó. En alguna ocasión he hablado de la cultura zombi[109], aquella que iba alimentándose de cerebros pero nada de ellos transmutaba en quien los ingería. Esa cultura que después de muerta se resistía a desaparecer. Cultura obligada a vivir, a una mecánica sin voluntad propia, sin alma...

Porque la tiranía de lo cotidiano no nos dejaba tiempo para el futuro. Por eso fuimos construyendo todo sobre lenguajes que no eran los nuestros. Lenguajes que se presentaban como los únicos válidos para dignificar el trabajo, para consolidar la cultura en las sociedades emergentes, los lenguajes de una estrategia de mercantilización absoluta. Lenguajes que iban construyendo una cultura-ficción en la que, como en aquellas películas de los años cincuenta el attrezzo vestía el discurso, para reforzarlo, con trajes y aparatajes ridículos. Nosotros quisimos ver una sociedad culta, avanzada, y le pusimos los trajes del mercado. Siempre en la obsesión de ir más allá, la montamos en un tren de alta velocidad que no podía parar en estaciones intermedias, que no podía detenerse en poblaciones mínimas, que podía salirse de la vía señalada, que no podía perder el tiempo.

Y así se convirtió también en un cachivache posindustrial, en material fungible, algo que competía con otras tantas mercancías con fecha de caducidad. La energía se convirtió en coágulo y pareció obstruir no pocos vasos, no pocas venas, no pocas arterias, inutilizado no pocos corazones. Y ese trombo llegó también al cerebro, bloqueó no pocos protocolos de pensamiento: no era necesario pensar, todo discurría de manera tan natural y maravillosa, tan productiva, que mejor no estropearlo. Se instaló una especie de "prevaricación cultural" que nos alejaba de cualquier relación con la ciudadanía. Lo que sobraba de la cultura era la cultura y así se actuó.

Me queda la triste sensación, por lo que a mi me toca, que todo se aceleró enormemente cuando la cultura fue normalizada por los gobiernos locales, cuando se la apropio el sistema y se le quitó todo el germen político, cuando se transgenizó para garantizar los resultados. Cuando la convertimos en un organismo genéticamente modificado que podía controlar el futuro de las

109 http://espaciorizoma.wordpress.com/2011/08/10/779/

ciudadanías. Quizá también aquí fuera apareciendo una desafortunada tensión entre lo cultural y lo político. Aparece la cultura unidimensional[110] (Marcusse). Vinculada a unos marcos de pensamiento que no ven más allá del horizonte de un capitalismo neoliberal que todo lo absorbe, que todo lo transforma, que todo le vale.

Podríamos decir que éste modelo de cultura-mercado ha señalado el tiempo de una cultura totalitaria, algo que ha sido dogma y religión laica y, como ambas cuestiones, vacías de toda lógica y razón, sustentadas por la fe y el repudio a la disidencia, al discurso crítico. La cultura, a pesar de los múltiples y extraordinarios esfuerzos de algunas personas y organizaciones, es un objeto muerto dentro de las actuales políticas institucionales. Quizá el pasado viene por ello hacia nosotros. O como dice Rodrigo Fresán[111]: el futuro ya no es lo que era.

La retrovisión

Reflexionar sobre el tránsito de la cultura hasta donde hoy se encuentra. Cuáles eran los sueños, cómo queríamos enfocarla, qué inconvenientes encontramos, qué fue de la animación sociocultural, de la educación de adultos, de los barrios... qué ha pasado con todos esos documentos generados, con todas esos planes directores, esos indicadores de gestión, toda esa literatura y todos esos congresos, esas cartas... dónde nos hemos columpiado si es que lo hemos hecho... dónde está la ciudadanía, qué piensa de todo esto, cómo ha quedado la estructura asociativa, los colectivos, las plataformas... y los profesionales, los ivas, la implicación más allá de las tarifas... hasta dónde hemos sido capaces de reducir y domesticar el discurso... si la hemos convertido simplemente en un negocio, en una industria más, porque capital e independencia no se llevan demasiado bien... o en vez de reducirla la hemos hipertrofiado... si la hemos ahogado en la economía... cómo han influido las tecnologías... si hemos hablado siempre y circularmente de lo mismo (recientemente, a un grupo de personas, bien metidas en asuntos de programación pero poco "leídas" de éstos asuntos y a solicitud de ellos para generar un grupo de trabajo, les pasé varios documentos de diferentes procedencias sobre políticas culturales; el comentario a mi pregunta de si ya lo habían leído y reflexionado me dijeron: todos dicen lo mismo!)... si nos hemos contado todo a nosotros mismos en esas misas que nos montamos cada cierto tiempo...

No sé, tengo muchas dudas, no tengo claro que todo lo consumido nos haya

---

110 http://es.wikipedia.org/wiki/El_hombre_unidimensional
111 http://es.wikipedia.org/wiki/Rodrigo_Fresán

hecho mejores. Ni que vayamos a ser peores si no devoramos todas las superventas en forma de libros, discos, películas... que parece que tanto nos ennoblecen. De hecho habrá que pensar, quizá lo primero, cómo hemos podido llegar hasta aquí si de verdad la cultura era tan beneficiosa y conformaba sociedades comprometidas, favorecía la participación ciudadana, la cohesión, la inclusión social... O todo era un espejismo. O será que quienes hemos trabajado en esto no nos hemos sabido explicar, o que hemos caído como pardillos en un discurso anecdótico, circular y apocado, o que se nos permitían esas travesuras infantiles porque habíamos perdido todo el peligro, porque habíamos desarmado a la cultura, porque la habíamos llevado al paraíso neoliberal del mercado, porque habíamos creado una cultura transgénica controlada y controlable... Porque la mercantilización de la cultura, o de eso que algunos llaman cultura, no puede generar nada que no esté directamente relacionado con la rentabilidad y el beneficio. Las paños calientes y nuestras anuencias refuerzan el capitalismo depredador. No sé por qué creíamos que la producción de consumos culturales iba a civilizar el capitalismo cuando en realidad estábamos jugando con sus reglas. ¿Inocencia?

Hará falta que quien piensa se dé cuenta. Y ya no digo quien manda porque eso sí que es clamar por lo imposible. Hará falta que se comprenda que no ha existido, porque igual es imposible, la gestión de la cultura sino de su mercado (o que si existe debe pasar inevitablemente por un tamiz social y político.) Pensar en qué nos hemos convertido después de consumir esa cultura que se nos ha vendido en lotes y bien empaquetada en formato "grandes eventos". O en otros lotes ad hoc: la cultura del vino, la cultura empresarial, la cultura de las organizaciones, la cultura gastronómica, la cultura de la imagen, la cultura digital... incluso la cultura de la pobreza.

Y un poco más adelante (pero eso ya lo dejaremos para dentro de otros veinte...) habrá que ver, qué nos ha pasado y en qué nos hemos convertido desde que, por la crisis (qué perverso término), dicen, tuvimos que dejar de "consumir" cultura, habrá que ver si todavía nos queda algo de alma sin ese maná que las instituciones ya no nos van a lanzar desde su cielo protector, ese que ha controlado nuestras emociones.

Pero hará falta también que se comprenda que no todos los credos son válidos para construir ese mundo solidario y comprometido que parece deseamos desde la cultura y que incluso muchos de ellos están absolutamente en contra de esos derechos fundamentales que propugna la UNESCO. Y que estas visiones reaccionarias y carcas, si se quiere, también son cultura y eso es lo complicado. Y habrá que comprender también y por otra parte, si es que seguimos empeñados en el consumo de producto como principal fuente de cultura, que el mundo del esclavo que hemos creado impide la lectura o cualquier otro goce intelectual tranquilo y reposado, simplemente porque no queda tiempo ni fuerzas sino para asegurar lo básico y, si cabe, sentarse ante un televisor que distribuye felicidad narcótica. O simplemente también porque desde los poderes han conseguido que la escuela y sus sucesivas secuelas (qué bonito cambio de orden en esas dos primeras letras) sean lugares de adoctrinamiento para las sociedades productivas, lugares donde no caben las humanidades ni la filosofía, donde no cabe la sensibilidad, donde se reproducen los moldes de un patriarcado duro, de pelotón...

Quizá sea necesaria una cultura sin cultura, una cultura atea de si misma. Que no se piense desde los altares, ese universo de signos vacíos sin significante ni significado. Que reniegue de su fe en si misma, esa fe que le roba el aroma metafórico de la duda y la pone al servicio de una siniestra y ridícula espiritualidad engañosa. La de un dios anclado.

Porque no creo de ningún modo que el desmantelamiento de la cultura tenga del todo que ver con los problemas del mercado. Ni con los despreciables recortes, ni con el advenimiento de nuevos soportes. Ni tampoco con la estructura de recaudación. Ni siquiera con las nuevas formas de distribución y consumo de sus productos. No creo, digo, que tenga del todo que ver. La tragedia de la cultura tiene referencias en la sensibilidad que hemos abandonado, con el pisoteo de la dignidad humana.

Si la cultura acaba en puro mercadeo, y una vez desaparecido el eventeo, nosotros mismos habremos colaborado gracias a esos discursos desarrollistas que la han relacionado directamente con el progreso económico de las sociedades. Habremos colaborado nosotros mismos abandonando los argumentos que la relacionaban con las sensibilidades, la inteligencia, la felicidad... Habremos colaborado nosotros mismos entregándola a la desastrosa combinación mercado-estado cuando los dos son conniventes y abandonan a la ciudadanía. El reduccionismo ha sido quien ha acabado con la cultura. A partir de aquí, como la sanidad, la educación, el cuidado generacional, la comida y el techo, como todo lo que significa completar los derechos humanos, tendrá dos caminos: el del individualismo de quien tiene y puede, y el de la caridad mientras el estado se desentiende. Pero como es difícil que exista una caridad especial para la cultura se ha recompuesto el mecenazgo: aquello que sólo apoyará lo que tenga interés a corto plazo o hinche egos.

Es bueno saber de dónde se viene para saber a dónde se va, o simplemente para saber dónde se está. Porque siempre se habla de prospectiva y se suele hacer olvidando la retrospectiva. Catarsis del presente continuo y la imaginación de nuevos escenarios.

## lo plano y las dimensiones

Pero nos quedamos en el brillo del lenguaje y el tránsito real no sobreviene. Adoptamos modelos y los importamos para encalar una fachada vieja. Se trata de un automatismo irreflexivo que no busca interpretar y comprender sino camuflarse en una corriente de sermones automáticos.

Quizá este lenguaje no sirva sino como un confortable colchón sobre el que descansar las conciencias. El pensamiento no tiene por donde pasear, por donde airearse porque ya no hay un patio al que salir. Todo esta bien protegido y rodeado.

Quizá, otra vez quizá, el estancamiento venga por el espejismo de la modernidad. Aunque hablar de pensamiento dentro de estas organizaciones, de algunas organizaciones... ¿existen los pensadores dentro de ellas? Las superficies son todavía demasiado planas. Dominar las dimensiones cuesta. Se piensa con clichés viejos, con hipótesis manoseadas. Como si el centro siguieran siendo esas instituciones gobernadas y dirigidas por el sorteo de cuatrienal de cargos. No hay un principio más perverso aunque de democracia digan que se trata.

La centralidad no está en el centro sino en las periferias. Y eso no termina de asimilarse. El territorio es la frontera. Ese que facilita la concupiscencia. Ese que preña la idea. El contagio. La certidumbre de que nada es de nadie y que, por ello, nadie puede apropiarse de nada.

El conocimiento es fértil en tierra abierta, soleada y aireada. Nada bueno tienen las cámaras herméticas. Invernaderos de lo transgénico.

Lo plano y las dimensiones. Las normalidades externas. Las normalidades que mutan.

## la cultura para una ciudad descreída

La gestión pública de la cultura en las ciudades (ese invento que dicen maravilloso para nuestra civilización, no sé) puede que este necesitada de cambio. Quito el puede. Sobre todo aquella que ha hecho sangre con la "marca" (de ciudad o de partido), que se ha sometido a ella y por ella ha aniquilado. Pero llegó el capital "y mandó parar". El mismo que mandó arrancar. Así, a traición incluso para sus fieles. Siempre pasa con los credos.

Pero todo va mucho más allá de esa miserable dependencia del capital para justificar banalidades. Los hábitos son nómadas, multicriterio, transferibles, renovables y ajustables. Y esa oferta ya no puede tampoco con éstas nuevas prácticas. La participación no es de masas y las plataformas múltiples son las que van a alimentar los canales de uso y construcción pública de la cultura. Surge una ciudadanía que no necesita aceptar lo que se le concede. Sí, concede, con esa actitud de generosidad altiva.

Y no solo por la presencialidad, por la calle y porque la piel cambia, sino también porque esos hábitos se hibridan con el medio digital y la producción/consumo se fractaliza, se aborda desde una mirada sistémica y sin complejos. Y cómo no, por cansancio y por desconfianza.

Los números ya no mandan, ni para contar euros ni para contar asistentes. Es absurdo contar para valorar. La cultura macro desaparece como deberán desaparecer quienes nos la han traído. Es posible que lo necesario sea contaminar narraciones múltiples, construir relatos que arrimen (que luego ya vendrá la articulación y todas esas "estrategias"), que añadan... y sobre todo, que se apeen del discurso y la pompa.

La cultura desnuda (y más allá, la gestión pública local desnuda). Esa que ya no tiene que engalanarse para embaucar a nadie. Esa que se da por supuesta sin que venga nadie a salvarla. Algo así como el sentido común colectivo. La cultura sin celebridades, sin políticas que requieran del aplauso. Una cultura para una ciudad descreída. Que se recrea con la maravilla de lo complejo. Algo así como la cultura a pesar de su cultura.

Ocupar los espacios contiguos y abandonar las portadas.

## las organizaciones transware y la gestión de la ambigüedad

Una organización transware no trabaja sobre pautas fijas sino que se estructura sobre narraciones abiertas, formando y deformando intervenciones según se generen las relaciones y los resultados. Erosiona los espacios de los antiguos negociados y les confieren una deslocalización extrema que lleva a una cartografía de la deriva mientras se van generando a su alrededor situaciones autónomas (también en el sentido ZAT [112]), fragmentadas y dispersas. Y sobre todo ausentes de una identidad concreta.

En definitiva, huyen de esa administración "saturada de lo verdadero" (tomando como referencia el yo saturado de Gergen[113]) consiguiendo interpretaciones que no tienen un punto fijo, que no son uniformes. Un espacio-red en movimiento que reconfigura las identidades a partir de la dispersión, de lo descentrado. En definitiva, más allá de esa transversalidad que tomó relevancia discursiva como necesidad de un reconocimiento de apertura que en realidad no creaba nada nuevo sino que actuaba como un *collage* artificial sin convencimiento alguno.

Así, lo que se necesita es el desmoronamiento de esas estanqueidades de los negociados. Aunque, bien es verdad, todavía se reproducen esas inseguridades funcionales que bloquean la apertura real, que desconfían, que se mueven con mayor seguridad entre lo mio y lo tuyo aunque a veces, contadas veces, puedan establecer algún código de colaboración. No existe de ninguna manera ese nomadismo apátrida sino que se busca la seguridad de los lugares conocidos y propios, las certezas y las jerarquías. Los otros y el nosotros.

Por ello es esa ambigüedad que no conoce las certezas la que es difícil aplicar cuando todo queda en discurso, cuando ni siquiera la descentralización, en los procesos locales, no quiero ir más allá, se consigue sin suspicacias. La conciencia *hard* y la *soft* todavía son las que marcan las pautas aunque en algunos casos se les desee imbuir de apertura y tangencialidad. La percepción de unos limites todavía se siente necesaria y lo mío y lo nuestro no ha desaparecido. Como mucho ha cambiado de estilo.

En este sentido no sé si todo debe de llevar marca, si con ello lo que hacemos es ampliar la política de la identidad (incluso apropiativa) y de autorreferencia a esos modelos de gestión que nos hacen suponer que "nosotros somos diferentes" (en definitiva es la manera en la que las élites identifican lo particular con lo

---

112 http://es.wikipedia.org/wiki/Zona_Autónoma_Temporal
113 http://es.wikipedia.org/wiki/Kenneth_J._Gergen

universal). O que nos hacen creer que nosotros representamos la forma exacta de hacer las cosas. En cualquier caso no olvidemos que estas identidades se agrupan en espacios y que tal y como la administración debe reorientar sus formas también desde la ciudadanía, desde el resto de los ámbitos y los agentes sociales, debe existir un espacio en blanco desde el que trabajar las relaciones. Ese espacio ambiguo.

Un espacio que linda con el concepto de lo ordinario, de la "etnografía de lo cotidiano" como diría <u>Jesús Ibañez</u>[114] , no solo en cuanto a su interpretación desde los hechos naturales, sino por su construcción desde la representación de una puesta en común de esas realidades.

La soledad de las instituciones como referentes totales está absolutamente fuera de contexto.

114 http://www.sigloxxieditores.com/autores/734/JesUs-IbANez

# 2014

## los viajes circulares

Cualquier discusión nacionalista es imposible de abordar en condiciones creativas, generadoras, imaginativas... porque tanto desde una parte de la frontera como desde la otra, se plantea en términos que ya no sirven, fuera en absoluto de cualquier modelo de relación y pensamiento que concuerde con las realidades futuribles, con modelos de equilibrio humano, con necesidades de transición de pensamientos propietarios a estructuras de construcción común. Cualquier argumento de frontera perpetúa la división de clases propiciada por el capitalismo, refuerza el poder de la oligarquía, está lleno de prejuicios frentistas.

Sin novedades intelectuales que aborden el discurso del territorio se abunda en la maximalización de conceptos absolutamente derrotados, agotadores y agotados, bloqueadores... concebidos, ideados y sostenidos desde la idea de un régimen tradicionalista y sin matices, parapetado en discursos de modernidad construidos con mimbres viejos. Quizá, además de la evidente estrategia del poder para subir la fiebre de los pueblos, el discurso nacionalista, la óptica del nacionalismo, no sea sino la representación de una grave pereza intelectual.

Nada más útil para destruir el futuro sin llegar siquiera a construirlo. Precisamente porque se hace con bloques del pasado, de un pasado que transmitió el concepto de patria, nación y estado para contentar a unos pueblos abandonados por sus élites. Y tanta mella ha hecho que "servir hasta morir" es la quintaesencia de ser humano bien parido.

La imposible riqueza intelectual a la que conduce el principio del nacionalismo solo puede sujetarse desde la homogeneización más absoluta y es una mancha que se expande con una facilidad impresionante.

La decadencia. Volver a lo mismo indicando que se cambia, abogando por el progreso. Los viajes circulares de un pensamiento que no sabe ir más allá, que no sabe salir de las rotondas. Que se apoya en defectos y ambigüedades porque no quiere en realidad retirarse, que no desea remezclar porque en la remezcla está su desaparición. Cambiar para nada.

## ¿es el emprendedor la mercancía?

No sé si cabe otra consideración a día de hoy y en un entorno marcado por la extrema expansión del neoliberalismo. Pero de ésto hay que hablar siempre con mucho cuidado. Juegas también con las sensibilidades de quien necesita autoemplearse, de quien no tiene otra salida. Nada que objetar, solo faltaría. Ya lo he dicho en alguna ocasión, haz lo que quieras, evidentemente, pero, por lo menos, sé consciente. Porque tú eres el producto.

En todo caso muchas preguntas, muchas dudas, muchas sospechas sobre esta nueva estrategia de disciplina. Sobre estas políticas de amplificación del discurso emprendedor, de la salvación. Algo que, estoy convencido, no surge de la necesidad de las personas de asegurarse el alimento, el vestido, el cobijo y, en los últimos tiempos, el ocio, sino que pivota sobre la práctica especulativa total y a la necesidad de disponer a los individuos en torno a una obsesión única. Se trata del desmantelamiento absoluto de cualquier mecanismo regulatorio que conserve las responsabilidades contractuales y las relaciones empleador-empleado. La preparación de un futuro. El individuo como artefacto, como herramienta: prescindible, sustituible, rechazable.

El discurso oficial para alcanzar una sociedad libre y desarrollada, feliz y completa, pasa por la necesidad de envolverla en torno al imaginario capitalista. Es decir, a la competencia radical y a un modelo socio-económico que se fundamenta sobre la privatización completa del sujeto y sus derivados. Como decía arriba, el ser humano como producto a la venta.

Como introducción rápida me basta, ya he comentado la desaparición del proletariado por ejemplo aquí. La pregunta que me asalta desde hace tiempo es: hasta dónde la oportunidad, conveniencia, pertinencia, coherencia... de que las administración local, más si cabe si parece ser de izquierda (aunque moderada) se preste a este juego, a la multiplicación del discurso. No lo tengo nada claro, nada. La linea entre apoyar a los ciudadanos para encontrar un empleo, formarse, desarrollar habilidades... y distribuir la lógica extrema del capital, es muy fina, muy débil. Porque el discurso del emprendimiento nace de una clarísima situación de desmantelamiento. Nace como una estrategia de máxima apropiación, de mercantilización de cualquier ámbito de la vida, de la persona. De la externalización de las responsabilidades, de la anulación de los compromisos. El emprendimiento es un objetivo ideológico claro, evidente, una doctrina que difícilmente cuadra con los deseos e ideales de justicia social. ¿Los gobiernos locales se han convertido en un engranaje disciplinario?

Lo que queda bien claro es que para evitar conflictos hay que modificar el imaginario. Los trabajadores deben convertirse en empresarios, los proletarios en propietarios. La óptica es diferente y la escenografía cambia, cambia por supuesto la trama, cambia la representación. Si el empleo ha sido siempre un arma patriarcal para el sometimiento y la conflictividad laboral un mecanismo para la conquista de derechos, el emprendimiento acaba con esa lógica colectiva.

Ese estado de bienestar progresivo desaparece con la cultura del emprendimiento. La responsabilidad es clara y tajantemente individual e intransferible. Nosotros mismos tenemos que solventar la propia salud inmediata y futura (véanse los alabados seguros privados), sobre la tranquilidad de la vejez (cómo no, los fondos privados de pensiones)... y el presente inmediato, por supuesto. El capitalismo continúa su colonización imparable. El paro y la pobreza cada vez están más asociados a la pereza. En la maravillosa utopía neoliberal el emprendimiento es la única realidad posible. El control perfecto por la vía 24×7[115].

## laboratorios urbanos: situaciones y derivas

No cabe avisar sobre la intención de estas reflexiones por acercar los trabajos de los tan abundantes laboratorios urbanos a las tesis del movimiento situacionista[116]. Con ellos parto de la firme convicción de que el estudio de la vida cotidiana debería alcanzar un protagonismo históricamente arrebatado por cualquiera de las élites conformadoras (véase para completar la analogía la definición que el DRAE da a conformador: "Aparato con que los sombrereros toman la medida y configuración de la cabeza"). Con ellos también reclamo esa cotidianidad básica que considera a la ciudadanía como un entramado de realidades mucho más allá de la dicotomía producción-consumo a la que la han apartado muy interesadamente (el dirigismo necesario para que todo marche según las normas) de otros valores, de otras posibilidades. En todo caso lo cotidiano, lo común, lo ordinario... aquello que mueve día a día cualquiera de las vidas de una ciudadanía completa, parece haber sido relegado, menospreciado y siempre sometido a los brillos intelectuales de esos miles de expertos que han ido creciendo con el tiempo. Puede que esté bien recuperar para el pensamiento esa vida cotidiana que no ha tenido cabida en una modernización forzada, posiblemente por garantizar nichos de mercado (también para la reserva de escaños) y explotar al máximo las rentas.

En todo caso parece cierto que, a pesar de los discursos, la ciudadanía no ha sido

115 pag. 155
116 http://es.wikipedia.org/wiki/Situacionismo

realmente protagonista de sus actos sino más bien receptora de iniciativas que han provenido de entornos políticos y técnicos de muy diversas índoles y capacidades. Meros espectadores que adoptan el rol social que el pensamiento dominante les atribuye, que acepta el sistema y que reproduce cuantos principios se le inoculan. En este sentido una de las labores fundamentales de los laboratorios urbanos debería ser sin duda la de provocar, estimular, desencadenar reacciones, generar comportamientos: la construcción de situaciones, en definitiva. Recuperar las ciudades como espacios en los que explota la vida.

Okupar los espacios de pensamiento, también. Estoy absolutamente convencido de que toda la estrategia de gentrificación de las ciudades no pasa únicamente por el aspecto urbano, por la limpieza y la creación de "ciudad marca" sino que, habría que encontrar un término, existe una verdadera estrategia de "gentrificación del pensamiento". Gentrificacíon y canalización (hoy sus calles son espacios de circulación, de tránsito, meros canales entre el hogar, el centro de producción y el centro de consumo) quizá sean hoy por hoy las estrategias más agresivas para el control de "situaciones" y no sólo de espacios urbanos.

¿Es necesaria la deriva? Mucho más que las certezas, así lo siento. Y lo es porque se trata de facilitar procesos autónomos que generen comportamientos alternativos a esa influencia pasiva contemporánea. Nuevas pasiones. Seguramente no es oportuno esperar las condiciones adecuadas para iniciar un cambio, seguramente hay que provocarlas, seguramente hay que facilitar las derivas necesarias para dar forma a la realidad, para enriquecer la vida cotidiana. La deriva como esa intención de búsqueda fuera de los caminos señalados, la capacidad cotidiana para el cambio, de caminar por ese paisaje que realmente deseamos. Quizá por esto mismo estos espacios deberían convertirse en "laboratorios de creatividad" que conciben la ciudad como espacios de experimentación y aprendizaje.

Y, aunque existen corrientes que valoran más la acción que el pensamiento (estos tiempos amplifican las voces que amparan la XI tesis sobre Feuerbach[117]: "Los filósofos no han hecho más que interpretar de diversos modos el mundo, pero de lo que se trata es de transformarlo"), existe la necesidad de una armonización amplia entre la teoría/reflexión/investigación y la práxis y bien es cierto que hay que generar ideas para el diseño de  estructuras de cambio. Para contrarrestar las imposiciones. Participar en la construcción de situaciones. El futuro es más personal e inmediato de lo que nos pueda parecer. Derivas y situaciones: La capacidad para inducir el cambio.

117 http://es.wikipedia.org/wiki/Ludwig_Feuerbach

espacios ciudadanos para las nuevas economías

*¿Es usted un ciudadano normal o todavía piensa?*
*El Roto*

Estamos inmersos en un entorno social contemporáneo en el que la economía distribuida P2P y la innovación social, constituyen un activo de gran envergadura para el desarrollo local. Nuevas economías que poco a poco se van alejando de las prácticas post-industriales y de la retórica neoliberal de las últimas décadas, dos modelos que han provocado la exclusión de los territorios mínimos, los espacios más humanos.

Debemos pues trabajar considerando que los modelos conocidos y responsables últimos de esta sociedad de "consumo", ya no sirven. Que debemos tener en cuenta las aportaciones de una economía transdisciplinar, holística y relacionada en un espacio cada vez más interconectado. Ser bien conscientes de que los entornos de la economía van más allá de lo han supuesto hasta hoy: algo que consideraba a las personas solo en su papel de productoras o consumidoras y objeto de conquista. De estos modelos restrictivos que, además, no permeaban en otras disciplinas, estamos asistiendo a una especie de *cambio cultural de la economía* en la que la sensibilidad social toma gran presencia. No cabe duda de que la economía local, sus modelos, la forma en la que se acomete, influye enormemente en el bienestar de la ciudadanía, se entremezclan sensibilidades, se descubren comportamientos, se interactúa con otras realidades. Estaría bien conseguir una red de agentes, investigadores, colectivos, instituciones, empresas, ciudadanía... para pensar y desarrollar modelos de economía local más social e inclusiva. Espacios ciudadanos que sirvan como plataforma para el intercambio, circulación y difusión de conocimiento y para alcanzar prácticas económicas no extractivas. Quizá socio-economía.

No creemos pues que la demanda de un espacio común para pensar la economía local sea algo tangencial sino que responde a la absoluta necesidad de completar un modelo de sociedad que va más allá de los tradicionales modos de entender las relaciones mercantiles. En definitiva: es absolutamente necesario crear un espacio físico, virtual e intelectual que aglutine el entorno de las sensibilidades económicas desde lo local, desde los nuevos municipalismos.

Estas nueva sensibilidades, estos nuevos modelos de producción y distribución más sociales, requieren de una plataforma relacional para facilitar y fomentar el

147

intercambio de conocimiento, de prácticas y de experiencias en torno a los procesos locales de economía creativa. Un punto de encuentro, reflexión, investigación, de retroalimentación creativa en el que los emprendedores, los agentes, los investigadores y las instituciones puedan configurar y dimensionar un espacio de creación, producción y difusión de una *economía simétrica*.

No olvidemos, para finalizar, que cualquier política económica tiene, de forma intrínseca, un compromiso de desarrollo social, la promoción de una sociedad equilibrada y justa. Es ese compromiso el que lleva a tomar las relaciones colaborativas como un medio para la implicación para estructurar una sociedad que evolucione desde valores solidarios.

## la espiral del capitalismo

La cultura oficial es, mayoritariamente, aquella que se produce y rentabiliza desde los aparatos que controlan los mecanismos de producción y distribución: la cultura de mercado derivada a las políticas públicas. Nada nuevo: el modelo capitalista/neoliberal defendido y protegido por el Estado.

Protegida la cultura, también, a través de unos modelos de valoración sustentados 1) por el consumo, un consumo disfrazado de participación, y 2) por la riqueza que todo ello parece producir. En definitiva, un análisis y valoración de la cultura sustentados sobre criterios mercantiles.

No podemos ser ingenuos, por supuesto que la cultura no podía ser menos y librarse de las tendencias. Los Estados han sucumbido a las reformas neoliberales, al dogma que consolida el capitalismo más explotador y extractivo. Si hay desahucios de viviendas cómo no va a haberlos de cultura. La hipoteca social se extiende más allá del ladrillo.

El Estado de Bienestar cultural todavía es una conquista que no puede fundamentarse sobre modelos de distribución vertical. Porque la lógica del mercado no invita a la igualdad ni a una redistribución integrada, sino a la acumulación y al control. Abrazar la cultura desde esta lógica es someterla al poder. A lo que los dueños de las expendedoras les resulte rentable.

Con esto me voy a atrever a afirmar, disculpen si molesto, que el problema de la cultura no es su precio -y por tanto tampoco los impuestos añadidos a su consumo- sino haberla integrado en el modelo de explotación capitalista y no saber salir del dogma. Porque así, la cultura está sujeta, por una parte, a "empleadores" que quieran ofrecer trabajo y estos no tienen la intención de dulcificar condiciones, ya ven cómo evolucionan los contratos; por otra a la lógica de la explotación máxima. La cultura, siempre de consumo, aligera las responsabilidades ciudadanas de creación que nos lleva a un bucle sin fin: menos cultura-menos consumo cultural.

Por eso, el ataque no es contra el producto, en realidad es una victima más. El ataque va dirigido contra la esencia misma de las sociedades libres. El ataque tiene como objetivo el bloqueo del pensamiento crítico. Y la sumisión a la doctrina ha facilitado mucho este camino.

Todo es una espiral: menos trabajo, menos salarios, menos bienestar, menos cultura... consolidación de las sociedades sometidas.

## la cultura amenazada por la cultura

Las condiciones culturales modifican la forma de enfrentarse a los hechos. Parece evidente, es evidente. Nuestra forma de entender, de enfocar, nuestras ideas, nuestro pasado, las convicciones... no hay nada que esté fuera de lo cultural, de la cultura. Y esto no tiene nada que ver con la expendeduría habitual. Ni con la retórica del motor de desarrollo. Ni siquiera con el discurso de los derechos. Con esa hipertrofia de la palabra que se extiende por cientos de congresos, jornadas y seminarios de forma circular y casi obsesiva, ritual. No cuestiono esas afirmaciones pero no veo demasiado correlato con lo cotidiano. Y digo que no veo porque la realidad no engaña y todo lleva a que lo dicho desde los púlpitos sobre la magia de la cultura parece ser, al final, algo más bien abstracto, una especulación a lo sumo. O mentira es el concepto de cultura desde el que parte ese discurso. Quizá es que esté muy cansado de debates recurrentes pero tengo la sensación de que si nos deshacemos de estas "verdades", no saldremos nunca del agujero.

La idealización de la cultura desde los beneficios/rentabilidades, cualquier beneficio/rentabilidad, ha matado la necesidad. Ha terminado con la normalidad. El enfoque de partida no es el correcto. El estímulo público no es el correcto. El alimento intelectual no es el correcto. El realismo colectivo no existe y se termina hablando del IVA como una cortina de humo que tapa la verdadera naturaleza. Con un revestimiento que adorna la fealdad, la ausencia. Más bien pareciera que la prioridad de la cultura ha sido salvar su estructura gremial, su entramado oficial y su entorno de influencia. La cultura amenazada por la cultura.

¿De verdad que ha mejorado sensiblemente la cultura de nuestra sociedad? Al margen, evidentemente, de la evolución natural de la especie y de la instrucción instrumental adquirida, sólo faltaría. Al margen también del consumo -¿qué consumo y de qué producto?-. Por situarnos en una analogía: ¿no será que lo que se busca (lo que sufrimos a veces) es una especie de hipermedicalización por iniciativa de las farmacéuticas? Puede sonar excesivo para algunos, lo sé, pero ojo con las bujías para el dolor.

Porque las farmacéuticas no son las gestoras del dolor. Aunque ejerzan de ello y decidan inversiones e investigaciones. Y resulta que es más rentable luchar contra el envejecimiento de la piel que contra la malaria y la tuberculosis que parece que vuelven ante los nuevos escenarios económicos. ¿Por qué no está tan claro este análisis en el mundo de la cultura? La cultura oficial también rechaza los genéricos aunque obtengan los mismos resultados, también cuida y limpia la piel de las ciudades más que atacar sus dolencias, también recomienda productos que facilitan el tránsito no importa lo que hayas comido, también vende cajas enteras en lugar de suministrar dosis... ¿exagero? En absoluto. ¿Por qué parece, entonces, que nos desentendemos? ¿Por qué abandonarla en manos de nuestras farmacéuticas? El gestor cultural ha sido tomado en demasiadas ocasiones como ese visitador médico que informa sobre los nuevos fármacos y que, en ocasiones, transmite la recompensa de los laboratorios.

Si la industria construye la cultura, no me cansaré de repetirlo, la cultura se vuelve desechable. Y todos los discursos, hasta los mejor intencionados, acaban en la misma referencia: el consumo y la despensa. Y en esta lucha de mercancías, lo he dicho ya en algún otro momento, la excelencia mató a la esencia. Ese es el tributo al mercado. El mercado de una cultura de expertos que ha echado a un lado a todo aquello que no suene a profesional. Que ha construido un relato a partir de las exigencias de la industria y de los partidos dominantes (quizá otra industria, por cierto). Un tándem que ha facilitado el auge de gurúes y técnicos especializados que han determinado lo correcto.

La cultura se ha transmitido, querámoslo o no, desde la oficialidad y la disciplina. Desde quien sabe y posee. De este modo y desde este modelo se ha ido construyendo un público cada vez alejado de los procesos a medida que ha ido especializándose el negocio. A medida que se necesitaban números y resultados para apuntalar los discursos desarrollistas. Pero medir y valorar la cultura en términos de audiencias y porcentajes es una extraordinaria aberración. Medir el desarrollo de las ciudades en términos de visitas y divisas, una perversión peligrosa. Y la cultura así se llena de protocolos, de burocracias, de tecnocracias... bien apartada de sus cauces naturales. La distancia se agranda y se apartan esas culturas tímidas que nunca llegarán a un escenario, a una galería, a un auditorio... A pesar de que ellas sean el caldo de cultivo desde donde germina una sociedad integra.

## algunas notas (dispersas, incompletas y a veces obsesivas) para pensar los centros más allá de la cultura oficial >> #fut_CCulturales #Camargo

[#1] La visión antropológica y sociológica de la cultura me impide reducir el concepto de centros culturales a la noción acostumbrada de distribución/promoción de sus productos, sobre todo los relacionados con el arte y sus diferentes expresiones. De ahí parto.

[#2] Concebir los centros como mapas del estado emocional de la ciudad.

[#3] La anulación y el abandono de la lógica comercial. La anulación del fetichismo del consumo cultural urbano >> ¿Industrias Culturales? ¿Capitalidades Culturales? >> el declive de los grandes proyectos >> el declive de los grandes *blablaismos*

[#4] La expansión de los mercados al mundo de la cultura. La conquista del pensamiento político por parte de los dogmas economicistas.

[#5] La creación de formas culturales desde la expansión epidémica del capitalismo.

[#6] Performatividad >> creación de realidades a partir de intenciones diversas >> ¡si ya os lo decía yo!

[#7] Aproximación a la ciudad colectivista/conectivista

[#8] El asalto del capitalismo neoliberal a la vida cotidiana. A las políticas públicas.

[#9] No sé si se puede pensar en modificar los centros sin modificar los modelos de políticas públicas.

[#10] ¿Situacionsimo digital?

[#11] Centros de convulsión urbana, incubadora de movimientos, de socialización, de acción política…

[#12] … y cómo nos mezclamos (pienso en los centros "propiedad" de los gobiernos locales) con el multiverso local. Y cómo superamos las desconfianzas… >> nuevos municipalismos.

[#13] La gestión por espasmos >> marca de la política local

[#14] Heterotopía fundamentalista

[#15] De espacios de acceso a espacios de proceso

[#16] Acumuladores de energía conectiva

[#17] Modificar la escala de pensamiento sobre cultura, sobre ciudad, sobre espacios urbanos

[#18] Reactualización de las formas comunitarias. Comunitarismo digital. Plataforma comunitaria.

[#19] Empresarialismo cultural masivo >> de cómo no se pudieron vender tantas lavadoras y lo que ello nos tendría que llevar a pensar

[#20] Sensibilidad a los cambios de escala en los procesos

[#21] La aberración de los nichos de mercado como fundamento de los centros

[#22] Quién participa cuando todo es precario >> los nuevos modelos de sociedad modifican los hábitos, los anulan si es preciso.

[#23] La ilusión de la participación >> mercadillos, fiestecillas, festivalillos…

[#24] Comunitarismo cultural

[#25] Los vigilantes de la cultura >> de la gentrificación urbana a la gentrificación cultural >> de la transgenización alimentaria a la transgenización cultural >> la desposesión por expertismos varios

[#26] La gestión del excedente cultural.

[#27] Parece ser que la cultura macro, esa cultura que traspasa los limites de los barrios y la ciudad, ha sido la que ha marcado la personalidad y la agenda de los centros. La cultura local, la cultura próxima se ha ido relegando a "espacios de segunda" incluso a "profesionales de segunda". Esta era la mejor manera de argumentar el crecimiento y, sobre todo, de ponerle "marca" a la ciudad, de ponerla en el mapa.

[#28] Las capitalidades culturales (Europa Creativa/Ciudades Creativas) como fundamento de la cultura especulativa? >> un modelo de cultura más competitiva, más rentable, más pomposa… aunque sus ciudadanos no sean sino, a lo sumo, consumidores.

[#29] Los centros como un sistema operativo en código abierto que se modifica según las personalidad y las necesidades de los usuarios.

[#30] La mayoría de los centros están bajo mínimos más por razones políticas y de incapacidad que por razones económicas.

[#31] Prácticas culturales predadoras >> la desaparición de las culturas *mínimas,* las que no cotizan en bolsa.

[#32] Los valores culturales se generan cada vez menos desde referencias culturales en el sentido "acostumbrado" del término, se generan desde un modelo de economía capitalista que promueve modos de vida y comportamientos que tienen que ver más con el individualismo competitivo y consumista que con la exaltación de las sensibilidades.

[#33] No me digan que el libro es cultura. O díganlo siendo bien conscientes de qué tipo de cultura hablamos. Escritura tóxica. Modelos tóxicos.

[#34] Los centros como espacios de agitación para el bien común. Para que la cultura sea realmente pública, común, debe existir una profunda reorganización institucional. Hasta una posible desinstitucionalización.

[#35] Espacios culturales excluyentes. No todo lo comunitario es abierto. Purgado y depurado.

[#36] Los centros como generadores de personalidad urbana. Hablo de ciudadanía, no de estructura. Hablo de sensibilidad, no de direccionalidad. Hablo de modos y relaciones, no de espectáculo. Hablo de emotividad, no de marca.

[#37] La cultura se convierte en un bien común cuando la ciudadanía puede apropiarse de ella. De lo contrario es un bien administrado y como mucho de propiedad pública, que no deja de ser otro modo de propiedad ejercida por una supuesta delegación temporal del poder.

[#38] Paradoja a evitar >> los centros llenos, las calles vacías >> reservorios >> me interesa más saber cuántos tocan la flauta antes que cuántos van a un concierto.

[#39] La producción del capitalismo tiende a destruir por sistema el bien común.

153

La mercantilización de la cultura supone la imposición de bienes de consumo

[#40] La pacificación/domesticación de la cultura a través de los centros >> movilizar la capacidad agitadora de la cultura.

[#41] La idea de cultura (al menos los discursos de la política local hacia ella) parece que cada vez está más centrada en la gestión de los monopolios. La identidad, la autenticidad y la marca no son más que la diferenciación y valoración de un producto con el fin de ponerlo en el mercado competitivo y con unos objetivos de rentabilidad determinados. ¿dónde está la ciudadanía? El argumento recae en los efectos derivados de desarrollo y progreso. Qué desarrollo, qué progreso.

[#42] La cultura como motor de crecimiento (maldita cantinela) no puede sostenerse sin considerar los criterios de inversión y crecimiento de las ciudades en las últimas décadas. Una cierta circularidad acumulativa que, para variar, repercute directamente  a las inversiones privadas relacionadas con la construcción y el turismo. Algo con los sistemas de transportes y muy mucho en clave de desapropiación del espacio público (esas grandes terrazas que los bares extienden por plazas y aceras)

[#43] El capital simbólico colectivo frente al control del gusto cultural de producción, habitualmente, elitista y conservadora. No confundir la transgresión en cuanto a estéticas y convenciones artísticas que la verdadera transformación de las realidades culturales.

[#44] La cultura solo se puede modificar desde los múltiples espacios locales, espacios libres de uniformidad y marca, lejos de las promesas de progreso urbano centralizado, fuera de los monopolios de explotación mercantil de cualquier producto.

[#45] Hablemos del contexto: el modelo actual de participación/consumo de cultura carece de sentido cuando la población cada día está más empobrecida/precarizada y debe su vida a la cobertura de necesidades.

[#46] La perpetua expansión de productos culturales juega con las mismas reglas que la expansión del capital. El crecimiento parece ser una condición indispensable para las políticas públicas de desarrollo urbano. Pero eso no tiene nada que ver con la distribución social de capital intelectual.

[#47] Para ello se juega, habitualmente, con la explotación de la mano de obra cultural (precariedad de los creadores y gestores) y la desposesión de la cultura social/ciudadana (obstaculización de la circulación de la cultura no monetizable).

[#48] Producir y reproducir la cultura. Del derecho a la apropiación. Construir la cultura como cuerpo político.

[#49] Hipótesis cultura >> no es cierto que se esté acabando con la cultura: la están modificando >> se acaba con ciertos productos para fomentar prioridades de comportamiento >> fundamento político de control social

[#50] Si la cultura se modifica por determinado modelo político, el absurdo de no haberla considerado como una fuerza política (la despolitización de la cultura en pos de su mercantilización) ha conllevado su desalojo >> es necesario comprender que el trabajo en cultura en un trabajo, ante todo, político.

## 24×7

Les prometo que cada vez entiendo menos cosas. No entiendo nada, más bien. 24×7, ese es el nuevo modelo de gestión que parece extenderse por esos viveros o espacios de coworking, hay que estar al día, que van proliferando al calor de las instituciones públicas, locales o no. Pero en fin, me centro en las locales, ya tenemos bastante. Espacios 24×7 pensados para que los emprendedores, esas personas que antes eran trabajadores por cuenta propia y que han transmutado a una realidad paralela llena de purpurina, no pierdan ni un segundo: "innovación y creación de riqueza non-stop". Ese es el lema. Otro escalón. Cada vez más altos.

¿Estoy en contra de que la gente trabaje? ¿Estoy en contra de que se apoye a quien desea trabajar? Esos son algunos de los reproches cuando cuestiono. Esos y los que tienen que ver con pertenecer a una izquierda radical y trasnochada. Las nuevas sociedades, parece ser, son aquellas que solo pueden edulcorarse mínimamente sin pretender nada más que mitigar el amargor. No hay otra mirada que la del capitalismo en sus diferentes modalidades.

En otras palabras: el modelo extractivista de siempre, esta vez vestido de modernidad. Consiguiendo que el tiempo de producción se amplíe hasta el máximo y se haga con orgullo, con la seguridad de pertenecer a ese grupo de elegidos que no pierde ni un minuto. Que lo hace con pasión. Que lo celebra con el misticismo propio de una religión potente.

En este marco las propuestas de las instituciones públicas son, evidentemente, obedientes. Genial. Sin audacia, ¿para qué? Pero, eso sí, todo se pinta de innovación. El coaching y todos esos ritos de iniciación que parece, transmutan a la persona que los participa.

Y así vamos creando dependencia y tributos. Vamos configurando una sociedad que se mira en ese modelo. Una sociedad que se convierte en disponible. Y todo se hace desde la gloria de la administración pública y atendiendo a las nuevas necesidades. La osadía ha muerto, sólo queda el servicio al mercado. La izquierda de siglas modernas se entiende muy bien con las audacias del capitalismo (ah, vale, que ahí también patino, que ya no hay izquierda...)

## ¿por qué decimos que la cultura muere?

Con permiso voy a integrar este análisis en una de las críticas más comunes que se le hace al fenómeno Podemos. No sufran, solo para centrar la reflexión. Vamos: el argumento más sostenido por el discurso dominante (desde IU hasta FAES, no crean ustedes que es poco) nos afirma que Podemos es la "antipolítica". Todos, insisto, todos sin excepción. ¿Casualidad? No creo, existe una convergencia natural en todo el arco de esa "profesión": solo es política lo que ocurre dentro de ese ámbito corporativo, lo que hacen sus profesionales. Apropiacionismo (las corporaciones de diferentes signos desposeen a la ciudadanía, la convencen de que ellos son los adecuados). Dejacionismo (la ciudadanía externaliza sus responsabilidades cada cuatro años y abandona sus compromisos). Hasta hoy todo perfecto para una "normal" y pacífica convivencia, para esa tranquilidad que necesita la gobernanza. Esta ha sido la trayectoria, este es el resultado.

¿Similitudes con la cultura? Demasiadas. Parece que ha quedado reducida también a lo que los expertos consideran y los profesionales realizan. ¿Por qué va a pensar, desde esta perspectiva, que la ciudadanía hace cultura? Simplemente no puede pensarlo porque se siente al margen y, como mucho, puede sentirse consumidora de determinados productos. Para eso están, además, las estadísticas y los valores de ventas, para recordar lo bien que va. ¿Por eso decimos ahora que la cultura muere? ¿Porque se vende menos? Por eso y por un complemento muy importante: la hemos atado de pies y manos al discurso recurrente de la economía. Siento que esto ha sido demoledor. Aún cuando se habla de la cultura como cohesión social acaba siendo la economía la protagonista. Acabamos hablando de consumo, de un sector, del iva, del pib... Sin quitar ni un gramo de hierro a la tragedia de profesionales que pierden su modo de vida o que ni siquiera lo pueden poner en marcha, estamos yendo a la parte por el todo, estamos haciendo sinécdoque con la cultura. Pero bien hemos visto que ni siquiera este es el problema cuando tenemos instituciones como SGAE y similares que la "protegen". Un tomate no es un tomate porque lo diga el supermercado de El Corte Inglés. Pues eso.

¿De verdad la cultura regenera? ¿Este modelo de cultura? Pues no sé si quiero esta regeneración. Porque insisto, la cultura no muere, se transforma en todo caso. Creo que estamos reforzando conceptos que, en principio, rechazamos, o rechazábamos, no sé ya. ¿Cómo regenera? ¿Reforzando modelos de consumo? ¿Promoviendo asistencias masivas a festivales, fiestecillas y expos varias? No podemos negar que no estamos donde antes, pero ¿es el lugar adecuado? Sólo faltaría que no estuviésemos mejor (aunque todo podrá pasar) pero no se si puede achacarse a la cultura tanto cambio.

La palabra oficial, la palabra de institución se contradice con la realidad. La ciudad no es cultura, la ciudad desde la marca, es un simple abrevadero donde acercarse para un consumo rápido. Los llamados gestores culturales acaban siendo comerciales, pura y llanamente vendedores de diferentes categorías. Ese es su más exacto término. Refundar la cultura desde estos discursos me suena a refundar el capitalismo. Y no me interesa refundar el capitalismo. Porque eso es lo que hoy ocurre con la cultura, que se esta publicitando como un elemento productor de riqueza sin que se tenga bien presente qué tipo de riqueza se crea y en quién revierte. Y el problema más grave es que los discursos oficiales, políticos y técnicos, no hacen sino reproducir consignas que poco o nada tienen de certeza y que incluso muchas de ellas están sobradamente desmentidas. Pero es el discurso que domina, es la tonadilla que se pega. Es el culto al altar neoliberal sin reflexión alguna. Es apuntarse a la corriente para no desentonar.

Transmitir la cultura desde el almacenaje, la distribución o la venta ya no puede seguir siendo el modelo. Tomo las palabras de Carla Boserman (y las aplico a la cultura) cuando en su artículo sobre las bibliotecas "Laboratorio de la palabra abierta"[118] nos dice "La idea de que necesitamos una tribuna desde la que transmitir conceptos, un espacio para comunicar hallazgos, un repositorio para atesorar bienes o un lugar donde reunirnos, va camino de su obsolescencia definitiva.

En la línea que reprochan los "profesionales" sobre quién debe hacer o no política, qué es y qué no es política, quizá deberíamos propiciar la "anticultura".

118 http://aprendizajescomunes.wordpress.com/2014/08/20/laboratorio-de-la-palabra-abierta/

## connivencia estructural

Cuando la izquierda oficial abandona su esencia, esa actitud que aparece con la *modernidad socialista,* y reniega de su compromiso de clase para abrazar los nuevos modelos que la sociedad actual *necesita,* aparece un discurso entusiasta que refuerza desde todos los frentes la ideología individualista del capitalismo: el mito del emprendimiento, la apología del éxito, la exaltación del arquetipo neoliberal. Yo no sé si esa misma izquierda, desde su supuesto laicismo, ayudaría a montar sacristías y formar catequistas (coach) para difundir y reforzar la fe (sacrificio) que ilumina la verdad (excelencia). Pero, claro ya lo dije en algún post[119] anterior, parece que nos se puede ser laico de todos los dioses. (Aunque ya vemos cómo va eso del Concordato pero, en fin, es otro asunto...)

Todo parece estar impregnado de ese optimismo de las juventudes parroquiales (empiezo a sospechar que el entusiasmo es reaccionario) que ve la luz y la salvación en el sacrificio y la entrega devota, que canta y guitarrea en corro y a coro consignas iluminadas por la verdad capitalista con mayúsculas (contemplar sesiones de mentoring, por ejemplo, traslada directamente a verdaderas sesiones de apostolado). Al fin no deja de ser otro modelo de optimismo ciego que te hace comulgar con el resto de la comunidad y crea ese vínculo tan pastoral. No hay duda: sabemos que el camino del emprendimiento es camino de salvación. Pero ojo, no solo de la del que emprende sino que es una bendición"urbi et orbi" que redime por completo. (Claro, que esa es y ha sido la misión de los redentores: velar por la humanidad).

Y sólo la verdad del emprendimiento nos hará libres y acabará completamente con esas lacras que hemos venido padeciendo, esos pecados que nos han llevado a estas miserias: esos derechos laborales, esos compromisos contractuales, esas garantías sociales, todos los abusos de una seguridad social desgraciadamente universal, el lastre de las maternidades en plena campaña de ventas... y, cómo no, la desgracia máxima representada por el trabajo público. La maravilla del emprendimiento va a terminar con todo eso y a renovar al capital, lo va a redimir, lo va a fortalecer. Aunque no solo eso, y puede que lo más contundente, va a modificar por completo la forma de interpretar la realidad de una sociedad completa. Prodigio y maravilla.

Agradezcamos a la energía renovadora de ésta nueva, moderna e idílica izquierda que se ha amoldado a los discursos dominantes y ha propiciado una

119 pag. 160

connivencia estructural sólida. Una complicidad activa que ha permitido extender ese mito neoliberal a cualquier ámbito de la sociedad. Lo están haciendo muy bien. En breve no quedará resto de conciencia de clase (veo vello erizado) si es que todavía queda algo. En breve todos seremos responsables de nuestra pobreza y lo asumiremos con resignación cristiana...

## gestión transversal/gestión plástica

Lo he dicho ya en alguna ocasión, disculpen: se ha entendido muy mal el asunto de la transversalidad de la cultura, o más bien, no se ha entendido en absoluto. Seguro que no hemos sabido explicar la importancia de una gestión transversal. Intenté en algún momento hacer ver que la alcaldía o presidencia o como quiera llamarse a la máxima autoridad municipal, la máxima autoridad del gobierno local, es en realidad la auténtica área, servicio, departamento, o como quieran llamarlo en cada lugar, de Cultura. Y lo que ahora llamamos como tal es en realidad una distribuidora de productos culturales varios o, directamente, de festejos y excentricidades (nada que objetar, por cierto con lo primero hasta que éstos también se convirtieron en excéntricos).

Y es así porque la autoridad máxima tiene competencias amplias, muy amplias. El urbanismo modifica, la movilidad modifica, la economía modifica, el turismo modifica... todos ellos conforman la personalidad, el comportamiento, la conducta, las relaciones y el sentimiento de la ciudad. Díganme si esto no es cultura. Si esto no es modelar. Permítanme y consideren si lo que se hace habitualmente desde las tradicionales áreas de cultura no es sino ceremonias para el goce íntimo, para el placer individual.

Pero quizá ello sea el resultado de un reduccionismo extremo de la cultura hasta poderla meter en el saco de las mercancías. O no. También de una extrema ignorancia. Aunque también es verdad que todo ha sido dividido y especializado. Todo se ha dotado de sus expertos particulares y estos se han movido muy a gusto en sus circuitos cerrados. También la cultura ha conseguido un comportamiento muy funcional, muy adaptado, muy cómodo, muy *ad hoc* para concordar con alcaldes, concejales y técnicos de estirpe. Y por ello, y no se si consecuencia, muy corporativa, muy centrada en su aislamiento. Muy chocante en esta sociedad que se dice diversa y necesitada de hibridación. Muy lógico que no haya sabido ni podido transformar ese "orden lógico" de la administración

159

ciudadana.

No podemos reconfigurar la cultura local sin reconfigurar la noción que tenemos de sociedad, de gobierno de lo local por ajustar más el plano. No digo ya nada sin reconfigurar la noción que tenemos de cultura. La transversalidad superada por la plasticidad. La transversalidad atraviesa y puede hacerlo sin dejar marca o puede atravesar desgarrando. La plasticidad otorga la capacidad de regeneración para esa necesaria conectividad ciudadana.

## de todos los dioses

Me resulta muy difícil comprender el ateísmo selectivo, que no se sea ateo de todos los dioses. Me cuesta. La iglesia, la patria y el capital. Los tres dogmas de fe que siguen adoctrinando el mundo. Los tres juntos como un perfecto mecanismo de control (en eso la derecha es muy consecuente porque no renuncia a ninguno) aunque también son muy eficaces por separado (y ahí es donde la izquierda se hunde). Con sus respectivas combinaciones: de tres en tres, combinados de a dos u o tomados uno a uno.

Pero sobre todo, y es lo que más me confunde, ignoro cuál es la razón por la que los ateos, los descreídos del dios verdadero (junto con todos aquellos que se suponen intelectualmente libres, cultos, comprometidos y formados) abrazan la nación como doctrina. Parece que quien inventara a dios le sobró demasiado tiempo y quiso mejorar su obra con la patria. Y viendo que todavía podía perfeccionarse puso en el tablero al capital como vínculo. Luego descansó, claro.

Entiendo la espiritualidad como una vivencia personal e intima, entiendo la identidad cultural como factor de pertenencia e identificación, entiendo el mercado como acuerdo mutuo para el intercambio de necesidades. Pero desprecio las iglesias, las patrias y el capital con sus tres delirios: la doctrinas, las fronteras y el empleo. No voy a mencionar a sus sacerdotes, vicarios, predicadores, sacristanes, pastores e iluminados de todo tipo.

Por eso, donde veo banderas veo crucifijos (o estandartes de semana santa cuando van colgadas de los balcones). Los mismos crucifijos que encabezan las cruzadas. Los mismos que ciegan la razón.

## terapia, tautología y bricolaje

[#1] Cuando las aspiraciones individuales son dirigidas desde los aparatos del poder se produce una acción que raya con lo autocrático. Las necesidades y las referencias se inculcan y las aspiraciones de los individuos se dirigen según los intereses de la autoridad. La disfunción entre la esfera pública y la privada se hace más patente y se genera apariencia de elección individual. La clase dominante establece un discurso que determina los modelos tanto en economía como en cualquier ámbito de la realidad social.

[#2] Hoy el individuo es un sujeto más del mercado, esta obligado a probarse, a ponerse marca y a salir a venderse. Una mercancía más y como tal se considera. Si no estás en el mercado, no existes. Si eres un buen producto eres también un buen ciudadano, se te considera, estás dentro del sistema y como tal merecedor de respeto. Como mano de obra tienes un valor, como producto ese valor crece hasta ser considerado como uno de los mejores logros de la civilización actual.

[#3] Es una operación a todas luces asfixiante en cuanto que el individuo opera a partir de una manipulación de sentimientos y de una enorme limitación de opciones. Ya no existe, no existirá parece que nos quieren decir, una estructura que permita la inclusión laboral de los ciudadanos, estos deben ser los que deben procurarse el trabajo en un medio en el que los sistemas de producción y distribución se tornan incompatibles con la capacidad de elección. No existen alternativas compensatorias y la entrada en el mercado se realiza desde la obligación individual, es decir, se suprime la capacidad de organización y movilización que supone una estructura laboral centrada y generada a partir de los intereses de clase. El hecho brutal es que el individuo-trabajador esta aislado y sin una referencia colectiva que le permita ejercer presión alguna sobre un sistema que tiende a explotarle.

[#4] Escoger no siempre supone libertad cuando la oferta está limitada y estructurada según las referencias de un poder que lo organiza todo. Escoger es una auténtica mentira cuando no se permite sino la posibilidad de entrar en un trabajo cada vez menos humanizado o ponerte tú mismo en el mercado: emprender. Elegir amo no implica libertad. La sociedad libre no puede determinarse por la capacidad que se tiene de elegir el modelo de servidumbre.

[#5] Todas las sociedades han funcionado desde los orígenes a partir de los mitos. El emprendimiento como concepto se sitúa hoy  como una "producción

161

ideológica" que se manifiesta a través de colocar al individuo en una esfera de autoexplotación consentida y alabada como la quintaesencia del desarrollo social: la racionalidad dominante como un referente absoluto que cuestiona otras posibilidades, otras alternativas. Que rompe con el trabajo como derecho. La realidad unidimensional alcanza como no la esfera individual, el emprendimiento es un dictado que se autovalida por repetición. Tautología.

[#6] El servicio público en este sistema acaba convirtiéndose en algo que perjudica al beneficio privado. La campaña del emprendimiento neoliberal se complementa con otra de desprestigio hacia el trabajo público, hacia el funcionario. La dicotomía no se establece entre el amo y el trabajador sino entre los mismos trabajadores, sobre todo si tenemos en cuenta que el discurso va en la línea de desvincular al emprendedor de la clase trabajadora e incorporarlo, por arte de magia, a la élite. En consecuencia una vez más el enfrentamiento entre iguales determina el refuerzo del poder y la desestructuración de la lucha. No digamos nada cuando hoy esta palabra parece superada y a la modernidad le parece algo trasnochado. El éxito esta asegurado mediante la aniquilación total de la conciencia de clase.

[#7] La subversión en los modelos de organización del trabajo no radica en la externalización de las responsabilidades (el individuo se tiene que hacer cargo de sus propios derechos) sino en la reorganización de los excedentes y la redistribución de los beneficios y el tiempo (por qué nadie habla del tiempo como materia distributiva). Porque este tiempo sigue siendo un mecanismo de dominación ya que a través del emprendedor se extiende más allá de la jornada laboral "normalizada". Al mercado no le interesa tu tiempo más allá de lo que significa como tiempo de consumo. Si no es para ello, el poder se siente más tranquilo si no se tiene tiempo, si todo se usa para un embrutecimiento y una narcolepsia orgullosa.

[#8] El trabajo como fin y como medio son cuestiones altamente distintas. No se da esta reflexión en un sistema que busca la operatividad infinita, la excelencia de la eficiencia sin fin. Aquella idealización de la vida en la que el trabajo se iría reduciendo para alcanzar un ocio transformador, civilizatorio, cada vez esta más lejos. Es la base ideología que se ha revertido y se ha conseguido que ese reparto del tiempo no sea ni siquiera considerado, para ello muy eficaz es la santificación del emprendimiento y nadie va a ser capaz de convencer a los emprendedores de que gran parte de ese discurso es una campaña nociva. El trabajador esta enajenado de su condición desde la misma esencia del discurso. Ello le hace participe ficticio de una clase a la que no pertenece a la vez que suprime los valores de aquélla de la que se retrae.

[#9] De la industrialización al emprendimiento las nuevas formas de control del capitalismo ofrecen su capacidad de adaptación conforme las sociedades avanzan. Si en la Era industrial los autónomos, los pequeños empresarios, los pequeños comerciantes tenían una función evidente de complemento y de servicio hoy la ideología del emprendedor le pone directamente al servicio del capital sustituyendo la ideología industrial por la personal. Las relaciones de producción son destruidas y las leyes económicas tienen un nuevo referente que suprime al "intermediario", que desparece para generar una nueva categoría de autorreferencia. Los impulsos "subversivos" se neutralizan porque nada incita a ir contra la propia clase. El discurso es perfecto cuando la explotación diferida se internaliza hasta tal modo. El capitalismo ya no necesita ningún intermediario para sublimar los rendimientos del trabajador ya que es él mismo quien lo hace como una pieza del engranaje. El capitalista ha sido exonerado de su responsabilidad y ya ni siquiera de le exige invertir. El emprendedor, venga de donde venga, es, mediante el discurso de autonomía, el que tiene la responsabilidad. Hoy ya no se tiene la idea de que el que no trabaja es porque no busca, sino porque no emprende.

[#10] La capacidad para manipular los esfuerzos mantiene a raya la imaginación subversiva y capacita a los dirigentes para garantizar una servidumbre cómoda. La civilización industrial se transforma y genera una individualización industrializada, el trabajador ya no es el trabajador, es el *jefe* de uno mismo (no he encontrado un alucinógeno de mayor eficacia) y el capitalismo clásico se convierte en una dimensión biopolítica, bioeconómica. Ya no se presta el cuerpo, la fuerza del trabajo, a la causa económica, uno mismo se entrega sin fisuras y el ser humano es incorporado de pleno a una maquinaria que excede la misma producción. La explotación supera el estatus y también, aunque venga del todo difuminado, el control sobre los explotados. Cuando siempre se dijo que la peor censura es la autocensura, podemos aplicar el mismo principio y convenir que la peor explotación es la autoexplotación. Viene del convencimiento de la excelencia del modelo.

[#11] Una explotación sibilina en la que entran en juego circunstancias como las que llevan a lo siguiente: si en los entornos empresariales-industriales, digamos clásicos, se había conseguido una cierta equidad contractual entre los tiempos dedicados a la empresa y las remuneraciones percibidas aquí esto se pierde de lleno. Existe una perversa relación entre la "imposibilidad" de decir no y la ausencia de sensibilidad por parte del contratante o del comprador que exige sin

163

medida. La maniobra es perfecta y la sumisión social completa. Nada más perfecto una vez más para la conciencia del capitalismo.

[#12] La autonomía del trabajador cada vez está más constreñida. Si en la industrialización el trabajo estaba de algún modo medido y recompensado ahora esa medición de tiempo y recompensa se pierde, el juego es otro y la tendencia es a la magnificación absoluta del tiempo dedicado. Todo modifica la conciencia. Una dependencia sublimada determinada no por la obediencia sino por la reducción de la persona a un estado de instrumento.

[#13] Siendo que la acumulación de beneficios descansa ahora sobre la deslocalización industrial y la financiarización de la vida, no es necesaria una mano de obra al uso, hoy el catalizador de las sociedades contemporáneas, el regulador social es la misma canalización del trabajo mediante el autoempleo. Evidentemente es una acción tremendamente eficaz (tampoco se puede convencer a un trabajador de la industrial armamentística que su trabajo genera muerte). El trabajador ha sido concebido para existir como existe, no para pensar sobre el modelo y cómo cambiarlo. El trabajador esta concebido para estar contento con su estatus y el emprendedor es una extensión del antiguo trabajador, también esta concebido para estar contento, ha sido precocinado a fuego lento para admitir de buen grado su integración en una estructura que actúa como alucinógeno, un espejismo que impide ver otra realidad, que impide salir de la programación a la que se ha sometido la sociedad. Todo muy racional, muy eficaz. El modelo emprendedor suprime la resistencia a partir de un espejismo de control.

[#14] Apenas hemos comenzado. El modelo está sometido a un engranaje de *perpetum mobile* sobre el que no se puede ejercer ningún control una vez que se ha puesto en marcha. La maquinaria no se controla, no se puede ejercer control sobre el modelo, existe una internalización absoluta a través de la gratificación mental. La vida sigue administrada desde una visión positivista que se complementa con el elogio del sufrimiento, algo muy propio de las religiones monoteístas. El mito del emprendedor puede que no sea más que eso y en esas aguas se pierden quienes lejos de pretender pertenecer a esa categoría lo único que buscan es una proyección de sus ilusiones.

[#15] El control del tiempo como control social. La transcendencia del tiempo libre que no hay que confundir con el tiempo de ocio. No tengo tampoco que preocuparme sobre lo que tengo que hacer con él, ya tengo una conducta preconcebida, prevista por la tecnocracia, la totalidad sobre el individuo. Así como la religión mantiene el control sobre el comportamiento moral del individuo el mito del emprendedor permite un control estructural que completa lo anterior: el individuo administrado. La contención del cambio social. La contención del espectro de las libertades individuales, modelos de subordinación, la totalidad absorbe la particularidad.

[#16] Los individuos, debidamente estimulados, asumen cualquier modelo concebido para que las estructuras parezcan modificarse: incluso lo más incoherente parece razonable cuando esta debidamente inoculado. Llevamos mucho tiempo escuchando el mantra, mucho tiempo sumergidos en la necesidad de que cada cual tomemos las riendas. Es inútil alegar nada en contra cuando la maquinaria de los poderes se pone en marcha. La aceptación colectiva es patente y muy difícil de contrarrestar. Cualquier análisis crítico es tomado como una afrenta personal si sospecha del sistema que parece inapelable. Bajo este sistema cualquier planteamiento en contra se vuelve una afrenta colectiva. El pensamiento reglamentado no permite incidencias. La aceptación ciega es tal, que no puede existir ninguna contestación posible.

[#17] Una alineación mediatizada, transcendente, de alto nivel de efectividad. El nuevo totalitarismo se manifiesta precisamente es ese aparente pluralismo, en esa aparente toma de nuestras propias riendas. En esa aparente armonización en el que el sistema diluye toda responsabilidad y lanza al individuo a un proceso sin retorno. La transgresión a partir de la autonomía se ha anulado, desaparece entre el magma de la dedicación exclusiva y de los eternos retornos para reforzar el estatus de auto sometimiento. La dominación adquiere una estética nunca conocida.

[#18] El discurso del emprendimiento traspasa pues los limites de la economía y el autoempleo y se convierte en el engranaje de una maquinaria cultural que convierte a la sociedad en un modelo determinado de conexiones, relaciones y comportamientos. Eso es evidentemente cultura más allá de sus productos tradicionales. La forma de ser de una sociedad. Obviamente todo contribuye a la transformación de los símbolos, de las ideas y los comportamientos de las sociedades y eso puede ser considerado una auténtica gestión cultural. Todo este discurso produce una determinada conciencia social, genera un modelo determinado de entender la realidad, de generar relaciones... ¿no es esto una auténtica gestión de la cultura? La sociedad termina por reducir sus necesidades a las de subsistencia y lo hace de un modo asumido e incondicional comprendiendo que eso no es sino lo único que puede hacerse. Una vez más, ¿eso no es cultura? Mientras el discurso de la cultura se reduce al consumo más o menos industrial de sus productos, se esta generando y regenerando un verdadero entramado bien controlado y dirigido. Una construcción así no es accidental, el discurso nunca se genera desde la accidentalidad. Un modelo de sociedad se esta construyendo y la macroeconomía esta gestionando la cultura mientras a sus "gestores tradicionales" se les va entreteniendo con la administración de diferentes espectáculos, la industria cultural asume las riendas y las administraciones dedican su tiempo y recursos a eventización de sus ciudades. El efecto es hipnótico y muy eficaz.

[#19] La ilusión siempre ha sido una fuente inagotable para el capitalismo, una extraordinaria fuente de explotación. El deseo de realización personal es también una ilusión y ahora se convierte en la sublimación a través del autoempleo. La necesidad de combinar esta ilusión con la necesidad económica (que no de empleo, no siempre es lo mismo) es una combinación perfecta que la maquinaria tecnopolítica aprovecha en sus discursos. La conexión económica y política es perfecta. Este instinto de progreso personal esta aprovechado al máximo. El resultado es una verdadera atrofia para comprender y recrear otras alternativas. Todo esta conducido y el individuo asume el papel de un modo que garantiza la supervivencia del discurso.

[#20] Así es como el emprendedor de manual se ha convertido en un símbolo, en el símbolo del buen ciudadano que participa, con su sacrificio, en la regeneración de una humanidad que, nos dicen, se acostumbró al bienestar y, junto a la plaga parasitaria de los funcionarios, destrozó cualquier posibilidad de progreso coherente. Los estrategas han conseguido una gran victoria a través de la autoinmolación. La felicidad en la que habíamos caído se ha roto ante la creencia de que eso no podía seguir así.

[#21] La eficacia, la excelencia y la productividad completan el discurso de las mediocres mentes que dirigen los consejos de administración, los parlamentos, los municipios... Los banqueros pasan a ser los nuevos sacerdotes y las estructuras políticas se encargan de amplificar sus designios Todo muy del gusto de la simpleza intelectual y la grosera arrogancia de una derecha cada vez más infiltrada en la estructura de los partidos, cualquiera de ellos. El pensamiento crítico y la aquiescencia crecen arropadas por la necesidad de someterse para adquirir lo *necesario*. Los medios de comunicación de masas sirven bien a los amos y el pensamiento horizontal se multiplica: solo hay una salida. La imitación multiplica el ritual y cualquier persona emprende, cualquier persona es una empresa potencial. La magia y el ritual cumplen sus funciones. Todo repetido y repetido produce un efecto extraordinario de ideología en construcción. Y no podemos olvidar que el mito, la fe, es inmune a la contradicción, a la crítica, y el lenguaje se utiliza desde sus más profundas raíces para disfrazar cualquier barbaridad. La aceptación general de una mentira y la supresión de la critica es algo que no nos debe sorprender, estamos entrenados para ello.

[#22] El emprendimiento, dentro de este sistema de lenguaje maquillaje y de oxímoron generativo, es la última esencia de un modelo en el que la función social desaparece en un claro impulso extremo del individualismo. La comercialización de todas las esferas de la vida nos incluye también a nosotros. Se convierte el emprendedor en una pieza sustancial del sermón. El econoteismo tiene también sus fieles y sus mártires (los sacerdotes se encargan del ritual y las prédicas). "Emprender es una actitud", esa es la oración, simple pero eficaz, el *ora pro nobis* que multiplica la parroquia. Intimidación y glorificación. Una letanía más evocativa que propositiva

[#23] Desde que el posmodernismo dictó el fin de las ideologías e impulsó una sociedad acrítica en la que el éxito es la fantasía de una sociedad sin clases, el pensamiento neoliberal ha tomado con fuerza la primera línea y la sociedad parece diluirse sin posibilidad de generar ningún desafío sólido. Todos los "expertos" convertidos en capataces se han puesto al servicio de la ortodoxia y son más radicales, más salvajes que sus propios amos en estos nuevos campos de algodón.

[#24] A favor de esta sociedad están las imágenes, los espejismos del emprendimiento, una realidad que no permite desviaciones, una burla inadmisible que sostienen bien todos esos gurúes que predican con ahínco sobre la fatalidad de perder la vida "trabajando para otros" (no digo nada de lo que se opina de aquellos que deseamos trabajar en el ámbito público). Pero la realidad es terca y no se corresponde con la apología del emprendimiento, un discurso que no deja de ser una retórica de taberna, una fábula con referencias obsesivas, un cuento con argumentos que siguen enfrentando a la hormiga con la cigarra, herencias de un ideario frailuno que produce el cansancio de los lugares comunes y los modelos cercanos a la autoayuda de los profetas.

[#25] Decía Marx (veo ya erizar de cabellos pero no se apuren) que los hechos aparecen en la historia dos veces, una como tragedia, otra como farsa. No sé si esto pasa con el trabajo: la tragedia del paro y la farsa del emprendimiento. La necesidad del trabajo como tragedia y la función de emprender como farsa autoproclamada. Se crea una imagen que impide la diferenciación de estas dos cuestiones: trabajo y emprendimiento. Simple: si el trabajo es un derecho la culpa

de no tenerlo no puede recaer en el individuo. Este discurso es eficaz y genera
una tendencia a la autoinculpación y la simplificación totalitaria. Una vez más la
responsabilidad de los estados derivada a los individuos, el dejacionismo
institucional. La crueldad es que no existen voces críticas y se asume desde las
máximas instancias, se amplifica el discurso. Se niega otro modelo de
pensamiento y se facilita la digestión social, auténticos inhibidores que
contrarrestan la acidez intelectual. El pensamiento unificado tranquiliza porque es
acrítico, transforma lo falso en verdadero, es radicalmente funcional, facilita la
total coordinación del individuo con el entorno social, liquida los elementos
perturbadores y te proporciona la seguridad de pertenecer a un todo: el carácter
acomodaticio como formula de seguridad que traduce los conceptos universales
en verdades particulares. La necesidad individual se convierte en una
responsabilidad general. La transitividad se desmorona y la responsabilidad pasa
de una mano a otra. La victima (el parado) pasa a convertirse en culpable y por
tanto obligada a purgar, a arrepentirse, a procurarse ella misma su trabajo. Y eso
que siempre ha sido una tendencia natural de determinadas personas (siempre ha
habido quienes ha decidido montarse su panadería, su carpintería, su consulta
médica…) ha pasado a ser una "actitud", a asumirse como una responsabilidad
individual para salvar el mundo Un empirismo ideológico que reforma los valores y
traspasa las responsabilidades al individuo.

[#26] Algo construido simple y llanamente sobre tautologías, sobre esas lógicas
que resultan ser verdad desde cualquier interpretación, construidas sobre
afirmaciones que no se refutan porque son tomadas como la esencia, en nuestro
caso la esencia del progreso, y que considerarlas de otro modo nos darían
resultados discordantes. Una tabla de la verdad que se ha impregnado en el
código simbólico de una ciudadanía lanzada a interpretar como correcto todo lo
que emite la "intelligentsia"

[#27] Surgen también los conceptos terapéuticos que aíslan los hechos y
estabilizan y favorecen la aceptación, que ayudan a soportar los niveles de
alineación contemporánea y la esencia dominadora del capitalismo postindustrial.
El emprendimiento como discurso que mejora la autoestima del que lo practica y
va un paso más allá en la interacción entre la economía, la política y la sociedad a
la vez que neutraliza el concepto de trabajador y suprime las organizaciones que
le protegen. Las formas rituales del conservadurismo, del neoliberalismo que nos
invade. En todo caso nada nuevo, la atadura absoluta de la humanidad al aparato
productivo y la autoridad. Aunque no creas actúas de acuerdo a lo que te inyecta
el discurso a través del no hay alternativas, de la necesidad de sacrificio… el

lenguaje de la política al servicio de los símbolos de los negocios: la subordinación que no admite controversias.

[#28] Y todo acaba en una especie de bricolaje intelectual que ofrece soluciones personalizadas para conseguir apariencia mediante una buena mano de pintura, ocultar las goteras con el único fin de no actuar sobre la verdadera necesidad de un cambio estructural amplio. Poner los parches que vayan entreteniendo sin llegar a romper esas barreras que alcancen una verdadera emancipación, que marquen una verdadera actualización de los modelos socioeconómicos. El emprendimiento y sus teorías no dejan de ser otro estrato más de un capitalismo sin fondo, de una estructura mental y comportamental que perpetúa la dominación. Un bricolaje que facilita la instrumentalización del pensamiento, añade la creación de realidades ficticias y provoca que las necesidades reales se vean ocultadas y mermadas con una eficacia espeluznante. El universo instrumentalista, la instrumentalización de la humanidad, de la vida cotidiana, del tiempo debido.

[#29] Los conceptos que glorifican siempre descansan sobre la dogmatización, sobre un empirismo total que necesita de la aquiescencia *sine qua non*, que requiere del pensamiento positivo como garantía de felicidad, como único camino para un conformismo ideológico profiláctico en contra de la especulación constructiva de las utopías. La buena onda del emprendimiento.

[#30] Las fuerzas de la naturaleza están suficientemente domesticadas (o eso creemos desde una arrogancia ridícula). La domesticación humana parece haberse ido de las manos. Es necesario recuperarla y apremia el vasallaje, ampliar cortesanos. Hoy pertenecer al sistema de los emprendedores da fuerza, te permite sentirte integrado, formar parte de esa comunidad que va a salvar la humanidad. La tecnología ha apartado a la máquina sólo en apariencia porque la máquina es más que nunca el ser humano y no olvidemos tampoco que la máquina siempre ha sido un medio. La inagotable mecánica del progreso esta impregnada de contenido político y desde la política se refuerza el discurso. El sometimiento es, como poco lo mismo, el discurso reordenado parece cambiar el universo.

[#31] La filosofía actual del emprendimiento puede que vaya más allá del discurso implantado por las grandes empresas y entidades financieras: de una manera radical suspende el pensamiento crítico y anula cualquier juicio sobre la incuestionable e incontestable realidad que nos presentan. Los trabajadores, aunque se llamen emprendedores, no dejan nunca de cumplir ese papel de intermediarios de conveniencia para los intereses del poder y del capital (no sé por qué lo separo). Paradójicamente la libertad se sirve en esta bandeja. La razón ortodoxa se convierte en práctica social.

[#32] En todo caso, no dejes de ser consciente.

## los guardianes de la galaxia

La cultura pública (la oficial, esa que reside en las administraciones) es un lugar cósmico. No sé si mental, como el espacio (el físico y próximo, digo) pero más sometido a la fantasía de adivinos, charlatanes y brujos varios: los guardianes de la galaxia. Esos tipos que explotan las creencias supersticiosas. Que comercian con productos milagrosos. Con necesidades.

Quizá vivimos en diferentes dimensiones y no logramos confluir. Quizá estas dimensiones, no en cuanto a esas "de lo real" de las que nos habla la filosofía sino de aquellas otras "astrológicas", son las que permiten esa conciencia sin pensamiento, extraordinarios viajes astrales que liberan el cuerpo de la esclavitud física. Esa cultura sin cultura. ¿Esa cultura sin pensamiento como proyección de nuestra vida?

En ese lugar cósmico se dan fenómenos extraños. Es fácil pasar mucho tiempo entre agujeros negros y espirales "déjà vu". Retornos en un bucle infinito de discursos imposibles. Viajes por galaxias desconocidas que nos devuelven besamanos y mercurios en retrógrado. Este espacio cósmico parece que tiene un significado oculto que solo los iniciados pueden desentrañar. Por eso los que no entendemos de eso necesitamos trajes especiales/espaciales con el riesgo continuo de que se nos abra un poro.

## comunitarismo cultural

La gestión cultural impositiva ejercida por los expertos de diversa índole y el bloqueo de la cultura desde unas políticas locales orientadas hacia la rentabilidad, han marcado la evolución de unos procesos que se iniciaron con la firme y utópica ilusión de regenerar la vida social desde un municipalismo abierto y generador.

La cultura se contagió pronto de la paranoia inmobiliaria y todo fue orientándose hacia lo grande: los grandes espacios, los grandes festivales, las grandes capitalidades… todo ello imbuido por la exigencia de una ciudad mercancía, de alcanzar la marca ciudad. La lógica empresarial ha inundado las instituciones locales y todas se han lanzado a la búsqueda de resultados en un mercado que ha incluido a la ciudadanía en su catálogo de figurantes, en su catálogo de ventas.

Se ha tramitado el expolio de la cultura colectiva para generar un producto que "pusiera en el mapa" (otra de las detestables coletillas) a la ciudad y lo ha hecho en esa especie de desorden que liquida lo común para beneficio privado. Contando con que ese beneficio privado muchas de las veces se reduce al beneficio de quien se dice representante.

La cultura pierde su substancia y solo queda el eslogan mil veces repetido que la identifica como vertebradora de las sociedades. Consignas que quedan vacías, que suenan huecas cuando te asomas a la realidad, cuando observas que se ha aniquilado la cercanía, la proximidad, la radicalidad. La cultura impuesta. De las viejas élites franquistas hemos pasado a las actuales oligarquías, nuevas élites que han jugado con la cultura desde el espectáculo y sin comprender en lo más mínimo su esencia.

La solución no es sencilla porque implica desandar muchos senderos de pretendida modernidad. Recuperar la confianza de la calle y volver al trabajo común como primer paso. Preguntarse si los actuales modelos de gobierno local son oportunos para la cultura que se necesita (aunque la respuesta es evidentemente negativa). Si basta con la promoción cultural (claro que no) o son necesarios modelos que superen las estructuras de participación tan oxidadas como ineficaces (esos consejos sectoriales de cultura llenos de nada)

El agotamiento de la cultura viene por el empeño de mantener estructuras que ya no sirven al común, de alimentar jerarquías que bloquean, de conservar departamentos que compriman, de proteger mentalidades que no entienden… el sometimiento a unas lógicas caducas e infranqueables diseñadas por unas políticas más bien orientadas hacia los intereses privados.

Desarticular las formas conocidas para conseguir una verdadera capilaridad: comunitarismo cultural. Algo que, en todo caso, nada tiene que ver con la formación de las conocidas agrupaciones vecinales, colectivos culturales… apegadas a un espacio o a unos intereses muy concretos, sino con organizaciones abiertas y por descubrir, poliédricas, con infinidad de aristas, conectadas.

La cultura sólo puede concebirse como ejercicio de transformación, es decir, como ejercicio político.

## la inteligencia transware, superar lo impermeable. (y 6)

No creo que la sabiduría germine en los espacios interiores. Puede que lo que permita alcanzar el conocimiento es acercarse a los límites. Puede que la riqueza parta de todo lo que suponga transcender, traspasar, puede que lo que permita un multiverso en expansión sea la visión transdisciplinar. La frontera entre todas las dimensiones que convierten la realidad en un hipervolumen que busca el conocimiento en la contaminación. Algo que no es fácil en este modelo de comportamiento tan proclive a enclaustrarse entre los propios.

El ridículo de las fronteras físicas resulta cada vez más dañino. El de las fronteras del pensamiento es letal. Pero parece que seguimos atrapados en ellas. Las paradojas de la participación donde la mezcla sigue pareciendo un inconveniente, en algunos casos un problema. Nada es nuevo pero resulta claro que la cuestión es abordar estos modelos desde un nuevo uso de la complejidad, desde un nuevo enfrentamiento a ella. La rueda de la participación está ya inventada. El caso es saber de qué material y radio la queremos, qué deseamos transportar sobre ella. Un desafío para la inteligencia, para la verdadera inteligencia, no para aquella que viene disfrazada de gran despliegue de medios y aspavientos, de estrategias y astucias. Y un desafío para los modelos de políticas públicas que se necesitan más acordes con esta conectómica a la que he hecho referencia en otros escritos. Pero bien es cierto que antes se modifica la individualidad que la colectividad con lo que es necesario trabajar, seguir trabajando desde el cara a cara.

Un laboratorio ciudadano, en este sentido, no es innovación en sí mismo (en ocasiones parece que innovar se limita a cambiar los nombres a lo conocido) si no parte de la exigencia, de la necesidad de alcanzar la comprensión de esos lenguajes emergentes que van codificando y decodificando la sociedad desde posiciones poco conocidas e interpretadas. Me da la sensación de que demasiado a menudo nos quedamos en el cambio del lenguaje y que el tránsito real no sobreviene, que no conduce a nuevo conocimiento. Como si se tratase de un automatismo irreflexivo que no busca interpretar y comprender sino camuflarse en una corriente coyuntural y oportunista.

Todavía nos movemos en una especie de planisferio, en un mundo de dos dimensiones, en el dentro y fuera. El pensamiento no tiene por donde respirar, es plano. Todo esta rodeado y bien protegido. Así, en una confusión entre lo público y lo común (lo público ha acabado siendo una propiedad privada en alternancia que acapara el estado y las administraciones; lo común permanece fuera de ellas en lo que podría ser una microposesión fractalizada), todavía prevalece la creencia de que el centro de las sociedades son los organismos oficiales, para unos, y que la verdad está fuera, para otros. Una posición de frentes más que de transferencia. No existe contagio, no existe territorio de frontera, sólo existen dos grandes mesetas en un interior cada vez más yermo.

La vida esta en los sistemas circulatorios. Nada es mio, nada es de nadie. El conocimiento solo es fértil en territorio abierto. El pensamiento lateral, ese modelo que busca salirse de los patrones desde la provocación. La esencia de cualquier laboratorio urbano.

## permítanme abundar en la relación entre el pib y la cultura

Está bien claro que es un indicador productivista que nada tiene que ver con el bienestar individual o comunitario y menos todavía con el desarrollo de la cultura como tal. Algo sujeto a las tendencias financieristas de la sociedad y que arropa y aúpa un concepto de desarrollo absolutamente influenciado por el liberalismo y a costa de la dignidad de las personas. Existen claros ejemplos de sociedades con extremas desigualdades y pib's excelentes. Existe, sobre todo, el papanatismo de extender consignas sin ningún tipo de crítica, doblegados ante un sistema que difunde afirmaciones que la mayoría toman como absolutamente sólidas solo por que suenan con la melodía que se ha encargado que suenen, solo porque ellos parecen muy listos y nosotros muy tontos. El capitalismo, sus consignas estrella y su necedad dineraria son las que han compuesto un discurso absolutamente perverso que ha hecho desaparecer otros argumentos relacionados realmente con el cultivo de las sensibilidades, con el crecimiento intelectual. El discurso impone y desde este negociado de la cultura se ha doblado la rodilla quién sabe si por parecer contemporáneos o por no perder algún tren. ¿El desmantelamiento de la cultura? En algún momento también he hablado de la transgenización. El pib también modifica los genes de la cultura. Solo es necesario cambiar el enfoque y configurar una nueva perspectiva para que el escenario se distorsione de modo absoluto. Enfocar la cultura a través del pib no hace sino desmejorarla. Lo demás son cantos de sirena mercantilista.

## el derecho que no se sostiene

Sigo estando confundido, cada día más, demasiado a menudo, cada paso que doy creo caer en mayores conflictos. Cada vez me producen más grima las grandes frases, incluso el entusiasmo ese que destila desde las fuentes del pensamiento positivo. En este lote de delirios, no puedo con el derecho a la cultura, me da toda la sensación de que tal afirmación es una falacia. Algo que no tiene ningún fundamento, algo que se dice para rellenar pensamientos en blanco. Y lo es desde dos perspectivas. Una: si por cultura se entiende, como parece que marca la tendencia, el consumo de determinados productos relacionados con el arte, la música, la literatura, el cine… tenemos dos grandes contradicciones: (1) el derecho a ese consumo no se sostiene cuando (a) el propio sistema no puede garantizar una renta mínima -empleo para todos- para la adquisición de consumibles que garanticen la supervivencia física  (b) ese sistema pervertido reduce la "vida útil" de las personas a su relación con el trabajo hasta la extenuación para conseguir esa supervivencia; desde este escenario, ese derecho queda relegado a una cada vez más reducida parte de la población, es decir, a aquellos pocos que tienen algún remanente tanto en capital como en tiempo. Y otra contradicción (2) cuando ese consumo esta orientado hacia el beneficio de quien produce y/o regido por un diseño social que prioriza el rendimiento, sólo consumiremos aquello que nos sea dado desde estas dos variables, es decir, consumiremos aquello que pueda enriquecer y/o mantener en el poder a los de siempre (industria cultural/administración cultural). Eso sí, siempre existirán organizaciones fuera de la empresa y fuera de la administración pública que posibiliten cierta cobertura fuera del ánimo de lucro económico o político. Y ya estamos, allá donde el Estado abandona, la colectividad tiene que hacerse cargo.

Segunda perspectiva: si por cultura entendemos todo lo desarrollado por el ser humano, así como sus valores, creencias, aparatajes… el reclamar el derecho a ésto no es una falacia sino una estupidez sin más. No hay nada que añadir. Entra de lleno dentro de los propios derechos humanos.

# el adn de las organizaciones transware (y 5)

Quizá a modo de estructura ADN, observamos, mínimamente y desde una perspectiva simbólica, cuál es el entramado conceptual sobre la que se pueden construir las acciones de una Organización Transware. Este andamiaje seria de algún modo la esencia intelectual que permite el funcionamiento, no solo del cuerpo operativo sino, quizá lo más importante, el que aporta los sustentos discursivos necesarios. Dos líneas, la doble hélice, sobre las que va a circular la información y las instrucciones genéticas.

Vayamos con la primera, la que podríamos considerar el corpus filosófico, aquel que comprende el aparato ideológico y conceptual. ¿Hablamos del más allá?

**Iniciativa disruptiva (Id)**

Más allá de cambiar los esquemas y adaptarse a las realidades emergentes, es una actitud que proviene de la necesidad de enfrentarse a procesos que hasta ahora se desconocían, que provienen de la obligación de diseñar contextos y procesos adaptados. Una condición que no puede quedarse en una mera postura sino que requiere impulso continuo, talento y capacidad, dinamismo.

**Intuición sistémica (Is)**

Más allá del pensamiento lineal, la Intuición sistémica, avanza desde un sistema cerrado autorreferencial a un sistema abierto holístico. La intuición supone abordar componentes que aporten metáforas y metástasis conceptuales más allá de las estructuras cerradas en las que habitualmente se desarrollan los modelos socioeconómicos.

**Inducción abierta (Ia)**

Más allá de los mecanismos tradicionales para provocar acciones y comportamientos a partir de operaciones y gestiones propias de procesos cerrados, la inducción abierta pretende provocar resultados no esperados a partir de una información básica generada desde contenidos participativos.

**Inmersión comunitaria (Ic)**

Más allá de la metodología participativa y apoyándonos en la filosofía de la inducción abierta, la construcción del conocimiento concibe a la comunidad como un agente activo. El mapa lo genera la propia ciudadanía, la propia comunidad que participa en el icosistema y que se enriquece a partir de la diversidad de

175

valores y experiencias aportadas.

Una segunda hélice la tendríamos en lo que constituye la fórmula magistral, conformada por nuestras referencias, la Innovación Social

**Is = [Cm (Cc+Ca+Cp)] Ce**

De donde:

**Cm** es Comprensión Múltiple

De las inteligencias múltiples de Howard Gardner (1983) a la comprensión múltiple. Conocer y comprender la multidiversidad, el multiverso en el que estamos integrados y en el que todo se complementa. Entender que esta integración es la que puede permitir un avance, que las personas representan multitud de saberes complementarios y que cada realidad permite la generación de múltiples posibilidades adyacentes

**Cc** es Conocimiento Compartido

La sociedad de las multitudes (Paolo Virno, 2003) y la inteligencia colectiva (Pierre Levy, 2004) conforman un espacio en el que el conocimiento es patrimonio común que evita el control de la inteligencia por parte de cualquiera de los poderes. El conocimiento compartido como base de las sociedades emergentes y su implicación en las estructuras críticas. Algo que completa las frágiles acumulaciones estériles de datos.

**Ca** es Creatividad Aumentada

Aunque Ronald Azuma (1997) nos ofrece una definición de realidad aumentada (quizá sea este el concepto referencia) esta referencia pone de relieve que el epicentro creativo combina las realidades físicas y las digitales. Pero no solo eso una creatividad que nace aumentada combina las realidades sociales circundantes y sobrepasa los esquemas interventivos que son todavía habituales desde las administraciones públicas: el reconocimiento del mundo real, la incorporación de datos, el reconocimiento de innumerables escenarios... la fusión coherente con las estructuras sociales que mueven los sistemas ciudadanos. La hibridación extrema.

**Cp** es Cambio Progresivo

Transformación social equilibrada, escalonada y continua. Energía cinética. Cualquier acción que no tenga en mente el largo plazo cae en la trampa del desarrollo impulsivo. La complejidad social no permite abordar las transformaciones sociales sin activar las premisas necesarias para asentar y consolidar los procesos. La polémica, la gestión del disenso, la inteligencia crítica... forman parte de esta sustancia creciente y gradual. Quizá una referencia al racionalismo progresivo

**Ce** es Cooperación Expandida

La cooperación no puede ceñirse a un entorno territorial, físico, institucional... no puede estar de espaldas a las transformaciones sociales ni a los procesos de hibridación digital. La cooperación es un asunto complejo que funciona por escenarios múltiples. El término evoluciona desde el concepto de "educación expandida" que acuña Jesús Martín Barbero (sociólogo, antropólogo, semiólogo) y que a su vez toma nociones del filósofo Martin Hopenhayn. ¿Cuál es la relación? Más allá de sus aspectos funcionales e instrumentales, la cooperación va asociada a un ideal de sociedades emancipadas y comprometidas. El concepto hunde también sus raíces en el proyecto *edupunk* de Jim Groom.

Actitud Geek (Hugo Pardo Kuklinski) y pensamiento complejo (Edgar Morin) algo que permite superar el modelo darwiniano y alcanzar una evolución de replicación mutante. Una especie de código bacteriano de cooperación (Lynn Margulis)

## organizaciones transware: laboratorios de transformación conectiva (y 4)

*Si entendemos* **la ciudad como un universo conectivo**, *la política local cotidiana no puede reducirse a la acción de lo ordinario. La voluntad conectiva y el pensamiento crítico son, sin duda, el armazón y soporte de los futuros posibles, de nuestras sociedades del presente.*

Vamos con ello: En primer lugar centramos un análisis de las características de la ciudad/sociedad contemporánea. Y lo vamos a hacer desde la integración de disciplinas, algunas de ellas aparentemente marginales a las ciencias humanas y sociales, pero es bueno establecer metáforas para generar análisis. La de la ciudad como ser vivo es una de las que de forma más completa puede derivarnos hacia una comprensión de los procesos internos. En todo caso una biología acompañada de cerca por la antropología, la sociología y la filosofía

Comencemos por establecer un marco teórico sobre el que centrar las características de las sociedades actuales. De todo el espectro posible y siendo consciente de la dificultad de reducir nos vamos a fijar en dos

- **Hibridación** (Canclini) Antropología
  La sociedad se compone de múltiples entramados socioculturales que se combinan para generar nuevas estructuras, objetos y prácticas.

- **Complejidad** (Morin) Filosofía
  La comprensión del mundo pasa por analizarlo como una realidad entrelazada en la que nada permanece al margen de lo que le rodea. El enfoque sistémico (Senge) en el que la modificación leve de alguna de las partes propicia la modificación del conjunto.

Las consecuencias y los efectos derivados de las características anteriores podríamos centrarlas en:

- **Conflicto** (Touraine) Sociología
  El análisis de los conflictos y su resolución se centran cada día más en las divergencias, no solo ya entre ciudadano y sistema con sus instituciones (algo que ha sido elemento central en todos los procesos de socialización de la política, Foucault ya nos adelantó conceptos en sus estudios sobre biopolítica), sino también entre la ciudadanía misma. En todo caso estas divergencias no podemos observarlas como consecuencias sino, como mantiene Touraine, las como iniciativas de acción. Ello es debido a que existe una gran interacción de conocimiento e inteligencias como veremos más adelante.

- **Incertidumbre** (Heisenberg) Física cuántica
  Ninguna partícula puede ser observada sin ser modificada. Las organizaciones constituyen un "cuerpo" marcado por la imprevisibilidad de comportamientos debido precisamente a los efectos de interactividad entre sus miembros. Cualquier inmersión en alguno de sus puntos puede ofrecer un cambio sustancial en la organización. La interpelación abierta entre todos los componentes supone un principio de modificación de las relaciones en el mismo momento que suceden.

Tomando lo anterior como principio de análisis podríamos decir que, en lo que a nosotros compete, deberíamos observar y propiciar dos procesos o conductas para enfrentarnos a lo mencionado más arriba:

- **Endosimbiosis** (Margulis) Biología
  La evolución consiste en una serie de transformaciones que no siempre derivan de influencias externas, Un organismo habita en el interior de otro

organismo. Margulis sostiene que determinadas células se originaron como comunidades de entidades que obraban recíprocamente y que terminaron en la fusión de varios organismos.

- **Reciprocidad** (Koprotkin) Economía. Como contrapunto al *homo economicus* que establece que los individuos solo se mueven por intereses propios, es necesario reforzar al ser humano como actor de cooperación, de la competitividad a la complementariedad.

De esto procesos podríamos extraer numerosas conclusiones pero a nosotros nos interesan aquellas que tienen que ver con la inteligencia social, con la inteligencia colaborativa como modelo de crear sociedades justas y equilibradas, con los nuevos modelos de ciudadanía. Según estas características, estas conductas y estos procesos señalados, nos encontramos con una sociedad que tiende, a pesar del impedimento de los grandes espacios de poder, con el germen oportuno para conseguir una auténtica

- **Inteligencia colectiva,** (Levi)
  La que surge de la colaboración entre una múltiple clase de individuos. Esa sociedad de conocimiento que parece ha sido apartada por las "ciudades inteligentes". La también denominada inteligencia simbiótica (Jonhson)

A través de las

- **Multitudes inteligentes,** (Rheingold)
  O esa inteligencia organizada en torno a las tecnologías de comunicación como elemento productor, reproductor y amplificador. Estructuras descentralizadas que se organizan de forma autónoma en una estructura rizomática (Deleuze, Guattari). La inteligencia ubicua.

Cuál es la conclusión de estas observaciones: la **no linealidad**. Un concepto matemático que también tomamos como referencia. Las ciudades constituyen un sistema no lineal es decir, que los resultados no son proporcionales a lo planificado debido a que se construyen fruto de la interacción irregular y distanciada de todos sus componentes.

## Organizaciones transware: laboratorios de transformacion conectiva (3/4)

Una ciudad abierta tiene la particularidad de desarrollarse a través de espacios de intersección multidireccional y multinivel, es lo que conforma el "rizoma de la conectividad" y esto va mucho más allá de los gobiernos abiertos o de esos cantos de sirena que van sustituyéndose a medida que van descubriendo su vacío. Quizá estas **organizaciones transware** son las que "desandan" y buscan ese roce de piel que se perdió con la posmodernidad, que trabajan para neutralizar esa obsesión neoliberal por la mercantilización total de la vida ciudadana.

Una #ciudadconectoma es una ciudad comprometida con el protagonismo completo de quienes la habitan, una ciudad que se abre a estructuras, pensamientos, modelos... que se complementa y se enriquece con realidades externas, que se comunica y que apuesta por el contacto, que abandona la burocracia y que imprime en sus acciones dinámica incluyente. La responsabilidad compartida, la inteligencia colectiva, el procomún, la búsqueda, la conectividad y el pensamiento crítico como motores de la nueva participación aumentada. Esta reactivación conectiva es el pilar básico e imprescindible para abordar el resto de los procesos de innovación (tecnológica, científica, económica, social...). Porque las prácticas emergentes suceden fundamentalmente fuera de los espacios institucionales.

Pero la #ciudadconectoma tampoco puede depender de una digitalización utópica en la que las relaciones y las acciones humanas sean un simple periférico. Una ciudad inteligente no es una ciudad automática o hipercableada, una ciudad inteligente es una ciudadanía inteligente. Porque la ciudad es una red pensante, una inmensa red de vínculos presenciales y analógicos que se completan y complementan con los digitales. Un conjunto de vínculos que van generando desde su multiplicidad la sociedad en la que nos movemos. Vínculos biológicos, sociales, familiares, profesionales, culturales... que van dejando una estela, una red, una malla social con características determinadas y determinantes. No son fragmentos sino estructura. Por ello es necesario un modelo abierto, provocatorios-activatorios de iniciativas ciudadanas que entierren esos "territorios desconectados" a los que habitualmente se ha reducido la acción ciudadana.

Las **organizaciones transware** necesitan salir, conocer y ser conocidas, volverse interactivas. Una especie de hipermunicipalismo que conecta ciudadanía dentro (hiperlocal) y fuera (hiperglobal) que rechaza la simplificación de las murallas (también las intelectuales) para salir del entorno inmediato y mezclarse, vincularse (en el más puro sentido humano). Dos direcciones:

El **Territorio/Término**. Ciudadanía hiperlocal.

La ciudad es el primer nodo de la globalización. Al contrario de lo que se pretende extender desde diferentes medios, no es que el proceso de globalización haya llegado a las ciudades sino que las ciudades son en realidad su primer estadio, donde primeramente se generan y viven sus representaciones, donde mejor se pone de manifiesto la complejidad del mundo y donde antes que en ningún otro sitio se sienten los efectos de una sociedad múltiple y diversa. El contexto geográfico inmediato, la hiperlocalidad, es desde donde se genera el caldo de cultivo preciso para la intervención y la generación de nuevas funcionalidades.

El **Territorio/Mundo**. Ciudadanía hiperglobal.

El espacio relacional híbrido en el que nos movemos no permite el aislamiento, no acepta la limitación fronteriza, el confinamiento celular. Conocer y darse a conocer para multiplicar los efectos y los aprendizajes. Compartir práctica y experiencia en un escenario colectivo y abierto. Las ciudades son un beta permanente y se construyen con hipervínculos que nos aproximan a realidades de "abajo arriba".

La gestión de los vínculos requiere de una configuración interactiva desde la revisión de unas relaciones que fueron derivando hacia la consideración de la ciudadanía como clientes en un medio/ciudad/mercado. Un espacio fuera de las relaciones emocionales y fundamentado sobre creencias y actitudes patriarcales que colocaban a esta en una posición pasividad receptiva. Una gestión de los vínculos que puede referenciarse desde cinco líneas:

**Impulso**. Retos sociales. >> Cocreación >> Riesgo, desobediencia y comunidad.
**Investigación**. Tendencias y procesos >> Logística del conocimiento >> Inteligencia compartida
**Hibridación**. Territorios de contagio. >> Promiscuidad, transferencia y procesos distribuidos. >> Simbiosis.
**Replicabilidad**. Análisis del impacto y previsión de escalabilidad. >> Fermentación. >> Crecimiento bacteriano.
**Desposesión**. Protagonismo de la esfera pública >> Interacción en red, conocimiento colaborativo.

## organizaciones transware: laboratorios de transformación conectiva (2/4)

La interpretación de las ciudades se ha centrado en la evolución industrial, técnica, edificatoria... y en los últimos tiempos en la ciudad marca, en una ciudad para la venta como la quintaesencia del progreso. En cualquier caso a partir de entornos y de mentalidades "analógicos". Es urgente la generación de nuevos valores: La energía simbiotica como motor de las nuevas dinámicas participativas. La ciudad a partir del siglo XXI solo puede sostenerse sobre los cambios conectivos, sobre los vínculos y las conexiones múltiples. Son necesarios lo que podríamos llamar **"espacios conectoma"**

Inteligencia social-conocimiento comunitario

En todo caso es cierta la necesidad de avanzar en los asuntos urbanos, trazar líneas que discurran por caminos paralelos, por esos "caminos del deseo" como se les denomina a esas sendas que aparecen en el césped, en los solares, para cruzar de una lado al otro fuera del recorrido señalado. Que esos "caminos del deseo" sean espacios de conocimiento para situar la acción y la sensibilidad ciudadana como centro de las políticas locales. Espacios de laboratorio y provocatorio, de pensamiento y acción, de comunicación y escucha... espacios que contribuyen a la canalización de nuevos modelos de ciudadanía. Espacios que abren rutas de colaboración mediante una participación renovada más allá del poder, más allá del conocimiento académico. Una especie de cuarto sector del conocimiento. *Espacios conectoma* que dignifiquen el conocimiento comunitario, la inteligencia colectiva, que permitan la combinación, las múltiples combinaciones posibles para la generación de nuevas posibilidades. En todo caso que abandonen la prepotencia de un conocimiento exclusivista y falso. Romper definitivamente la frontera entre dentro y fuera, romper la frontera de lo que se entiende (se malentiende) por hacer política y comprender que hacer política es hacer polis y que, precisamente por ello, nadie tiene en su poder la exclusiva. Esa diferencia entre los que saben y los que no, está, cada vez más, condenada a la desaparición. Es una simplificación que no puede sostenerse en una sociedad como la que conocemos.

El activismo político es cada vez más el *activismo del conocimiento* y los ciudadanos deben convertirse en activistas, ciudadanos fuera del troquel que habitualmente manejan los gobiernos (locales o no) para conformar modelos uniformes. La participación conocida ya no es suficiente y, aunque nada nuevo, recuperar la investigación-acción es tarea fundamental para una intervención ciudadana eficaz

Por eso mismo una ciudad debe ser un espacio que posibilite la *conectómica*, ninguna entidad esta sola y la realidad social es demasiado compleja para modelos administrativos del diecinueve, incluso del veinte. La comunicación, el conectivismo más allá del colectivismo debe ser una de las referencias, quizá la única. Generar impulsos que permitan otras conexiones.

Sugerimos un modelo narrativo, no finalizado de nuestra realidad ciudadana en el que se va dando forma a la ciudad de un modo critico y activo, desde una labor bidireccional y centrífuga, multiplicadora, difusora e integrativa. Una plataforma dinámica en la que planteamos una metanarrativa social a partir de la inteligencia colaborativa.

Los **Espacios Conectoma** deben convertirse en modelos dinámicos, nómadas, abiertos, sustentados sobre la simbiosis y los territorios de contagio, desjerarquizados y heterárquicos, dispuestos para la creación continua de ciudad.

Desde la **conectividad múltiple** porque el espacio público ya no es solo proximal ni físico, sino que se compone de una amalgama de capas a modo de hojaldre (Carlos García Vázquez) en la que se intercalan las realidades físicas o analógicas y las digitales o virtuales –y señalo la diferencia porque creo que no es lo mismo, si virtual nos lleva a una relación no real aunque se produzca bajo sensaciones corpóreas simuladas, lo digital nos lleva a una relación efectuada desde y bajo parámetros no proximales pero reales. ¿Cuál es su composición?

## Asociacionismo difuso

De la idiosincrasia concurrente como única referencia de relación hemos pasado, y así lo debemos considerar, a la creación de nuevos espacios de interacción social, política y colectiva. Una realidad que requiere de mecanismos de autoorganización no jerarquizada, cooperación no presencial, inducción metanarrativa, diseño de intangibles, conocimiento abierto, emponderamiento del procomún...

## Energía simbiotica

Esta inevitable relación entre la presencialidad y la distancialidad provoca campos de energía desconocidos, la energía simbiotica no procede de yacimientos fósiles sino que se genera desde la concurrencia, desde lo renovable. Se crea un territorio abstracto (que se añade a la realidad experimentable) de materialidad ubicua que no requiere de las ataduras físicas. Un nuevo escenario en el que no interesa reproducir los modelos conocidos sino experimentar nuevas posibilidades, un modelo que añade sin sustituir.

**Participación aumentada**

Si está claro que esta evolución de los espacios públicos es algo irrefrenable y conduce a resultados absolutamente insospechados, debemos asumir que las lógicas de estos nuevos escenarios, aun partiendo de premisas de desarrollo social y cultural similares, nada tienen que ver con las lógicas de los espacios presenciales. Estamos ante un espacio social ampliado hasta extremos que todavía ni siquiera intelectualmente abarcamos y desde el que podemos lograr una auténtica participación aumentada

## organizaciones transware: laboratorios de transformación conectiva (1/4)

Espacios de autonomía / Pensamiento bacteriano / Comunes urbanos / Expansión colaborativa / Nexonomía / Proximidad transmedia / Activatorios

> *La ciudad no es un artefacto o una disposición residual. Por el contrario, la ciudad encarna la verdadera naturaleza humana. Se trata de una expresión de la humanidad en general y específicamente de las relaciones sociales generadas por la territorialidad.*
>
> *Morris Janowitz*

El derecho a la ciudad sólo puede entenderse desde una práctica que combine estilos, métodos y sistemas en un entorno meta-conectivo; un espacio que armonice la apropiación del espacio público, la planificación urbana, el equilibrio de los recursos, la invitación a la naturaleza, la inclusión social, la educación para la libertad y la economía solidaria, desde una mirada prospectiva, de contagio y transversal. Un proceso de reapropiación de nuestras inteligencias mucho más allá de las acciones institucionales de soporte (hard) y servicio (soft).

En definitiva, una #ciudadconectoma es aquella que está construida desde sensibilidades que incluyen la colaboración y la simbiosis, la hibridación y las estrategias de remezcla, el pensamiento divergente, la reconstrucción de lo social … la visión de una sociedad ensambladora para una ciudad de los comunes. Modelos de relación ciudadana a través de instituciones transware (más allá del hard y soft habituales), dispuestas en creciente implicación (observatorios-laboratorios-activatorios) y orientadas hacia la nexonomía (el tratado de los vínculos para el bien común)

Entender, estudiar y avanzar en el conocimiento de las conexiones ciudadanas y sus resultados es, posiblemente, uno de los grandes retos para entender los futuros posibles. Saber por qué y cómo funcionan estas sinapsis ciudadanas, cómo influyen en los comportamientos, qué energías se crean, cómo configuran la personalidad final de las ciudades...

La **conectómica** (Sebastian Seung) como referencia metafórica va a servirnos para tratar de identificar la personalidad de una ciudad. Así, si aceptamos el principio según el cual una red se caracteriza por el patrón de sus conexiones, constataremos que así mismo una ciudad adquiere una personalidad definida, un comportamiento concreto e incluso unas determinadas patologías según las conexiones entre sus miembros, sus instituciones, sus espacios públicos y privados. Podemos decir con Seung que la ciudad es su conectoma. La administración local, en primera instancia, debe conocer a fondo la conectividad ciudadana para comprender

1. Su personalidad: a través de los intercambios establecidos entre los diferentes agentes, individuos, instituciones...

2. Su inteligencia acumulada: a partir de las sinapsis y la memoria generadora de una actitud referencial ante nuevos enfrentamientos.

3. Sus patologías generadas: que se desprenden de los procesos comunicativos o de sus carencias.

Es evidente que plantear un mapa completo de las conexiones ciudadanas es un proyecto tan ridículo como inabarcable. No se trata de ésto sino de comprender que las formas de comunicarse definen y modifican, que cada vez que los individuos, instituciones, agentes... interactúan, generan flujos que influyen en su entorno.

La ciudad es ese cerebro que funciona como un sistema central que procesa información: "somos las sinapsis que tenemos" (Erik R. Kandel). Podríamos decir lo mismo de la ciudad: somos las conexiones que tenemos, que una ciudad es de un modo determinado y que este depende en gran medida de los modelos de relación que usa, de las formas en las que procesa la información que le llega, de los modos en los que la distribuye, canaliza, entiende.

Porque somos algo más que nuestro genoma puede traducirse por somos algo más que nuestros ladrillos y nuestras tuberías. La ciudad es un hipertexto que va más allá de las circunstancias funcionales y mecánicas de lo cotidiano. La ciudad inacabada.

Será necesario pues repensar las estrategias de los futuros  a través de dos estructuras:

>> Las **organizaciones transware**, como aquellas que superan el hard (estructura y edificios) y el soft (programas y servicios) y se integran en procesos de nexonomía aplicada. Que enfocan sus acciones desde estas cuatro perspectivas:

• Reconfiguración del espacio público y activismo urbano.

• Tecnología social y procesos de lógica distribuida.

• Dinámicas colaborativas e inteligencia ciudadana.

• Investigación y acción para la innovación ciudadana

O, expresado en otros términos, las que sufren una deriva en las  siguientes direcciones

• Del ecosistema a la ecosfera

• De la comunidad a la glocalidad

• De la colectividad a la conectividad

>> Y los **espacios conectoma**, como aquellos espacios dinámicos que se habilitan desde estas organizaciones transware para mapear el cableado y las posibles conexiones: la contaminación de la inteligencia.

• Conexiones sinápticas más allá de los enlaces estructurales y funcionales

• Reconstrucción de los mapas de inteligencias ciudadanas

• Des-expertización formal del conocimiento

• Comunicación multidireccional

El objetivo es alcanzar una **ciudad/sociedad conectiva,** aquella que se desarrolla bajo los principios de la teoría del caos, las redes, complejidad y auto-organización y cuyo  funcionamiento es el resultado de una gran cantidad de variables que no están bajo el control de los individuos sino que deriva de la conexión de sus conjuntos.

186

- Diversidad, conexión de nodos y generación de impulsos
- El conocimiento distribuido más allá de las instituciones
- Superación del atomismo estructural
- Innovación social colaborativa

Explorar esos caminos alternativos que reivindican el valor de la conectividad.

>> Esta es la primera entrega de una serie de artículos que analizan y proponen modelos de relación ciudadana a través de instituciones transware (más allá del hard y soft habituales), dispuestas en creciente implicación (observatorios-laboratorios-activatorios) y orientadas hacia la nexonomía (el tratado de los vínculos para el bien común)


## subcontratas


La realidad es que estamos en manos, con una alternancia supongo calculada, del brazo político del capital. Uno más sindicalizado que el otro, si cabe decirlo así, y con una cierta sensibilidad hacia cuestiones sociales super obvias, poco comprometidas, fáciles. Nada más. No existe una mayor diferencia entre ellos. Ni otro interés que la rentabilidad corporativa. Si hay beneficio social no es nada que no tenga relación con obligaciones o formalidades contractuales y, por tanto, réditos incómodos que hay que pagar inevitablemente: efectos colaterales, en definitiva, que con mayor cuidado pueden reducirse. Nada nuevo dentro de la empresa capitalista. Se diría que los partidos políticos en el poder son subcontratas para realizar el trabajo de manobrero (ya saben, limpiar los brazales de las acequias, ni siquiera las acequias mismas) además de aquellas faenas menos finas. En estas subcontratas, como en todas, el trabajador/afiliado o el becario/simpatizante no son sino piezas sustituibles de una herramienta al servicio de la cúpula. En definitiva sólo hay dos principios en este entorno de depredadores: el beneficio absoluto para la propiedad, el beneficio máximo para el accionariado. Y una regla que se asume: cualquiera puede acabar en el estómago del otro.

# el diseño social

Cualquier proceso de control se fundamenta sobre la necesidad de generar la opacidad suficiente como para encumbrar expertos que la puedan gestionar. La encriptación no solo tiene lugar en el mundo tecnológico sino que forma parte de cualquier organización o estructura de poder. Es evidente que el ámbito político, el que se ocupa de la gestión local también, es uno de ellos, necesita de calves ocultas y de procesos oscuros que impidan la entrada de conocimiento, que impidan alcanzar esos objetivos que persigue la élite multinivel (también aquí hay diferencias, algún *idiot savant* y mucho tonto útil).

La estructura de pensamiento, algo que siempre ha correspondido al ámbito de la educación, queda relegada y abandonada a las lógicas del mercado y de la iglesia (todavía, sí, así de triste) que mezclan el negocio y la rentabilidad con el formateo de los individuos para que puedan cumplir a la perfección con sus funciones de producto y maquinaria. Lo sobrante, si es que queda algo, puede quedárselo la cultura, una cultura oficial que, desde que se ha abandonado a la industria y al pib, se ha convertido en un contenedor de lugares comunes que repiten hasta la saciedad un mantra que reclama su necesidad, su importancia, la urgencia por empoderarla, la obligación por aflorarla, la maravilla de su difusión y democratización... Una gran colección de palabrería que queda en una nada fluorescente de productos, la mayoría de ellos, carentes en absoluto de una mínima profundidad, de la más mínima esencialidad para que la sociedad construya pensamiento. Y quizá todo lo contrario, un diseño cultural como refuerzo de esas sociedades anuentes e hiperocupadas, volcadas en la reproducción hasta el infinito de un consumo retroalimentado.

Por ello más bien parece que quien ejerce las tareas de diseño social son aquellos servicios públicos que distribuyen la vida ciudadana en función de un tiempo libre para el consumo. No perdamos por ello la misión que cumplen los servicios de urbanismo que fundamentan su labor en la promoción de urbanidades concentradas, vías para el transporte, grandes centros comerciales y, como no, la expropiación del espacio público en forma de grandes terrazas.

Quizá sea necesario comenzar a trabajar, desde esos laboratorios que tanto proliferan, en una especie de investigación subversiva que busque una orientación alejada del refuerzo de los poderes y trabaje sobre la voluntad de un cambio y desconfiguración del sistema actual. Perseguir una deconstrucción social, local como principio, que sea el resultado de un proceso reflexivo, no impuesto, con una mínima dirección, compartido por los agentes sociales y los individuos comunes. Una forma de organización social que penetra y que se canaliza desde la acción colectiva. El elemento clave no es la infraestructura técnica sino la dinámica social que se establece alrededor de los procesos.

## la ficción de libertad

Puede que uno de los efectos más crueles de esta sociedad de mercado sea haber despojado al individuo de su categoría política, de haberlo reducido al estado de suculento producto-productor. Cómo no, de marca y de maquinaria. El asunto es muy sutil porque se internaliza de un modo en el que no hay discusión posible, el determinismo mercantil como la quintaesencia del progreso.

La enajenación del sistema político y la atomización del mercado de trabajo consigue desajustar la comunidad de un modo que no habíamos conocido en épocas precedentes. La paradoja de alcanzar una sociedad sin conexión en un mundo hiperconectado. Porque en realidad asistimos a un fetichismo de "lo propio" en el que la exaltación del autoempleo, las más de las veces obligado, es la punta de lanza de un modelo social desestructurado, va a ser la norma de contratación en la que uno mismo será el responsable absoluto de su devenir fuera de toda relación contractual posible. La tristeza es, como digo, que ésto se venda como el paradigma de libertad, y más triste si cabe que se asuma sin fisuras, y si cabe mucho más triste, que instancias políticas con aparente ideología de izquierdas sean las primeras en reforzar un discurso que acelera este capitalismo que nos descompone. Las relaciones personales desaparecen y se convierten en relaciones entre productos, no hay más.

Todos los asuntos humanos son mercancía: la sociedad del *metamercado* hace que las grandes transformaciones que se pretenden no sean otra cosa que nuevos modelos más experimentados y eficaces, de consolidar la esfera económica por encima de las estructuras sociales. Por eso las prácticas de mercado han pasado a ser el único regulador de personas y cosas.

Es evidente que nada ha sido automático, que las instituciones dominadas por una élite política conniviente ha facilitado y acelerado el proceso, ha allanado el camino por el que el individuo ha ido perdiendo su posición social, su entidad política. Acuérdense de cuando de ciudadanos, en un alarde de modernidad y de progreso, pasamos a ser clientes. El circulo es completo y por el camino se pierden las esencias culturales, aquello que nos identifica como humanos y nos ancla. Pasamos de ser seres sociales a seres económicos.

El triunfo del totalitarismo capitalista se completa con los fundamentalismos nacionalistas. Otro de los grandes comodines del capital a través de la política. El individuo atomizado se encuentra sometido a las leyes del mercado y de la identidad. Un tablero verdaderamente perverso. Nos dice Polanyi en *La esencia del fascismo* (1935): "estamos en un mundo de espectros en el que todo parece poseer vida, excepto los seres humanos". La ficción de libertad. Una ficción de determinismo económico como la única prosperidad posible. Una ficción de determinismo identitario como la única afinidad posible.

## la sociedad del rendimiento

El capitalismo ha logrado su máximo nivel de perversión. Ahora ya no se ejecutan ordenes externas, la sociedad disciplinara de Foucault ha desaparecido, según sostiene Byung-Chul Han. Estamos en las sociedad del rendimiento. Más bien me parece que la sociedad disciplinaria se ha perfeccionado y ha aumentado su fuerza, ha incorporado mecanismos sutiles que la convierten en un modelo depravado. La fuerza coactiva ya no se ejerce *fuera-dentro* sino *dentro-dentro*. El inconsciente individual y social es el de la aquiescencia a la economía del si mismo. El *animal laborans* (ni siquiera el *homus economicus*) como máximo exponente del desarrollo humano sin un horizonte que no sea el del éxito.

El capitalismo ha externalizado en los propios individuos el control que antes ejercía desde las corporaciones. Y con ello ha introducido el fracaso como enfermedad social por excelencia, aquello de lo que todo individuo quiere huir, esa peste contemporánea que te aleja y aísla. Un gran logro que se consigue desde el emprendedor infinito. El engaño del volverse a levantar, la trampa de un pensamiento positivo ,como nos diría Barbara Ehrenreich, que nos envuelve en una tiranía de la resignación encubierta. Genial estrategia.

El engaño, el verdadero éxito del capital, es esa libertad pretendida, una libertad que no es otra cosa que la sensación de bienestar mórfico de la coacción propia, autoinfligida. Y con este engaño el orgullo del estrés como signo de éxito. El movimiento perpetuo necesario, la agitación como valor absoluto. Por supuesto la contemplación, la capacidad de contemplación ha muerto y quien la practica es digno de sospecha. El sosiego genera la conciencia y eso no es conveniente. No parece necesario un estado de creación tranquila sino a una hiperactividad extrema que garantiza la reproducción de lo existente. Como mucho las versiones sobre un mismo tema, una especie de jazz que garantiza el espejismo de independencia. El resultado no puede ser más espeluznante abandonando cualquiera de nuestras acciones al sistema depredatorio de la economía capitalista.

Y así confundimos la acción con el trabajo, la persona activa con el *animal laborans*. Como confundimos la reflexión con el cálculo, la inteligencia con la astucia. La tiranía del éxito, del rendimiento, se ha extendido y se ha convertido en la única actitud posible y digna. El orgullo de no tener tiempo para nada es la referencia. Consumirse con el trabajo por cuenta propia es un orgullo. La hiperactividad concede prestigio. La obligación del éxito.

Está claro que nada puede con esta huida hacia adelante. Nada puede humanizarse con esta incapacidad para detenerse, con esta histeria de producción, cuando la serenidad no existe. Para ello el poder del capital ha creado la conjunción perfecta, la división de la sociedad en dos categorías tremendamente útiles: los parados y los emprendedores. Ninguno de los dos tienen capacidad para la contemplación. La dominación perfecta.

Si la sociedad disciplinaria ha dado paso a la sociedad del rendimiento la posibilidad de reacción esta absolutamente anulada. Yo me puedo enfrentar contra un extraño que me oprime pero cuando soy yo mismo el que aplica la presión, la salida es más complicada: a quién debo obediencia. El oponente ha desaparecido.

Casi seguro que a nadie se le ocurriría referenciar el estado de salud de una comunidad, un país, un Estado tomando en cuenta el consumo/práctica del deporte. Sobre todo porque, creo, tenemos claro que la salud es "un estado de completo bienestar físico, mental y social, y no solamente la ausencia de enfermedad o dolencia", según nos dice la Organización Mundial de la Salud (OMS)". Es decir un conjunto de hábitos/equilibrios/prácticas/comportamientos mezclados y sujetos, como no, a nuestras características fisiológicas. En todo caso se trata de un estado general que integra la alimentación, la higiene, el ejercicio, el medio ambiente… Sin embargo para la cultura difícilmente tenemos esa visión holística. Tendemos a reducirla la producción/gestión/consumo de productos más o menos relacionados con el arte y las tradiciones. Así como nadie concibe que las farmacias o los laboratorios son los garantes de la salud de un país, sí se piensa que la industria editorial o el cine, por poner solo dos casos, son la referencia para el bienestar cultural.

Lo que sigue es una hipérbole libre, pero más seria y real de lo que quiere interpretarse, del estudio "El estado de la cultura en España 2013" que ha presentado recientemente la Fundación Alternativas. El texto de abajo es una modificación de la nota publicada en la web de la Fundación : "suspenso a la cultura" [120]

En cualquier caso no se trata de despreciar ni de subestimar el estupendo trabajo realizado sino de reflexionar sobre el reduccionismo al que hemos inducido y seguimos induciendo a la cultura.

Así, si donde ponía cultura, ponemos salud, el texto podría ser como sigue

La **salud** suspende su propio examen. Los agentes deportivos otorgan un 4,5 de media a la salud en España. Datos que se derivan de las conclusiones del estudio **"El estado de la salud en España 2013. La opinión de los agentes deportivos"** , un trabajo de un equipo de expertos que recoge por primera vez la voz de los agentes deportivos. Una extraordinaria imagen de la coyuntura española en materia de **vida y salud** [...]

El informe ha sido elaborado a partir de una encuesta a 304 expertos y nos da como resultado una puntuación de 4,5 para la salud en España.

Las mejores perspectivas son para el deporte español en su relación con las redes y soportes en los medios de comunicación, tanto desde el punto de vista de la emisión como de los propios usuarios/espectadores/aficionados. Las peores, para las políticas públicas deportivas, tanto interiores como de cooperación y proyección exterior.

Por esferas de actividad, nos encontramos grandes diferencias entre los resultados obtenidos por las valoraciones de la práctica profesional del deporte (5,7) y su consumo y/o práctica no profesional (5,4) frente al de las "canteras" y deporte de base (4,7) o de los torneos y ligas (4,5), frente a la bajísima valoración obtenida por las políticas públicas de deporte (3,4) y la proyección exterior del mismo.

En cuanto a sectores, el único aprobado claro es para Gimnasia de mantenimiento (5,2). En cambio, cosechan suspensos rotundos pádel (3,8), el atletismo (4,1), las actividades de montaña y escalada (4,6), el taekwondo (4,5), la natación (4,4).

120 http://www.falternativas.org/occ-fa/noticias/suspenso-a-la-cultura-20851

Por profesiones, destaca la valoración de los gestores deportivos (entrenadores, masajistas, animadores deportivos) un 4,6. En el otro extremo, los deportistas ofrecen la visión menos optimista con un 4,3.

Dada la importancia de los últimos hechos relacionados con el tratamiento fiscal de la **salud** en España se incorporan anotaciones al respecto. Sus bajísimas calificaciones no dejan lugar a dudas acerca de la condena del mundo del deporte español al sistema fiscal aplicado y, muy especialmente, al IVA.

En cuanto a la piratería, uno de los temas candentes del sector, los agentes deportivos piden generar mayor conciencia de forma que se internalice por parte de los usuarios que las retransmisiones deben ser pagadas. Se critica también que la *Ley reguladora de las emisiones y retransmisiones de competiciones y acontecimientos deportivos*, "no contribuye al desarrollo de la industria del deporte ni al equilibrio entre los derechos de los titulares y el acceso de los ciudadanos a los contenidos deportivos y de entretenimiento".

El optimismo por el futuro de la **salud** en España se revela en relación con las redes y soportes digitales, se desprende que los clubes deportivos están aprovechando las nuevas redes para conectar con sus socios (7,2), las redes digitales potencian la capacidad del boca a boca de los aficionados (7,1), los espectadores disponen en Internet de una gran libertad de elección (6,4), los gimnasios están beneficiándose de las nuevas tecnologías para aumentar su rendimiento (6,5), y aunque con menores valoraciones, las nuevas redes permiten una gran participación de los deportistas amateur en la innovación en el deporte (5,8), las redes digitales reducen drásticamente los costes de difusión del deporte y permiten su democratización (5,8) y, finalmente, las redes digitales garantizan el derecho de acceso al deporte (5,6).

Lo peor valorado se distribuye alrededor de las **políticas públicas de salud**, tanto interiores como de cooperación y proyección exterior, es decir, el papel del Estado en el deporte: las políticas públicas de ligas profesionales son suficientes y efectivas (2,7), las políticas públicas defienden la remuneración justa del deportista (3,1), estimulan la sostenibilidad económica del deporte (3,2), fortalecen el tejido deportivo (3,4) o incentivan el intercambio y la diversidad del deporte (3,4), los medios públicos impulsan el deporte independiente (3,3). Tampoco la proyección exterior del deporte nacional es vista como suficiente (2,7), los deportistas no reciben una remuneración justa para mantener su trabajo (3,0) y, finalmente, los intercambios deportivos con la Unión Europea son insuficientes y poco equilibrados (3,4) en opinión de los encuestados.

La muestra de 304 agentes deportivos (entrenadores, periodistas deportivos, gerentes de gimnasios, monitores de ocio, animadores deportivos...) representa esa diversidad y riqueza, algo que seguro influye en la claridad de los resultados.

## el algoritmo de la cultura

Sigo pensando que fuimos cayendo de lleno en una alucinación colectiva, que fuimos modificando el algoritmo para hacer creer que el libro es cultura, que lo es el teatro, el cine, la pintura o la música. Que es cultura el folclore y que cultura es la fiesta y los farolillos. Así, sin más y en el mismo saco cualquier tipo de referencia a las supuestas artes y tradiciones. Y cierto es, claro, y bien lo vemos cuando vamos al diccionario de la RAE y leemos que cultura es el "conjunto de modos de vida y costumbres, conocimientos y grado de desarrollo artístico, científico, industrial, en una época, grupo social, etc." (¡Vaya!, dice "modos de vida y costumbres" igual nos hemos olvidado de esa parte...) Le podemos añadir también los asuntos tecnológicos y convenir que cultura es todo aquello que no produce la naturaleza y sí el ser humano. O también si intentamos descifrar las 164 definiciones de "cultura" que nos dejaron Alfred Kroeber y Clyde Kluckhohn en *Cultura: Una reseña crítica de conceptos y definiciones*. O si analizamos la evolución en sus diferentes tiempos y teorías. Puede que a mi me parezca, y a la vez esté absolutamente confundido, que cuando la posmodernidad proclama la muerte de las ideologías, la inclinación consecuente tiende a encerrarlo todo dentro de un escenario posibilista y en torno al pensamiento dominante del que nos ilustra Touraine. La consecuencia coloca a la cultura como un objeto sin compromiso (sí, sé que los discursos la han ofrecido como la estructuradora de las sociedades y su valor central) ausente de otros méritos que no sean la generación de empleo, el patrimonio como experiencia a partir del turismo, el ocio, los espectáculos y últimamente las comunidades como discurso renovado en forma de culturas vivas. En todo caso y sobre todo bien dotado de un cuadro cínico que la aparta de cualquier relación con la política (claro que esta también se ha devaluado hasta confundirse con el corporativismo de los partidos).

Y ahí nos hemos quedado. Alimentando el espejismo hasta que de repente todo se rompe y ya no se venden esos objetos sin fondo. Y todo se paraliza y nada tiene sentido fuera de esa corriente del mercado infinito.

Habrá que ver, un poco más adelante, qué nos ha pasado y en qué nos hemos convertido desde que tuvimos que dejar de "consumir" cultura, esa cultura que se nos vendía en lotes y bien empaquetada en formato "grandes eventos". O en otros lotes ad hoc: la cultura del vino, la cultura empresarial, la cultura de las organizaciones, la cultura gastronómica, la cultura de la imagen, la cultura digital... incluso la cultura de la pobreza. Habrá que ver si todavía tenemos alma sin ese maná que las instituciones nos lanzaban desde el cielo y que controlaba nuestras emociones.

No sé, tengo muchas dudas, no tengo claro que todo lo consumido nos haya hecho mejores. Ni que vayamos a ser peores si no devoramos todas las superventas en forma de libros, discos, películas... que parece que tanto nos ennoblecen. De hecho habrá que pensar también, quizá lo primero, cómo hemos podido llegar hasta aquí si de verdad la cultura era tan beneficiosa y conformaba sociedades comprometidas, favorecía la participación ciudadana, la cohesión, la inclusión social... O todo era un espejismo. O será que quienes hemos trabajado en esto no nos hemos sabido explicar, o que hemos caído como pardillos en un discurso anecdótico, circular y apocado, o que se nos permitían esas travesuras infantiles porque habíamos perdido todo el peligro, porque habíamos desarmado a la cultura, porque la habíamos llevado al paraíso neoliberal del mercado, porque habíamos creado una cultura transgénica controlada y controlable...

Hará falta que quien piensa se de cuenta. Y ya no digo quien manda porque eso sí que es clamar por lo imposible. Hará falta que se comprenda que no ha existido, porque es imposible, la gestión de la cultura sino de su mercado. O que si existe debe pasar inevitablemente por un tamiz social y político. Pero hará falta también que se comprenda que no todos los credos son válidos para construir ese mundo solidario y comprometido que parece deseamos desde la cultura y que incluso muchos de ellos están absolutamente en contra de esos derechos fundamentales que propugna la UNESCO. Y que estas visiones reaccionarias y carcas, si se quiere, también son cultura y eso es lo complicado. Y habrá que comprender también y por otra parte, si es que seguimos empeñados en el consumo de producto como principal fuente de cultura, que el mundo del esclavo que hemos creado impide la lectura o cualquier otro goce intelectual tranquilo y reposado, simplemente porque no queda tiempo ni fuerzas sino para asegurar lo básico y, si cabe, sentarse ante un televisor que distribuye felicidad narcótica. O simplemente también porque desde los poderes han conseguido que la escuela y sus sucesivas secuelas (qué bonito cambio de orden en esas dos primeras letras) sean lugares de adoctrinamiento para las sociedades productivas, lugares donde no caben las humanidades ni la filosofía, donde no cabe la sensibilidad, donde se reproducen los moldes de un patriarcado duro…

Hará falta que dejemos de joder con la cultura. Deshacernos de tanto trasto inútil y de tanto sermón engañoso, circular y redundante, machacón, lleno en los últimos tiempos de lugares comunes y, sobre todo, absolutamente endogámico y endofágico.

## de la progresía liberal y otros techos

Volveré a decirlo y volverán algunos de ustedes a abandonar la lectura: la centralidad del trabajo en los discursos contemporáneos es uno de los más fatídicos instrumentos de sometimiento intelectual. Incidir en la salvación desde lo que nos ha hundido no es ni siquiera torpe, es deplorable, siniestro. Querer remendar y poner paños calientes a un capitalismo cada vez más nocivo. Nada que objetar en cuanto a quien desde sus ideologías depredadoras difunde el discurso, sólo faltaría, para eso están, es lo que se espera, ni siquiera señal de alarma, es lo que deben hacer. Lo desastroso es la figura redentora del progresista liberal. Esa línea máxima que parece haber alcanzado la supuesta izquierda dominante de nuestro mundo contemporáneo. La que pretende reducir brechas en lugar de anularlas, la que se llena de compromiso luchando contra la pobreza cuando lo que hay que hacer es luchar contra la riqueza. Puede que esta figura de progresía liberal sea la más perjudicial de entre todas las que han ido apareciendo en las últimas décadas. Porque narcotiza y paraliza.

Su figura no oculta sino una conformidad perniciosa que hace que se pierdan de vista los verdaderos focos de la explotación. Claro, suaviza y tranquiliza muchas conciencias que se tenga un cierto enfoque de sensibilidad social demostrada en sus posturas ante el aborto, el matrimonio homosexual, la renta básica y unos cuantos blablaismos de manual para comprometidos.

El empleo ha sido el invento más fatídico de la historia de la humanidad y ha sido necesario que se reforzaran otras instituciones ( la escuela y la universidad principalmente y ahora todas las difusoras municipales del emprendimiento) para lograr una dominación absoluta de voluntades. El empleo no es sino el mayor centralizador de la pobreza por falta o exceso, el que ha generado después de esas épocas en las que el poder nos regalo el espejismo de la desaparición de la clase trabajadora. No existen los emprendedores según la nomenclatura oficial, tan solo existen los empleadores por cuenta propia, empleadores que, aún en sus propias carnes, aplicarán con gusto (hablo de esa mayoría obediente) todos los principios de esclavitud que se pregonan bajo los titulares de competitividad, de creer en uno mismo, de buscar las oportunidades y toda esa mandanga hipnótica del sacrificio y demás decálogos fetiche (cuánto buenismo entre empalagoso y provocador).

Esta progresía liberal lo reduce todo a gestionar lo inevitable en función de un posibilismo político que no genera sino la confusión y la anulación de todas aquellas propuestas que luchan por la ruptura y la búsqueda de sistemas económicos diferentes. Es decir, cómo acomodarnos y asumir, cómo conformarnos con lo que ya existe, cómo leerlo como un mal menor. En definitiva cómo anular las luchas desde la apariencia de compromiso y modernidad civilizada. Cómo reconciliarse. En realidad, no se trata sino de una estrategia de ocultación, de contención del disenso a través de una gestión normalizada de las perversiones opresivas. Nadie tiene ya conciencia de clase social trabajadora: lo han conseguido. La hegemonía del argumento positivo.

Puede que hayamos alcanzado ese techo del compromiso social, ese techo de exigencia, dejando que brillen esos discursos de progresía liberal.

## el malabarismo como nicho

Pareciera que solo podemos vivir en las burbujas, que sean ellas las que proporcionan ese soma necesario. Que cuando estalla una, hay otra que florece de inmediato. O que conviven y se realimentan. De las burbujas financieras a las del espejismo. Y de éstas a las de la autocomplacencia. Como si esos malabaristas que nos mantienen con la boca abierta fuesen prestidigitadores infinitos que entretienen una adolescencia expandida. Que perpetúan esos destellos iridiscentes que hipnotizan.

Ayer fueron los gurúes financieros quienes despertaron sueños de poder, quienes alabaron las bondades del mercado, quienes jugaron con los delirios de un pueblo alucinado con las pompas de jabón. No hay mucho más que decir de todo lo que hemos visto.

Pero el malabarismo no cesa y es el gran nicho de mercado en estos tiempos pos postreros (estamos, parece ser, el post de todo) y aparcados de momento los ilusionistas financieros, surgen con fuerza otros que alimentan otras fantasías: los gurúes del emprendimiento, los gurúes de las marcas, los gurúes de coaching. Y los que más me preocupan, aquellos que se disfrazan de interés social, de voluntad de cooperación, de benevolismo humanitario.

Además de todo lo que ya he escrito sobre esta ideología nociva del emprendimiento, poco voy a señalar si no la desgana que produce observar que nada cambia y que jugar con las ilusiones, con las necesidades, sigue siendo uno de los grandes filones para espabilados de todo tipo. Me espantan los predicadores y aún más sus sacristanes. Cuando la religión no tiene salida desarrolla tentáculos y muta. Y esta humanidad culta y avanzada en apariencia, todavía necesita altares ante los que practicar la genuflexión.

Poco hemos cambiado. Hay burbujas que nunca pinchan: las de los credos. Y siempre habrá feligreses

## genuflexión

El sometimiento que produce el miedo y la ignorancia, la sumisión secular al dios y al amo, están instalados en estos pueblos como una especie de totalitarismo interno: el cargo público es sagrado y por mucho que sangre a una ciudadanía cada vez más narcotizada, nada hay que rompa y les rompa. La genuflexión ciudadana ante las jerarquías en este país ha sido tallada a golpe de fusil y crucifijo y cualquiera que tiene una cuerda con siete puntas o da la comunión es el amo. La iglesia, la banca, el estado... pero también los presidentes de escalera o un gorrillas que pasaba por ahí, cualquiera puede convertirse en un ser superior y caudillo, es esa la doble cara del esclavo, siempre hay alguien debajo.

Por eso alcanzar un cargo político es, posiblemente, una de las mejores salidas para cualquier incapaz con pretensiones (cuánto peno no obstante por esas personas que de verdad acceden con intención de servicio público, que las hay, doy fe; aunque ellas también debieran formar parte, quizá con más fuerza, de esa estrategia de derribo del impostor). Un buen espacio es ese de la política para promover e incorporar la resonancia y el valor que en ningún lugar, en ningún otro lugar de la sociedad podrían tener. La política, no solo de los grandes partidos sino también esos meso o micro con ínfulas (no hablemos de las corporaciones locales porque no tenemos hueco para tanto disparate ni en el cerebro), esta señalada por la presencia de personajes miserables y ambiciosos (para mi la ambición nunca ha sido una virtud) que de ningún modo podrían sobresalir ni en la comunidad de propietarios de su edificio. Ni talla intelectual ni personal (ni humana en demasiados casos, cada vez estoy más convencido de la maldad que arrastran) podría llevarlos a ningún otro olimpo que el del sillón que han usurpado. Evidentemente las patologías tienen su síntoma: autoritarismo y desprecio son las más señaladas. Útiles en todo caso para alcanzar un respeto que desde ninguna otra posición podrían conseguir. La náusea, sin embargo, se agudiza cuando se observa la actitud de sus palmeros. ¿Acaso forma parte de la despreciable futbolización de las sociedades?: defensa cerrada de "los colores", una especie de paranoia colectiva que impide la reflexión y empuja a verlo todo en blanco y negro, sin matices, sin crítica, el seguimiento ciego, la identificación en masa con un enemigo común, la infantilización permanente, la glorificación del vacío, la ausencia de responsabilidad propia (el arbitro siempre está comprado)...

No pensamos por si acaso, no opinamos por si acaso, no votamos más allá por si acaso... Y mientras, la rancia estirpe de la españa de bien, defendida a sangre por sus vasallos, sigue dominando bajo palio un territorio reservado, un coto cerrado para una eterna caza del débil

## la clase obrera ha muerto definitivamente. alegraos y regocijaos

Quizá alguien se sorprenda por mi obsesión pero, lo siento, me ocurre con todos los dogmas de fe. No puedo evitarlo.

La ideología del emprendimiento es un extraordinario juego estratégico del capital (aunque, por su disfraz y buenismo, algunos crean que esto no es capitalismo del más puro), un juego semántico que abandona al individuo a su suerte (¿no es ideología neoliberal y darwinista?). Otra de sus grandes mentiras, otro dogma que invita a marginar, a mirar de soslayo a quien no lo practica, a quien no comulga. Ya no existe la clase obrera! El milagro se ha producido! El trabajador ha dejado de existir con lo que el paro también lo hará pronto (de verdad: ¡van a acabar con el paro!) porque no será un problema social sino individual en el que ni gobiernos ni empresas tendrán responsabilidad alguna; tan solo quien no se ha formado lo suficiente, quien no esta motivado lo suficiente, quien no admite suficientes riesgos... será responsable de su ruina (imaginen lo que piensan de personas como yo: funcionarios). Tampoco quien no tenga la suficiente "voluntad de entrega" podrá incorporarse (eso sí tomando bajo su responsabilidad cualquier impuesto o seguridades varias) a las exigencias de las empresas y el mercado (como si este señor mercado no tuviera cara ni cuello para anudar una buena corbata).

La doctrina se ha difundido desde una narrativa tal, que se ha blindado a la crítica viendo en quien la cuestiona a un cenizo trasnochado y tendente a patologías marxistas (como poco), enemigo del esfuerzo y de la ilusión, agoreros que impiden y obstaculizan este modelo tan *cool* (es que siempre hay que poner algo en inglés para que te entiendan). Una narrativa de individualismo extremo que convierte a la persona en objeto de producción y de consumo. Cualquier otra variable que no sea el esfuerzo personal, el sacrificio, la purificación por el trabajo se diluye en una desenfrenada obsesión por el éxito; ni factores como la procedencia social, la oportunidad de formación, las circunstancias del mercado, las debilidades físicas o psíquicas... son contempladas, por supuesto, nada de lo humano les es propio.

En todo caso nunca habrá tanto nicho para predicadores con sus múltiples cursos, seminarios y predicas de autoayuda. Ese sí que está siendo una buena salida para espabilados.

No puedo dejar de ver el dogma del emprendimiento como un episodio más de la precariedad laboral y del abandono de los estados en manos del capital. Eso si, bien vestido de glamour.

## espacios de ganancia obtenida

La ciudad se ha convertido en un espacio disgregador, contradictorio, algo que oscila entre los grandes centros de ocio y consumo y los barrios deprimidos y marginales, los que se abandonan por desinterés de renta. En el primero de los casos un proyecto de deshumanización creciente en el que el ciudadano ni siquiera elije sino que es guiado por los pasillos de unas necesidades inoculadas, de unas realidades insalvables, de una socialización ficticia. Todo es un alarde de exhibicionismo premeditado y preparado para que los ciudadanos más "favorecidos" sientan la fantasía de pertenecer, sin necesidad de involucrarse ni emocional ni físicamente, a una comunidad que los iguala por la pulsión de consumo. En el segundo caso, un abandono interesado en el que las mínimas atenciones ni siquiera llegan al hard.

Y la ciudad se instala en un territorio que no se corresponde con esa cartografia-espejismo a medida: El mapa deviene en una hipertrofia física que abandona la construcción intelectual y obliga a alejarse. Mientras, se lanzan retóricas que ellos no creen, se nos comunica con gran pompa que la ciudad ya no es un espacio acotado (hasta la afirmación resulta manoseada). Que hoy se entiende como un lugar para la inteligencia social y creadora (será que no cuentan con la mezquina visión de los caciques y sus siervos), que es un espacio para la emoción relacional y colectiva. Un lugar para propiciar la autonomía generadora. Para la inclusión y el derecho. Pero todo ese discurso no se corresponde con los procesos estructurales que nos van presentando. Tampoco orgánicos. Tampoco imaginativos. Tampoco intelectuales. Mucho menos políticos. Al contrario, la ciudad está secuestrada, es una victima fácil para la maquinaria represora (subversión) y cautiva de las presiones del mercado (parálisis, negación), de ese mercado inhumano que trata a los individuos como material disponible (la tragedia de la ciudad mercado, de la ciudad mercancía).

Todo parece girar de forma circular y entrópica alrededor de dos órbitas: la teología del capitalismo y la anomalía de una política sacristana. El individuo, dentro de este círculo, se convierte en algo prescindible, de uso discrecional. Por una parte, del lado de la economía neoliberal y a causa de las reforma estructurales de última hornada, es una pieza sustituible, de fácil adquisición, barata (la precariedad le conduce a la esclavitud agradecida) y/o proclive la esclavitud por cuenta propia (las sirenas del emprendimiento). Por parte de la política, poco que añadir cuando existe una connivencia lacaya para que todo funcione según los cánones de los mercados. La consigna es la de mantener todo controlado entre los periodos de "la mayor fiesta de la democracia" (para mi sigue siendo la mayor canallada de una política de ficción extrema).

Ver negocio en cualquier espacio de la vida (y por tanto explotación humana o natural) y hacer de ello la esencia última de la sociedad y el desarrollo es la máxima de un pensamiento neoliberal que se extiende sin remedio. Por eso las ciudades son un caramelo tan preciado. Por eso no deja de haber institución pública que no amplifique, también desde la supuesta izquierda, ese dogma de progreso. La ciudad ha dejado de ser ese lugar de intercambio social y cultural para convertirse en un espacio de ganancia obtenida. Evidentemente todo esto es algo que estructura completamente un modo de vida, una personalidad social. Ciudadanos que dejan de serlo aunque consulten el mismo mapa, aunque comparten alguna parte del territorio, ciudadanos que han renunciado a la misma función que los define.

Ahora vivimos un pequeñísimo oasis empujados por esta desposesión que estamos sufriendo, parece que volvemos a las sensibilidad de lo comunitario, de lo racional, pero ¿no será por esta descompresión económica? Si volvemos alguna vez a ser "ricos" ¿perderemos de nuevo la sensibilidad, volveremos a la enajenación de la ciudad como espacio público?.

Espero que no aunque, la verdad, no soy demasiado optimista ante la vuelta a la función social de la ciudad. Todo indica que la productividad y la rentabilidad van a seguir marcando el camino y quienes tienen el mando van a seguir apostando por promover el crecimiento económico como referencia sin discusión. Solo lo "marginal" que sea potencialmente rentable y productivo tendrá cabida en las políticas locales. El desarrollo integrado de las condiciones estructurales, sociales y humanas está muy lejos de los dogmas neoliberales.

## la ciudad ha despertado "samsa"

Molesta, incómoda, inoportuna. Como Samsa, Gregorio Samsa, que despertó una mañana convertido en un gran insecto, inútil para los fines de su familia. Así parece que hemos despertado, inútiles para los fines del capital y de sus "comisarios políticos" como definió Saramago a los gobiernos. Como Samsa, parece que hemos vuelto de ese "sueño intranquilo", esa paranoia de progreso, ese delirio de grandeza, ese esperpento en el que vivieron unos semidioses alucinados... Así ven la ciudad, como un gran Samsa contemporáneo que ya no sirve, que ya no produce. Ni siquiera existe una mínima autocrítica, lo único que se manifiesta es el rechazo.

En alguna ocasión, esa ciudad Samsa ha pasado por un estado impertinente de negación, el estado Bartleby. A los menos antes, a algunos durante, a los más después de la gran fiebre del progreso, de la enloquecida actividad sin fin, se les "enflaquecieron los sueños", se paralizó su energía y decidieron que "preferían no hacerlo". No se sabe qué incomoda más al poder, no se sabe cuál de los dos personajes les hiere más de lleno. Siendo Bartleby, la ciudad ni niega ni acepta, simplemente entra en una parálisis absoluta por pérdida de energías, pero se queda. Sigue ocupando el espacio. Entonces se desata la incomprensión, tampoco hay análisis, ni autocrítica, simplemente no se comprende cómo, con todos los sacrificios, el ciudadano no entiende la virtud paternal de sus gobernantes.

Todavía podríamos hablar de otro estado, si cabe, más molesto, el estado Heisenberg (Walter White). Esa antesala del caos generador que se desata tras comprender que todo se acaba y sobrevives siendo siempre nadie. Quizá porque la ciudad no es tuya y te aparta, te desprecia. Quizá porque no te ves reflejado en ninguna de las propuestas políticas explícitas. Explosión. Aquí sí hay acción. Y, claro, se garantiza reacción. Aquí es necesaria la represión. Nada que decir tampoco de autocrítica, aquí se da por sentada la razón del fuerte, de las urnas, dicen.

Así, entre el rechazo, la incomprensión y la represión, entre Samsa, Bartleby y Heinserberg, va generándose el asco hacia una nueva aristocracia transmutada. Cuando despiertas Samsa, eres despreciado. Cuando despiertas Bartleby vas a ser olvidado. Cuando despiertas Heisenberg, estás perseguido.

## smart cyties + steampunk = steam city

Bien saben que la época victoriana fue la que inauguró, en realidad, la explotación moderna en nombre del progreso y al calor de una tecnología mecánica que colaboraría en "facilitar" la vida de éstas nuevas sociedades. Que aplicó el exterminio y la esclavitud, también la infantil, a partir de la violencia en sus colonias para el beneficio máximo de las naciones *civilizadas;* que ocupó espacios y territorios *salvajes* para glorificar el desarrollo. Sin embargo de esto nada se recuerda y tan solo nos queda ese fetichismo que la identifica con los brillos de la burguesía y la aristocracia, una admiración sin fisuras hacia la élite y la jerarquía. Claro, también existió Darwin y las mujeres ganaron el derecho de propiedad, Wilde, Lacan... y Holmes.

Pero todo esto que hoy recordamos de esa época parte de la humanidad expropiada y es algo que no puede verse porque una neblina de fantasía animada se ha encargado de ocultar. De algún modo toda esta imagen nos lleva a un decorado que nada tiene que ver con la realidad salvaje de una época que acabó destruyendo la vida en común, no solo de las sociedades que invadía, sino de las propias, instalando un estado de excepción que obligaba, y así ha quedado desde entonces, a un servilismo tecnológico que no tiene en cuenta a la esencia humana.

Ese fetichismo tecnológico que se instaló en la sociedad, en diferentes magnitudes y según la escala social, ha transcendido y se ha reconvertido en una idolatría hacia las tecnologías avanzadas de, dicen, información y comunicación. La utopía de una vida mejor que emerge para emanciparnos de la monótona realidad cotidiana. Un futurismo con esperanza de normalidad ampliada. Sin embargo también, como en esa época victoriana, convivimos con la aberración de un retroceso inmenso en los derechos y conquistas sociales. Una especie de paradoja que nos aleja de ese mundo idílico que promete la tecnología.

No puedo evitar que este asunto de las ciudades inteligentes me recuerde todos esos mitos de los primeros ingenieros informáticos (Turing) o de los pioneros de la electrónica (Kurzweil), una especie de ilusión que magnificaba las máquinas pensantes, las máquinas inteligentes, para hacerlas hasta espirituales. Puede que sea cosa mía, no lo discuto, pero sospecho que nadie llamó inteligente a una ciudad que automatizaba el orden circulatorio a partir de semáforos. Evidentemente no llega el asunto a tanto pero Musky, por ejemplo, nos insinuó desde las ciencias cognitivas que podríamos convertirnos en animales de compañía.

En cualquier caso de la inteligencia al automatismo hay una enorme distancia y la confusión de términos es algo que nos esta afectando demasiado, tanto desde estas posturas mitificadoras como desde las que implican corrección política o disfraz de la realidad. Lo que me apena de verdad es que trasladamos a las máquinas, a la tecnología, la idea que tenemos de inteligencia humana; me pone triste y me asusta. Quizá es que vamos vaciando a la inteligencia de su condición y la reducimos, como mucho, a lo que siempre ha sido simple astucia  (así nos va). Ahora sólo queda pensar que la humanidad automatizada y uniformizada en comportamiento, pensamiento y discurso pretenderá ser inteligente.

También es posible que hayamos alcanzado un punto en el que la fe tecnológica y las esencias del progreso las reduzcamos a una máquina de vapor actualizada. Con una diferencia, entonces sabían que sólo era maquinaria y nosotros le atribuimos inteligencia a lo que no deja de ser sino el resultado de una secuencia algoritmica.

No sé, veo la apología de las ciudades inteligentes bien cercana a los mitos del steampunk. O a esa revolución biolítica que nos anunció Kempl y que proyecta una tercera alineación, la tecnociencia, que sustituye o complementa (no es fácil la distinción) a la religión y a la política (o eso en lo que han convertido a la política). Una "revolución" que construye una conciencia colectiva desde códigos "indiscutibles" y que en nada se corresponde con esa realidad que nos lanzaba a un *homo ludens* tan deseado (Huizinga). La paradoja del desarrollo. Sí, soy consciente, las ciudades inteligentes no se pretenden para esto, pero, disculpen, ese mito tecnoutópico planea sobre todo.

McLuhan nos confirmaba que ponemos los contenidos de los viejos medios en los nuevos porque no acabamos de encontrar el camino del recién estrenado lenguaje. Quizá eso nos pase con las ciudades inteligentes, que no hemos sabido salir de ese pensamiento biotecnológico y lo aplicamos en forma de mito. Soñamos con la inteligencia colectiva, con la noosfera y lo hacemos desde esa "nostalgia del original" que nos hace trasladar valores humanos al resto de los seres u objetos que nos rodean (Walt Disney lo hizo muy bien)

Puede que sea un ejercicio crítico el que pretendo pero es conveniente no perder de vista la filosofía, aquello que pregunta y se pregunta, para no entrar en hábitos exagerados en su expresividad. Exaltar la inteligencia sin celebrarla en ella misma no nos convierte en seres desarrollados. Pero como dice Fischer, "vivimos en el corazón de los mitos", y las nuevas civilizaciones requieren siempre de leyendas fundacionales, de nuevas estéticas

Y aparece el mantra de las sociedades inteligentes, de las ciudades inteligentes. La civilización de la máquina ha dado paso a la civilización del bit y que ese progreso tecnológico se convierte en ideología y arquitectura social. En definitiva, parece que se trata de magnificar cualquier asunto que fuera de ese contexto de hipertrofia política y mercantil no sería sino algo normal dentro de la evolución. O de banalizar la inteligencia en un, acaso, intento de minimizar su característica humana. Porque, y ya sé que me dirán exagerado, podríamos hablar también de la estupenda psicomotricidad de los automóviles.

Choca en todo caso ver como al lado de este neopaganismo tecnológico que hace a las ciudades inteligentes, nos ataca esa tendencia a inhibir la inteligencia humana desde infinidad de frentes: ausencia de políticas de educación pública, anulación de becas, apropiación de medios de información... Posiblemente Adam Smith, el padre de la economía clásica, (no olvidemos que estamos hablando del S XVIII) quedaría perplejo al comprobar que lo que él llamaba "adulación acrítica" al poder se ha instalado con tan enorme solidez en nuestro entorno. El nos advertía sobre la necesidad del capitalismo de fomentar la disposición a "admirar a los ricos y poderosos y a despreciar, como poco ignorar, a los pobres" es evidente que esto ha ido más lejos y se ha instalado, no sólo en nuestros códigos éticos, sino también en el modo en el que apreciamos y valoramos nuestro entorno. Hoy las ciudades son ricas y poderosas, y por eso se las admira, cuando se rodean de parafernalia tecnológica. Poco tiene que ver cual es la situación real de sus habitantes.

Una ciudad inteligente deslumbra más que una ciudad para el procomún. Pero no valoramos lo que supone en detrimento de inversiones sociales. Tampoco por supuesto que todo esto supone la rendición a intereses privados a los que pagaremos enormes cantidades de dinero sin gran retorno comunitario. La contribución a la prosperidad general como otra de las falacias, el dogma del crecimiento que no revierte sino a intereses individuales. Reducir el numero de ciudadanos con acceso a bienestar y cobertura social, sanitaria y educativa a costa de invertir, en nombre del progreso, en aparatajes. La cobertura social como estigma. ¿Acaso no es que en realidad existe una especie de disonancia cognitiva en cuanto a lo que supone desarrollo tecnológico y social?

En un futuro el steampunk, ese movimiento que gira en torno a un mundo fantástico gobernado por la maquina de vapor y afines, puede que mute y se centre en lo que pudo haber sido una sociedad de individuos inteligentes. Smartpunk.

**2013**

## las redes sociales en el capitalismo del conocimiento

El "tiempo cedido" un concepto procedente del capitalismo industrial y contaminado para intentar suavizar la explotación ha sido ahora revertido por el capitalismo cognitivo. Ese tiempo cedido se reutiliza y se destina, en gran medida de forma espontánea, para la producción de capital en forma de conocimiento y su explotación a través de las tecnologías. En muchos casos los usuarios (prosumidores) de las redes sociales nos convertimos en trabajadores no asalariados de un sistema de producción que excede a los cánones fordistas y taylorianos. El tiempo cedido se convierte en tiempo de producción y lo hace desde un paradigma que nada tiene que ver con los activos económicos tradicionales. Por ello, entre otras cosas y por mucho que se empeñen de modo ciego y proteccionista, la gestión económica del conocimiento no reside en la regulación mercantil de la propiedad intelectual, eso es lo de menos y otro asunto, la verdadera paradoja reside en que la explotación de los réditos de esta generación de conocimiento se acumula en unas pocas manos a través de su distribución por medios y mecanismos propietarios con vocación e interés de beneficio. La desalarización del trabajo. Tú generas, tú compartes y la industria de la tecnología se beneficia. Si bien el conocimiento se ha convertido en un recurso esencial, su distribución sigue siendo propietaria. El sistema capitalista evoluciona en cuanto a los medios de explotación pero no en cuanto a los intereses. Si antes el capital era la fuerza física y quienes menos beneficio obtenían eran los que generaban esa fuerza hoy ocurre lo mismo con la fuerza intelectual.

La explotación del capitalismo cognitivo no se fundamenta por ello en la dicotomía trabajador-fuerza y la distribución de sus excedentes sino en la portabilidad de ese mismo conocimiento. Por ello el interés manifestado desde ciertas superestructuras por superar la brecha digital no reside en la conciencia altruista por ofrecer oportunidades para que todo el mundo acceda a las tecnologías y sus maquinarias sino en el interés por que ese conocimiento pueda circular amplia y abundantemente y por lo tanto generar beneficios. (Un ejemplo evidente lo podemos ver en la telefonía móvil ¿es posible que se puedan regalar aparatos sin tener en cuenta sus costes de fabricación? Sí, teniendo en cuenta que lo que genera beneficio no es su venta sino su uso). En la medida en que esos canales de comunicación sean más o menos sustanciales, sean de uso mayoritario, ese conocimiento puede circular y generar valor exógeno, eso es, no para quienes lo producen sino para quienes lo distribuyen. Otro asunto, incuestionable y no quiero decir lo contrario, es que esa tecnología es verdaderamente necesaria y que produce un desarrollo evidente. Pero se trata del mismo paradigma que moviliza el capital industrial: no es que el trabajo no sea necesario y que, por tanto, traiga progreso a la comunidad, sino que ese progreso proviene de los excedentes y que sin una garantía de sobrelucro no tendría el menor interés para el capital. Es necesario tener claro que el trabajo, físico o intelectual, no se ofrece de un modo altruista.

Con ello, nuestro tiempo y lugar de trabajo se han expandido de modo absoluto sin que tengamos ningún control ni sobre sus rentas ni sobre sus efectos. Sirve como beneficio para terceros y lo hace sin esa necesaria co-responsabilidad que, aunque difusa, irregular y muchas veces injusta, existe en el capitalismo industrial. Si quien tenía la propiedad (tierra, industria…) tenía el poder sobre lo elaborado (productos, mercancías…) ahora quien tiene ese poder no es quien controla la propiedad (la propiedad en este caso somos nosotros mismos) sino quien controla sus flujos. Es decir, de modo indirecto y externalizado se obtiene rendimiento sin necesidad alguna de poseer el lugar de producción. Con dos enormes ventajas: el conocimiento no se agota con su consumo, por una parte, y, por otra no es necesaria inversión ni mantenimiento del lugar de producción. Tremenda artimaña del capital. De este modo el conocimiento generado desde el trabajo espontáneo (existe una gran diferencia entre el trabajo espontáneo y el voluntario) y desde la filosofía del bien común genera una plusvalía derivada que depende de los mecanismos de distribución y transmisión. La expropiación del conocimiento que mucho tiene que ver con la expropiación de la cultura.

Vayamos con otro asunto. ¿Cómo medimos la relación valor-producción si, como hemos dicho, no podemos definir un tiempo estricto y exacto para la producción de ese conocimiento? Mientras en la organización industrial existe un tiempo de trabajo y un tiempo de no-trabajo no tenemos tan clara esa diferencia cuando el producto generado es intelectual. Es difícil delimitar los tiempos de producción y no producción ya que en cualquier momento lo podemos generar y distribuir (tecnología móvil, conectividad ubicua). La jornada laboral no existe.

Resulta evidente que quienes estamos insertos como piezas en el mencionado capitalismo cognitivo no lo estamos por pertenecer a una estructura laboral tradicional, es decir, no trabajamos (la mayor parte de nuestro tiempo) para nadie en concreto sino que nuestra fuerza de trabajo, colectiva en si misma, está dedicada a satisfacer el enriquecimiento intelectual global, por una parte, mediante la distribución voluntaria de nuestros saberes (esta es la parte amable del asunto), y, por otra, al enriquecimiento material de quienes ponen "a nuestra disposición" los canales y las tecnologías. ¿Para quién trabajamos entonces y sin necesidad de contrato? ¿Dónde queda el principio de escasez sobre el que se sustenta el capitalismo industrial si el conocimiento no es escaso y además lo multiplicamos sin necesidad de control logístico ni de almacenamiento? Si el fordismo planteaba el poder desde la propiedad ahora esa propiedad se centra en el control de los flujos. Deviene con ello un paradigma extraordinario: cuanto más se expande la producción de conocimiento más se concentran los centros de poder que gestionan los flujos de ese conocimiento. La expropiación intelectual diferida.

Pero, siendo conscientes de esto, démosle otra lectura. Al no existir una productividad controlada sujeta a leyes de mercado, fuera también de las lógicas de acumulación y generado desde un sistema supraindividual colectivo, el valor de lo generado se fundamenta en su gran capacidad de replicabilidad (que nada tiene que ver con la reproductibilidad ya que esa sí necesita elementos físicos y tangibles). En todo caso manifestar mi más absoluta inclinación por la producción espontánea de conocimiento así como mi ferviente defensa de su libre distribución. De hecho cualquiera que haya podido experimentar la intercomunicación y el intercambio intelectual en red comprenderá la inmensa capacidad de crecimiento que todo ello conlleva. Únicamente debemos ser conscientes, debemos tener claro que por más que nos quieran hacer creer que ni esas redes de intercambio ni la cacareada superación de la brecha digital están ahí por principios altruistas. Ser conscientes y revertir.

(recupero este artículo publicado el Lunes 7 de febrero de 2011en edicionessimbióticas.info)

## la tragedia de la ciudad mercado

Desde hace unas buenas décadas las ciudades se fueron convirtiendo en "territorio de construcción" y a la par, quizá al calor de la mercantilización general que nuestra sociedad iba incorporando, en "territorio de consumo expandido", ese espacio de fantasía donde todo es posible y hacia el que se acercan fascinados desde las ruralidades o las provincias más faltas de estímulos *modernos* (a otras ciudades más *cool* les visitan desde cualquier lugar del mundo). Aunque bien podríamos añadir otro fenómeno, si me permiten, algo más reciente pero con desastrosa carga: el "territorio marca", donde el magma dominante es el que se desprende de los dogmas de crecimiento mercantil. Desde que las plazas se convirtieron en duras, desde que las periferias edificaron contenedores para familias, desde que se poligonizaron los extrarradios, la ciudad ha ido perdiendo su esencia humana. Y quienes en ella habitamos también, al parecer, hemos devenido en duros y figurantes.

Da la sensación de que la percepción de la realidad ciudadana (lo que los ciudadanos hemos optado por asumir y lo que los políticos han optado por acometer) se reduce a una visión de carácter exclusivamente economicista y de capital especulativo, haciendo rotar todo en torno a la repugnante idea de un *econoteismo* del que no se puede salir ni es posible cuestionar.

Seguro que es bien necesario verificar y establecer procesos para desmercantilizar a las ciudades y poner por delante los principios comunitarios de sostenibilidad cultural y social, de equidad, autonomía y bien común; establecer procesos que vayan más allá de la tutorización e intervención de las instituciones públicas tanto en cuanto estas siempre adquieren connivencia con el mercado y las estructuras privativas de explotación. No puedo perder de vista que el gobierno local (en realidad todo gobierno) tal y como está diseñado es una manipulación social consentida.

Quizá toque recuperarla, abandonar la ciudad como territorio de explotación y convertirla en territorio de relación, una ciudad relacional, una ciudad compartida. Sobre la base de una implicación y comunitarismo de gestión que controle el patrimonio social y cultural desde la acción política directa, que facilite y comparta el acceso, creación, producción, reproducción, distribución y conocimiento de bienes comunes, colectivos. ¿El milenio de los comunes? No sé, pero cuando la ciudadanía no ocupa la ciudad los poderes económicos y políticos se encargan de asaltar cualquier espacio físico, simbólico o de referencia.

El sentimiento comunitario como catalizador, como canal. El municipalismo comunitario y colaborativo fuera de esas estructuras anacrónicas que generan máquinas entrópicas con el único fin y resultado de su propia existencia. El comunitarismo como recurso no excluyente puesto al servicio de la comunidad, de los procesos participativos y regeneradores. La sensibilidad colectiva como producto no comercializable. En todo caso es bien necesario captar el metabolismo intrínseco de las ciudades para no forzar ni corromper su trascendencia como ser vivo. Superar el concepto de ciudadanía como bien de uso, la ciudadanía como stock y reducida a una categoría más de la economía capitalista.

Posiblemente la importancia de las ciudades, de vivir en las ciudades, devenga de experimentar y aplicar procesos de creación de contextos sociales, culturales y relacionales que diseñen la economía y no al revés. No me sirven las ciudades replicantes que arrastran la pereza intelectual de su ciudadanía y su gobierno. Soft libre y ciudad libre son analogía[121]

La gestión municipal se ha enrocado en un sistema obsoleto, endogámico y excluyente que renuncia a la utopía como motor, que abraza el positivismo hard y financiero como única salida. Todo gira alrededor de lo grande y de las tendencias de titular, no hay investigación y aún menos riesgo, sólo faltaría, cuando quien manda no es el bien social sino el beneficio corporativo (vaya sorpresa que una de las denominaciones de los gobiernos locales sea "corporación municipal"). La ciudad se ha convertido en una estupenda cantera para esa estrategia neoliberal que la pone, junto con sus habitantes, al servicio de marcas varias, que los convierte en piezas de mercado, en figurantes de una especie de parque temático en el que sus movimientos sirven para dar mayor gloria a los intereses privados. (Les garantizo que conocer desde dentro, y desde hace muchos años, los entresijos de los poderes municipales, de las políticas locales, no deja demasiado espacio para la esperanza.) La gobernanza local es un circuito cerrado que se retroalimenta y se organiza desde unos consensos interesados que consolidan castas al margen del bien común y siempre subordinadas al dictado de los grandes capitales. Se ha afianzado una estructura de jerarquía sin capacidad real de influencia hacia arriba y con un desapego absoluto hacia abajo. La democracia liberal ha sabido cautivar y generar a su alrededor un estupendo espejismo de participación cuando en realidad no ha supuesto desde el principio sino el refuerzo de las oligarquías

Ante esta realidad es suicida delegar la construcción de la realidad en estos organismos, la construcción social hay que asumirla. Sencillamente porque todo se pierde entre las grietas de un sistema intoxicado y caduco, lleno de falsas voluntades de servicio público y de una mediocridad evidente. Pero no se confundan, no es incompetencia, precisamente esa mediocridad está muy cómoda en el sometimiento repugnante, en la interpretación insignificante de secundarios de lujo. No es incompetencia es un modelo deseado y perfectamente estructurado. Esa es la triste reacción de cualquier patología de grandeza: machacar a los de abajo y ponerse a los pies de los de arriba.

El valor-ciudadano se ha convertido en valor-mercancía con la que se trafica cada cuatro años. El valor de cambio que representa para un modelo de gestión pública que ha olvidado el interés social y lo ha anulado para preservar el de las

121 pag. 215

diferentes oligarquías agrupadas en los dos grandes partidos y la banca. La ciudadanía como stock y reducida a una categoría de cambio dentro de la economía capitalista. La dogmática neoliberal propone una ciudad impersonal como lugar de consumo expandido, otros la fundamentan sobre un urbanismo de "territorios construidos". En definitiva modelos de gestión que desatienden las relaciones humanas y dejan de lado el referente emocional como germen de una globalidad humana.

Quizá el reto del nuevo municipalismo sea delegar su supuesta competencia (tomemos el poder) y consolidar el conocimiento ciudadano como el bien común por excelencia, algo que debe preservarse de la apropiación privada. La riqueza no mercantil de las ciudades, algo que sobrepasa el carácter monetarista de las tendencias de los últimos decenios y de la lógica del capital neoliberal. Háganse cargo del hard, si acaso, y dejen a la ciudadanía la gestión del soft. Dos direcciones: la decisión de utilizar colectivamente el conocimiento ciudadano con fines comunitarios, y la de ir más allá de las tendencias de automatización mecánica de las ciudades desde los modelos smart city, ese nuevo mito que tantos beneficios va a generar para, una vez más, los intereses privados (por cierto, tan fatuo como aquel otro de ciudades creativas del que ahora, su mismo impulsor, Florida, reniega).

Cada día es más necesaria la acción directa enfocada desde y para los comunes, algo que sugiere que la inteligencia colectiva está por encima de las inteligencias individuales o corporativas, con el fin de generar proyectos y prototipos concretos. La reproducción de espacios autónomos que den la responsabilidad y el protagonismo a nuevas sensibilidades, a nuevos modos de entender la acción ciudadana. O los ciudadanos tienen el control del gobierno municipal o éste tiene el control sobre los ciudadanos. En definitiva: recuperar para la comunidad los espacios que tradicionalmente han sido de "hegemonía municipal" y hacerlo desde dentro como un método eficaz para acceder a un cambio sistémico: Una ciudad con su conocimiento en código abierto, un código abierto que destruye el monopolio de lo privativo.

Porque en realidad, y siguiendo con la analogía del soft libre, estamos ante un modelo de gobierno privativo, camuflado y escondido tras la ilusión de unas urnas que no hacen sino alternar en el poder a las oligarquías. El gobierno municipal privativo se enroca en el interior de un pleno en el que interpreta el teatro de la democracia. Nos dominan a través de un código en el que realmente no participamos, lo consumimos como si hubiésemos participado y sin embargo no podemos modificarlo, distribuirlo, compartirlo... porque las normas son dictadas. Y no es de extrañar que cada vez esas normas sean más duras e impidan cualquier tipo de disenso. En realidad toda acción de gobierno, local o estatal, europeo o mundial, no hace sino regular el camino correcto por el que debemos transitar para no molestar. Unos darán más campo, ensancharán algo las cunetas o ampliarán ciertos carriles pero la senda debe estar marcada para que no nos desmandemos.

Soft libre y ciudad libre son analogía. Debemos ser libres para participar en el desarrollo del código ciudadano. Todo está generado desde los códigos privativos de modo que la sociedad tan solo puede usar lo que se le ofrece, no puede modificar esa realidad sin que existan represalias. Deberíamos comprender que lo global es tan sólo una ficción sin lo hiperlocal. Que la referencia macro no puede construirse sin lo micro.

Los espacios de autonomía generados a través de la multiplicación del conocimiento y la generación de un código ciudadano libre nos permiten una política pública apropiable, una ciudad apropiable, un modelo de desarrollo apropiable. El conocimiento es el primer bien común que nos puede llevar a una sociedad, a una ciudad de los comunes.

## soft libre y ciudad libre son analogía

La gestión municipal se ha enrocado en un sistema obsoleto, endogámico y excluyente que renuncia a la utopía como motor, que abraza el positivismo hard y financiero como única salida. Todo gira alrededor de lo grande y de las tendencias de titular, no hay investigación y aún menos riesgo, sólo faltaría, cuando quien manda no es el bien social sino el beneficio corporativo (vaya sorpresa que una de las denominaciones de los gobiernos locales sea "corporación municipal"). La ciudad se ha convertido en una estupenda cantera para esa estrategia neoliberal que la pone, junto con sus habitantes, al servicio de marcas varias, que los convierte en piezas de mercado, en figurantes de una especie de parque temático en el que sus movimientos sirven para dar mayor gloria a los intereses privados. (Les garantizo que conocer desde dentro, y desde hace muchos años, los entresijos de los poderes municipales, de las políticas locales, no deja demasiado espacio para la esperanza.) La gobernanza local es un circuito cerrado que se retroalimenta y se organiza desde unos consensos interesados que consolidan castas al margen del bien común y siempre subordinadas al dictado de los grandes capitales. Se ha afianzado una estructura de jerarquía sin capacidad real de influencia hacia arriba y con un desapego absoluto hacia abajo. La democracia liberal ha sabido cautivar y generar a su alrededor un estupendo espejismo de participación cuando en realidad no ha supuesto desde el principio sino el refuerzo de las oligarquías

Ante esta realidad es suicida delegar la construcción de la realidad en estos organismos, la construcción social hay que asumirla. Sencillamente porque todo se pierde entre las grietas de un sistema intoxicado y caduco, lleno de falsas voluntades de servicio público y de una mediocridad evidente. Pero no se confundan, no es incompetencia, precisamente esa mediocridad está muy cómoda en el sometimiento repugnante, en la interpretación insignificante de secundarios de lujo. No es incompetencia es un modelo deseado y perfectamente estructurado. Esa es la triste reacción de cualquier patología de grandeza: machacar a los de abajo y ponerse a los pies de los de arriba.

El valor-ciudadano se ha convertido en valor-mercancía con la que se trafica cada cuatro años. El valor de cambio que representa para un modelo de gestión pública que ha olvidado el interés social y lo ha anulado para preservar el de las diferentes oligarquías agrupadas en los dos grandes partidos y la banca. La ciudadanía como stock y reducida a una categoría de cambio dentro de la economía capitalista. La dogmática neoliberal propone una ciudad impersonal como lugar de consumo expandido, otros la fundamentan sobre un urbanismo de "territorios construidos". En definitiva modelos de gestión que desatienden las relaciones humanas y dejan de lado el referente emocional como germen de una globalidad humana.

Quizá el reto del nuevo municipalismo sea delegar su supuesta competencia (tomemos el poder) y consolidar el conocimiento ciudadano como el bien común por excelencia, algo que debe preservarse de la apropiación privada. La riqueza no mercantil de las ciudades, algo que sobrepasa el carácter monetarista de las tendencias de los últimos decenios y de la lógica del capital neoliberal. Háganse cargo del hard, si acaso, y dejen a la ciudadanía la gestión del soft. Dos direcciones: la decisión de utilizar colectivamente el conocimiento ciudadano con fines comunitarios, y la de ir más allá de las tendencias de automatización mecánica de las ciudades desde los modelos smart city, ese nuevo mito que tantos beneficios va a generar para, una vez más, los intereses privados (por cierto, tan fatuo como aquel otro de ciudades creativas del que ahora, su mismo impulsor, Florida, reniega).

Cada día es más necesaria la acción directa enfocada desde y para los comunes, algo que sugiere que la inteligencia colectiva está por encima de las inteligencias individuales o corporativas, con el fin de generar proyectos y prototipos concretos. La reproducción de espacios autónomos que den la responsabilidad y el protagonismo a nuevas sensibilidades, a nuevos modos de entender la acción ciudadana. O los ciudadanos tienen el control del gobierno municipal o éste tiene el control sobre los ciudadanos. En definitiva: recuperar para la comunidad los espacios que tradicionalmente han sido de "hegemonía municipal" y hacerlo desde dentro como un método eficaz para acceder a un cambio sistémico: Una ciudad con su conocimiento en código abierto, un código abierto que destruye el monopolio de lo privativo.

Porque en realidad, y siguiendo con la analogía del soft libre, estamos ante un modelo de gobierno privativo, camuflado y escondido tras la ilusión de unas urnas que no hacen sino alternar en el poder a las oligarquías. El gobierno municipal privativo se enroca en el interior de un pleno en el que interpreta el teatro de la democracia. Nos dominan a través de un código en el que realmente no participamos, lo consumimos como si hubiésemos participado y sin embargo no podemos modificarlo, distribuirlo, compartirlo... porque las normas son dictadas. Y no es de extrañar que cada vez esas normas sean más duras e impidan cualquier tipo de disenso. En realidad toda acción de gobierno, local o estatal, europeo o mundial, no hace sino regular el camino correcto por el que debemos transitar para no molestar. Unos darán más campo, ensancharán algo las cunetas o ampliarán ciertos carriles pero la senda debe estar marcada para que no nos desmandemos.

Soft libre y ciudad libre son analogía. Debemos ser libres para participar en el desarrollo del código ciudadano. Todo está generado desde los códigos privativos de modo que la sociedad tan solo puede usar lo que se le ofrece, no puede modificar esa realidad sin que existan represalias. Deberíamos comprender que lo global es tan sólo una ficción sin lo hiperlocal. Que la referencia macro no puede construirse sin lo micro.

Los espacios de autonomía generados a través de la multiplicación del conocimiento y la generación de un código ciudadano libre nos permiten una política pública apropiable, una ciudad apropiable, un modelo de desarrollo apropiable. El conocimiento es el primer bien común que nos puede llevar a una sociedad, a una ciudad de los comunes

## reduccionismo canibal

No creo de ningún modo que el desmantelamiento de la cultura tenga del todo que ver con los "problemas" del mercado. Ni con los despreciables recortes, ni con el desmantelamiento de la inteligencia, ni con el pisoteo de la dignidad humana. Ni tampoco con la estructura de recaudación. Ni siquiera con las nuevas formas de distribución y consumo de los productos que algunos llaman cultura. No creo, digo, que tenga del todo que ver. La tragedia de la cultura tiene referencias que explican mejor el lugar a donde hemos llegado.

Primero diré que siempre he creído que eso que se llama gestión de la cultura, si es que puede llamarse así, consiste realmente en la gestión de la vida. En cómo nos alimentamos, vestimos, nos relacionamos, nos divertimos, pensamos, sufrimos… evidentemente algo que va mucho más allá de la gestión pura de productos culturales de consumo más o menos rápido, masivo, profundo, privativo… y que, por lo tanto, los gobiernos locales, su alcaldía, su presidencia, en primera instancia, son los verdaderos gestores de la cultura en su concepto más exacto. Ellos, salvo excepciones que ya terminaron, nunca lo entendieron.

Segundo, que sin entender esto, los gobiernos locales se han venido instalando en una especie de parafernalia sin fin que venia disfrazada por innumerables planes directores y estratégicos que, de analizarse y evaluarse correctamente, abochornarían, si vergüenza hubiera, a sus grandes mentores. Mientras, sus áreas o servicios de cultura han sido simples administradores de festejos y eventos varios. El desconocimiento refuerza la prepotencia. Díganme exagerado si así lo creen conveniente.

Tercero que estamos en la recuperación de la ideología que propugnó la "muerte a la inteligencia" y que el totalitarismo ha sido siempre alérgico a la felicidad y al pensamiento libre. La herencia del fascismo franquista acomodado por un capitalismo financiero que ya no necesita ni teme a ninguna clase social que no cotice en bolsa.

Cuarto, que la mercantilización de la cultura, o de eso que algunos llaman cultura, no puede generar nada que no esté directamente relacionado con la rentabilidad y el beneficio. Las paños calientes y nuestras anuencias refuerzan el capitalismo depredador. No sé por qué creíamos que la producción de consumos culturales iba a civilizar el capitalismo cuando en realidad estábamos jugando con sus reglas. ¿Inocencia?

A partir de aquí la cultura, como la sanidad, la educación, el cuidado generacional, la comida y el techo, como todo lo que significa completar los derechos humanos, se tendrá que solucionar, eso es lo que nos dicen, por medio de la caridad mientras el estado se desentiende de sus compromisos, el capital engorda y determinados listos hacen negocio con las que llaman empresas de economía social. Pero como es difícil que exista una caridad especial para la cultura se ha recompuesto el mecenazgo: aquello que sólo apoyará lo que tenga interés a corto plazo o hinche egos.

Si la cultura acaba en puro mercadeo, una vez desaparecido el "eventeo", nosotros mismos habremos colaborado gracias a esos discursos desarrollistas que la han relacionado directamente con el progreso económico de las sociedades. Habremos colaborado nosotros mismos abandonando los argumentos que la relacionaban con el avance de las sensibilidades, de la inteligencia, de la felicidad... Habremos colaborado nosotros mismos entregándola a la desastrosa combinación mercado-estado cuando los dos son conniventes y abandonan a la ciudadanía. El reduccionismo ha sido quien ha acabado con la cultura.

## de la fábricas de manchester a la micropulverización emprendedora

La evolución del capitalismo cuenta con grandes hitos que han marcado y consolidado su voluntad depredadora. La trampa del consumo como algo irrefrenable es como aquella cinta que atraía a las moscas y las dejaba adheridas sin remedio ni esperanza. No puedo dejar de pensar que la hiperindividualización ha sido una de las mayores obsesiones de los poderes capitalistas y que han luchado a fondo para conseguirlo. Hoy se plasma en su cara más extrema, hoy casi se ha alcanzado el paraíso fragmentado. Se acabó lo colectivo.

### individualización laboral masiva

En tiempos marcados por la extradición de los trabajadores a su buena suerte, la voluntad de ser producto viene reforzada por la paranoia del capitalismo excluyente y soportada por consignas de un individualismo que no deja ningún

219

lugar para experimentar otros modelos más centrados en la colaboración, en la redistribución, en los comunes, en la contemplación, en la nexonomía como fuente de prototipos no abrasivos. Las consignas son claras y la estructuración del mercado se orienta desde dos influencias llenas de desprecio: la externalización de la mano de obra a países donde los derechos laborales son nulos y los beneficios máximos (nosotros acabaremos siendo uno de ellos) y otra externalización, la que suprime los compromisos y controla el tiempo debido, el inevitable "búscate la vida" que envuelve las más de las veces al emprendimiento. Si bien hay diferencias en los modos de violencia el totalitarismo capitalista se desentiende, se mofa y alienta las preguntas trampa: ¿pero si no emprendemos, qué podemos hacer? ¿pero si no aceptamos ese empleo, qué podemos hacer? La argucia es la típica del mercado: la gestión de lo escaso, la administración de la escasez como modelo de control.

La individualización laboral masiva supone una confusión que dispersa las energías y las orienta hacia la supervivencia extrema. Consecuencia, una de tantas: la imposibilidad de pensar en nuevos modelos que encadenen refuerzos; o simplemente: la imposibilidad de pensar. La sumisión es una prótesis del capitalismo que nos aplicamos sin reflexión. La simplicidad de los discursos que nos ofrecen desde cualquier púlpito aceleran los procesos de digestión y del fast-food avanzamos hacia fast-think. Hacer sin pensar y dedicarse a la tarea de buscarse el pan continuamente genera una sociedad vacía y ausente de la crítica, se evita así el riesgo de un ser humano incómodo.

La carencia de empleo no sería lo más importante en una sociedad que no estuviera dedicada a la acumulación de riquezas en unas pocas manos. La reelaboración de la realidad suprimiría absolutamente la angustia, una sociedad apoyada sobre el desarrollo humano y no económico filtraría esa necesidad. Un contexto de limitaciones que conlleva la supresión de esa acumulación desequilibrada en la que nos sumimos. No es posible refundar el capitalismo, es otra de las trampas, esa trampa que también nos mantiene entretenidos poniendo parches y remedios.

El pensamiento acerca del empleo como obligación divina, como único modo de pasar dignamente por la vida, también debería pasar por el filtro de la inteligencia. La habilidad requerida seria la de saber aniquilar el empleo y tratar de enfocar en utilidad humana el trabajo

# el pensamiento vigilado o reinstalando la costumbre de invadir los derechos

Fuera de considerar si el V Congreso Iberoamericano de Cultura ha sido o no pertinente en su contenido o forma, sin querer tampoco valorar de momento su incidencia en las realidades culturales que ha pretendido abordar, ni su capacidad para generar nexos, sin querer, en definitiva, valorar lo que supone su estructura y resultados intelectuales y prácticos, creo que es necesario reflexionar sobre algo que, en principio, pareciera estar fuera de ese ejercicio post.

Se puede decir que el VCIC ha estado tomado y rodeado. Hemos asistido a un desproporcionado despliegue de fuerza (la excusa las autoridades ni es válida ni pertinente) que ha funcionado como verdadera maquinaria de intimidación. Acoso a la libertad individual de movimiento, prepotencia y ataques a la dignidad de las personas a través de exigencias indignas, exhibición desproporcionada e intimidatoria de fuerza y número... algo a todas luces carente de la mínima sensibilidad. Y no todo quedó en el Palacio de Congresos, también en la sede de Etopia, en la residencia de creadores, tuvieron su ración. En diversas ocasiones los perros de la policía fueron puestos al servicio e invadieron de modo impune las habitaciones de los artistas residentes, su intimidad, su espacio privado, sus hogares temporales.

Quizá esto es lo que se desea y ya se está poniendo en marcha, quizá éste no sea sino un pequeño ensayo, una muestra de lo que nos espera en un Estado que cada vez deriva más hacia patologías de la represión, del totalitarismo por nuestro bien. La seguridad ciudadana, dicen, esa seguridad franquista que torna sin haberse ido de las mentes de una extensa mayoría de la derecha que siempre, siempre digo con convicción, nos ha gobernado. Además, corríjanme si me equivoco, todo ha sido considerado como lo más normal, no ha habido ni un solo comentario en ningún tipo de prensa, se ha asumido como asume el castigo quien se somete. Nada, ni una mínima alusión excepto en corros aislados.

Así, de forma gratuita y grosera, y sin contestación alguna ni individual ni colectiva, han pasado por cuartos "ad hoc" funcionarios municipales, participantes, ponentes, invitados, directores de área y todo tipo de personas, que sin saber motivos y sin posterior explicación alguna (la autoridad no se rebaja a disculpa posterior) han sido vejados. Cuartos en los que han sido despojados de ropa y humillados en la forma más zafia. Y no ha ocurrido nada, la autoridad esta protegida y sus excesos no son crimen. Y todo ha generado vergüenza, la vergüenza de no poder explicar a los invitados de otros lugares, de otros países, el por qué de la desproporción. Sobre todo a aquellos de países latinoamericanos que, desde la prepotencia eurocéntrica, se consideran inseguros.

Por nuestra seguridad. Pero yo no la quiero, disculpen. Por nuestra seguridad velarían si dedicaran esfuerzos a perseguir la corrupción política que nos hunde, la avaricia extrema de unos banqueros que nos arruinan, la grosería de una iglesia preconciliar que nos vacía, la estultez de una monarquía que nos avergüenza, las privatizaciones que roban lo común, las violencias de género que matan más que cualquier terrorismo, las cuchillas que ensangrientan la frontera, las otras cuchillas que cercenan la inteligencia, las reformas laborales que generan esclavitud... esa sería nuestra seguridad, lo otro no es sino represión, la tradicional represión que todavía corre por las venas de quienes nos "protegen".

Pero permítanme que ponga en cuestión también nuestro comportamiento, que piense que todos tenemos responsabilidad sobre lo que ocurre. Que piense que en ese mismo hall del Palacio de Congresos y ante el atropello visto, deberíamos haber presentado nuestra particular fuerza contra la violencia, habernos plantado, que hubiese sido bueno y coherente abandonar un espacio tomado que no era de cultura sino de represión. Pero allá permanecimos y tragamos, aguantamos. No seremos capaces de librarnos con la aquiescencia. Cerrar los ojos a estos desmanes nos conduce a donde estamos. Nos está arrinconando y a ellos dando fuerza. Y la aplicarán hasta el máximo, la aumentarán, la asegurarán hasta que sea difícil salir sin violencia. La desarticulación de la sensibilidad por la libertad se programa, se planifica y se va inoculando en pequeñas dosis. Ahora nos callamos por ésto, ahora asumimos lo otro, ahora justificamos aquello... hasta conseguir que nadie movamos ni un pelo ante cualquier abuso, la ciudadanía no existe sino en número y como garantía de soporte para las exigencias de la élite.

## pobre por méritos propios

Cualquier discurso sobre el emprendimiento, venga de donde venga y tal como esta estructurado, se sustenta sobre principios de moral judeo-crtistiana (el riesgo tan reclamado no es sino una variante del sacrificio, quién reclama el riesgo, para qué y para quién ese riesgo, por qué ese riesgo tiene que ir dirigido hacia un modelo económico tan determinado como abrasivo... de verdad alguien puede creerse que ese riesgo tan alabado es para que se ponga a disposición de una humanidad más humana, de verdad nadie ve que esta pasión por el riesgo corresponde a un modelo de domesticación productiva… ) y la ética de la burguesía chabacana, esa clase media nacida de la bonanza económica sobrevenida tras II Gran Guerra (qué nostalgia de aquella otra burguesía ilustrada). Resultado: la consolidación de un nuevo discurso capitalista que refuerza la explotación, la autoexplotación del individuo, convirtiendo el argumento en dogma y sin posibilidad de cuestionamiento.

Que hay que cambiar la forma de enfrentarnos al empleo, desde luego. Que hay que revisar el concepto de trabajo, fundamental. Lo que me descorazona es que lo hacemos desde los criterios básicos de explotación capitalista, usando su manual de instrucciones, apuntándonos al argumentario de crecimiento y desarrollo propio de esa esencia abrasiva, abandonando, en definitiva cualquier asomo de critica y sobre todo de replanteamiento intelectual. ¿También se ha precarizado la crítica?

El nuevo espíritu del capitalismo ha conseguido implantarse, desde procesos de infiltración invisible y sin demasiada sangre, con una asimilación extraordinaria entre quienes van a ser explotados. Con el orgullo de sentirse parte del sistema. Con la connivencia de la clase que va a ser estafada se ha construido un modelo, no sólo de discurso, sino normativo y de comportamiento.

El individualismo extremo coloca al sujeto como único y último responsable de su vida. La ultraderecha siempre ha creído que el pobre es pobre por "méritos propios". Esa es en esencia la última lectura del emprendimiento: si no consigues nada en la vida es porque no has sido capaz de emprender, has fracasado y sólo podrás trabajar para otros. Esos sí, nunca considerarás que siempre, siempre, siempre vas a trabajar para otros y que esos otros van a intentar exprimirte al máximo de lo posible. Este es el modelo y esto es lo que se está vendiendo como el camino a la gloria.

## tranquilidad entretenida

Creo que cometimos el error de institucionalizar en exceso la cultura. Nos desprendimos del hard y del soft. Nos quedamos, en algunos casos, con el conocimiento sin haber previsto que, irremediablemente, el soporte sobre el que tenía que correr lo habíamos abandonado. Pasamos sin saberlo de rescatarla de la élite y ponerla al servicio de los comunes, a concederla con todo su ajuar a los caprichos del poder político. Y bien poco después compartió el pastel con el mercado convirtiendo a la cultura en lo que ambos decidieron qué era. Conclusión: connivencia en cuanto a lo que entre los dos proponen y disponen porque ambos piensan que la rentabilidad está en el cálculo. Por eso cuando escucho (u oigo porque, en realidad, cada día escucho menos) cosas como "racionalizar el gasto" no puedo evitar un escalofrío que me "rentabiliza" todo el cuerpo.

Antes de que tengamos tiempo de reaccionar y revolvernos, antes de que comience el espectáculo de la reapropiación, ellos ya han previsto lo importante, han elegido y definido qué es lo que nos va a interesar la temporada que viene, qué es lo que nos conviene para recuperar el desastre, cómo gastar mejor, cómo optimizar, cómo sobrevivir a la caída…. Y así la cultura actuará como vinculante dependiendo de lo que cada uno elijamos de todo ese catálogo de bondades prefabricadas a las que se nos ha invitado con una cortesía interesada y nada más que para dar pie y boca a los expertos de plantilla.

Quizá lo que supura en la cultura oficial no es sino un torrente de ignorancia con la necesidad de aparentar, de hacernos creer que no podemos vivir sin la cultura que se nos ofrece, sin su cultura. Que sólo desde esa cultura ofertada podremos salir de nuestra miseria intelectual. Hoy no podemos ver sino prepotencia en demasiadas instituciones (y no voy a hablar de nuestro ministro y su corte). Ellos están seguros con su aparato técnico y sus herramientas (recuerden, el hard y el soft que les hemos regalado). El resto somos receptáculo de una oferta que modela y moldea, que, no lo olvidemos, crea la sociedad con la que el poder está cómodo.

La institucionalización de la cultura junto con su mercantilización ha logrado la suficiente fuerza como para asegurar una considerable *tranquilidad entretenida*. En palabras de Bauman: la cultura es "un deposito de productos conservantes". Hoy se aderezan con las letanías de fuente de recursos para crear riqueza y empleo y con eso ya hemos dado por dignificado todo.

## la lógica del control

Nada de lo que ocurre es "porque sí", casual. Por supuesto tampoco esta "sorprendente" ausencia de empleo. No podemos olvidarnos de que la función del trabajo ha sido siempre de control, una función que nace de combinar la lógica capitalista con la lógica del poder: las personas son reducidas a su destino de producción y consumo, a propiedad privada.

Y eso, tampoco lo perdamos de vista, ha sido así en los dos bloques del siglo XX. Nada me hace apear la idea de que el comunismo, tal y como lo conocimos, no fue sino un capitalismo de estado, sin grandes diferencias en la esencia de aplicación y desarrollo. También las políticas marxistas se centraron, en definitiva, en la gestión de un formato social productivista.

Este dogma, elevado a la quintaesencia del ideario de toda persona de bien (el trabajo dignifica) y perfectamente integrado en su adn moral (ganarás el pan con el sudor de tu frente) no hace otra cosa que subordinar a las personas-maquinaria sin ninguna otra razón de ser en su vida que la de la ocupación y la fatiga.

Pero nos encontramos con que los intereses de las élites financieras han cambiado, ya no necesitan gestionar la mano de obra como hasta ahora. Esos frágiles acuerdos salariales, esas relaciones contractuales que hemos conocido ya no hacen falta, lo fueron para sujetar una armonía simulada mientras se ajustaban los excedentes. Ahora las grandes fortunas crecen desde dos frentes: la sumisión y la ficción. Todo es sustituible en el mínimo plazo y con las garantías de tener un siervo mejor y más manso. Nada existe fuera de esa economía financiera.

El error ha sido centrarlo todo en torno al empleo, al trabajo como concepto y espacio vertebrador de la evolución de las sociedades. El error ha sido intentar dulcificar las relaciones laborales bajo una doble alucinación: la supuesta bondad del trabajo y la nobleza y generosidad del capital.

## nuevos nacionalismos con viejos mimbres

La trampa de la lengua y las costumbres, la trampa de la identidad para ajustar las emociones a los caprichos del capital. Para convertir los estados (grandes o pequeños, viejos o nuevos) en entidades capitalistas en torno al espejismo común del crecimiento. La clase dominante sigue poniendo a su servicio la pasión nacionalista, sigue usándola para proteger sus privilegios. Los nuevos ejércitos (además de ese pueblo dispuesto) ya no se gestionan en torno a la policía nacional, un espacio que aún así sirve muy bien para la canalización de la violencia, sino en torno a una clase media que inspira confianza, algo que refuerza esa función empresarial tan necesaria. Nos recuerda Fredy Perlman en su *el persistente atractivo del nacionalismo* que "…cuando la nación es liberada, el trabajo deja de ser una carga onerosa y se convierte en una obligación nacional para ser llevada con alegría." A partir de aquí todo es posible, todo cobra sentido y ofrece algo concreto dentro de ese mar de incertidumbre.

La lengua y la religión (que hoy se convierte en mercado) siguen siendo los fundamentos de la nación. El uso del capital cultural como fuerza de choque, como materia prima. Continúa la ilusión óptica como aglutinante. Tiempo después y tras tanto conocimiento acumulado todo se repite. La propiedad nacional sigue estando concentrada. El consejo de administración se consolida a partir de las urnas y las sillas de dirección se trasladan al circo de los gobiernos. La nación (grande o pequeña, vieja o nueva, insisto) no deja de ser sino el nodo de explotación capitalista bien protegido por sus fuerzas del orden. Sin capital no hay poder, sin capital no hay nación y en torno a la trampa de la desposesión se siguen construyendo los nacionalismos: la desposesión cultural y la desposesión económica.

Sigo viendo una grave contradicción entre nación y libertad. Precisamente porque cualquier emoción se convierte en un bien para invertir. Y cualquier ser humano en tropa disponible. Y la opresión como el activo que moviliza. La liberación nacional vista como una ciencia. Algo propio de gente razonable. Luego surgen las colonias internas, aquellas que hay que vigilar para que no quieran ir más allá. Pero eso es ya otra historia.

Pueden llamarlo como ustedes quieran pero el nacionalismo es otro producto del entramado capitalista, algo que, como el mismo capitalismo, sólo gira en torno al mantenimiento del poder y contrario a la cultura.

## el genocidio de la esperanza

La mercantilización de las imágenes, la interpretación capitalista extrema tiene una referencia casi poética en la banalización de la belleza. La frivolización absoluta del capital hacia cualquier imagen o sentimiento. Los brotes verdes que han visto todos los gobiernos no son sino el paradigma de la vulgaridad que representan esas mentes.

El único brote es aquel eructo que emerge de las mismísimas entrañas del capital. El que surge de la explotación directa o indirecta. El que se refuerza desde lo que ellos mismos llaman crisis solo para dotarla de un dramatismo teatral que la haga digerible.

La acumulación de capital debe ser continua y estos paréntesis de alarma lo refuerzan. Las letanías y las despreciables jaculatorias tienen todo sus sentido para el refuerzo del poder.

El genocidio de la esperanza. Los dueños del capital siguen protegidos por los ejércitos. Unas veces en forma humana otras en forma de imagen. Y el genocidio ha sido la especialidad del poder. El pensamiento despojado y exterminado. La utopía exhibida como curiosidad infantil y caprichosa. Y toda la ilusión expropiada, todo el sufrimiento generado se transforma y se vende como razón preliminar para el crecimiento. El genocidio de la alegría sigue siendo imprescindible para alimentar al capital y los altares.

## el espejismo de autonomía

Quizá los procesos de alienación de las sociedades contemporáneas vengan disfrazados de autonomía. Hasta tal punto se asumen las consignas que es fácil embrutecerse y no ir más allá, abandonar el espacio critico que la inteligencia parecía habernos regalado. (No voy a hablar ahora de ello pero esto último me ha llevado a la penúltima impertinencia: el espacio de confort, aquello que se empeñan, no sé por qué, que abandonemos, o más bien sí lo sé, siguiendo las consignas del expiación cristiana). En realidad no sé si me importa si te embruteces o no, es cosa tuya si no fuese porque formas parte de un todo que estás contribuyendo a degenerar, lo que sería bueno es que si deseas hacerlo por lo menos seas consciente: sí ya sé que me están engañando pero quiero seguir en el ángulo ciego. Muy bien.

¿Pero, por qué llegamos a participar de nuestra propia aniquilación, de tan extrema dependencia? Momentos como este por el que estamos pasando, momentos en el que se nos abandona para fortalecer el capitalismo extremo, deberían servir para canalizar y experimentar nuevos modelos. Sin embargo nos ceñimos a reproducir consignas. Por mucho que se quiera disfrazar, toda esa ideología del emprendimiento no es sino una estrategia para garantizar "autónomos" que reproduzcan las condiciones para la explotación limpia, esa que ya ni siquiera debe mancharse las manos con ningún tipo de látigo. Unos campos de algodón autoexplotados, ningún cacique podría haberse imaginado semejante paraíso.

227

La domesticación y la docilidad se imponen desde el espejismo de autonomía. (También al hilo y para otro día: ¿no ocurrirá lo mismo con el espejismo de los nacionalismos liberadores?)

## emprendimiento líquido

Porque se va de las manos, porque fluye entre los mantras oficiales, porque corre mejor en desniveles pronunciados y erosiona sentimientos y conciencias. Porque confunden sus reflejos. Porque puede llenar botellas y recipientes y adaptarse a su forma para apilarse y venderse sin problemas. Porque se reserva en pantanos y llena depósitos de desigualdad creciente. Porque su ausencia no es sinónimo de sequía sino de reparto impropio...

La delgada línea entre la necesidad y el deseo. Esa línea que sólo se cruza a la fuerza porque hay agresiones disfrazadas y sin vergüenza.

Porque es la estafa más valorada y aceptada

## el contenido humano de la economía

Parece que todo discurso de esa ideología del emprendimiento que nos invade refuerza y reproduce los criterios del *homo economicus* neoliberal, ese que provoca la competición extrema para el exterminio del contrario. No se ven intenciones que impulsen el pensamiento crítico y el cambio de modelos, al contrario, la imagen del emprendedor, la imagen prototipo es la del individuo trajeado, encorbatado, tecnologizado y más bien masculino o masculinizada(o)... (excepto, claro, en la imagen trampa de esas campañas empalagosas de las grandes multinacionales). El modelo no cambia y el imaginario del emprendedor desecha al panadero, a la frutera...

Es la gran maquinaria de la banalización, de la reproducción de modelos que favorecen la desestructuración de la parte noble del empleo (que no digo del trabajo), que favorece la cristalización de una clase que parece estar destinada a salvar nuestro modelo de sociedad, que divide entre redentores y parásitos, que alaba la iniciativa privada y desprestigia la razón pública...

Desmitificar la figura del emprendedor es cambiar de foco al problema y abandonar esa creencia del individualismo ultraliberal que no ve salvación alguna si no es desde una estructura de competitividad darwininiana. Una competitividad que también fagocita las tendencias y se viste el disfraz colaborativo para adaptarse a la violencia del mercado. Reflexión al hilo: cuál es el sentido que nos aleja a los trabajadores públicos del mito del emprendedor. Confirmación al hilo: cualquier mito genera sacerdotes que manejan los ritos, crean demonios y recogen frutos.

La hegemonía ideológica del poder económico predica desde los púlpitos del emprendimiento, una visión irónica que provoca más brechas y distanciamiento y que dificulta las alternativas. Que utiliza la impúdica simbología de la marca y se la autoaplica (yo soy mi marca) como culmen del mercadeo desarrollado. La ilusión óptica de ser mi dueño, aunque, para ser justo, muchos de ellos y ellas ni siquiera se plantean si lo son o no mientras están verdaderamente explotados.

Sin embargo fuera de esa tendencia al 24 sobre 24 al 7 sobre 7 que parece que dignifica hasta el máximo a cualquier *persona de bien* (y que por ende deprecia a quien no se siente a gusto en esa autoexplotación extrema) sólo puede haber fútbol y televisión: el resto del tiempo lo debes emplear en algo útil. Algunos le añaden la *experiencia moll* y terminan el círculo de producción-consumo bien orgullosos de formar parte del engranaje. La máquina no puede detenerse. En este contexto, la reflexión y el derecho a la pereza, no tienen cabida digna. La contemplación está desprestigiada, la calma, deshonrada. Por eso *leer* está limitado comprar libros y aquí queda encerrada la visión de la cultura y el pensamiento.

## inclinación cuántica

Algo pequeño es tremendamente útil e influyente si existe una comunicación abierta con su 'exterior'. La realidad ciudadana se nutre de multitud de estados simultáneos que componen un multiverso extremo. Obvio. Pero ¿por qué se actúa como si un todo uniforme abigarrara en masa sido superado por las superposiciones, por un entrelazamiento en el que la correlación de los resultados van más allá de las acciones que los provocan. La superposición cuántica de estados como referencia para aumentar la visión acostumbrada de las relaciones ciudadanas. Superar los ceros y unos que todo lo limitan a las referencias conocidas, cambiar el procesamiento y la transmisión de la información.

Inclinación cuántica. Es curioso que se pueden simular los comportamientos de materiales con una gran cantidad de átomos y no así de los que tienen pocos. Por algo será y debería servirnos como referencia para la realidad social. Seguimos abordado la construcción ciudadana desde modelos de siglos pasados. Quizá sea necesario cambiar de perspectivas, de modelos estándar que tienen problemas si los analizamos desde analogías nuevas. El mundo cuántico como referencia de proximidad.

## conectoma

La singularidad de las organizaciones depende de las conexiones que sea capaz de generar y mantener. El punto de intersección entre la personalidad propia, la herencia, las experiencias.

La organización política local debe nutrirse de la energía ciudadana. La institución tal y como la hemos conocido ya está medio muerta y si nos descuidados, los totalitarismos y fascismos cotidianos, en compañía de ese fanatismo neocatecumenal que florece, ocupará su espacio. La jerarquía institucional esta llamada a romperse.

Una ciudad debe ser un espacio que posibilite la conectómica, ninguna entidad esta sola y la realidad social es demasiado compleja para modelos administrativos del diecinueve. La comunicación, el conectivismo debe ser una de las referencias, quizá la única. Generar impulsos que permitan otras conexiones.

## ¿realmente la cultura va mal si el pib no crece?

Me da la sensación de que la relación entre las rentas del trabajo y las del capital, cada vez mayores estas últimas y por tanto más concentradas, tiene cierta afinidad con la cultura: las rentas derivadas de una cultura pib y las rentas derivadas de una cultura social.

¿Ha podido ser este el motivo del estancamiento de la cultura? Quizá sea una consecuencia de la abrumadora implantación del mercantilismo totalitario. La evolución de la cultura, por mucho que se empeñe la nueva *intelligentsia*, es un asunto político, cívico y social. Colocar la economía capitalista/neoliberal como sostén absoluto del desarrollo de cualquier asunto humano es trágico y devastador.

Las grandes desigualdades que el modelo renta vs. trabajo esta generando tiene su espejo en el asunto de las desigualdades en el ámbito de la cultura. No solo ya en la acumulación de beneficios en torno a una mínima élite de agentes y/o industrias culturales (qué error más grande haberse apuntado también a este carro) que acaparan la cuota de mercado expulsando a aquellas otras que por su tamaño no pueden competir (qué nefasto término también *mantreado*), sino en cuanto a la distribución de contenidos. Es evidente que se manejan aquellos que pueden ofrecer mayor rentabilidad.

Así, si como nos dicen desde economistas frente a la crisis "el PIB es una medida económica que suma los bienes y servicios producidos por una determinada población en un determinado espacio de tiempo", la cultura pib puede definirse del mismo modo como aquella que "suma los bienes y servicios culturales producidos por una determinada industria en un determinado espacio de tiempo". Nada que ver con la realidad necesaria. En definitiva una medición que considera por igual el consumo ciudadano sin tener en cuenta los aspectos que salen fuera del mercado (producción y consumo locales y fuertemente enraizados en el tejido social próximo), por una parte, ni las diferencias y las desigualdades, cada vez mayores como he comentado antes, en cuanto a las posibilidades de acceso, bien por capacidad económica, bien por hábitos, bien por nivel…

En definitiva, como dije en el articulo anterior, el pib una verdadera trampa que ha ocultado e impedido la necesidad de un encauzamiento social y político de los asuntos culturales. La medida económica por excelencia nos oculta la realidad bajo criterios de exclusión. ¿Realmente la cultura va mal si el pib no crece? O al revés ¿mejora la cultura si el pib crece? ¿Puede considerarse como algo parecido a aquellos datos que nos revelan un crecimiento del pib mientras la población se empobrece y se amplían las desigualdades?

## cultura y gente común: el pib es un flotador pinchado

El absoluto artificio del pib, ese *blablaismo* que hemos utilizado (digo hemos por no parecer pretencioso) para argumentar la importancia y la necesidad de la cultura, su influencia en el crecimiento de las sociedades. No sé si hemos leído a los economistas correctos ni si nos hemos apoyado en las teorías que van con

231

nuestra ideología (ah, claro, que también hemos pretendido que la ideología había muerto, disculpen). En todo caso John Kenneth Galbraith ha definido el pib como "una de las formas de engaño social más extendidas". Y la hemos comprado! Nos hemos entregado al pib (quiero ponerlo con esas minúsculas que lo reducen a la nada que representa para nosotros los comunes) como la quintaesencia del argumentario. Grandísima pena que todavía durará demasiado tiempo. Posiblemente hasta que ya no haya remedio e insertar otro razonamiento resulte imposible. Con qué cultura nos hemos alineado. Una pregunta que no nos hemos hecho durante todos estos años mientras extendíamos como un mantra inequívoco todas las creencias del desarrollo neoliberal, todas sus bases, sus fundamentos. Todo eso que apoyábamos desde atriles y escritos mientras abandonábamos esa cultura que parecía ser la que queríamos extender. Como he dicho en alguna ocasión hemos pretendido que todos hablábamos de lo mismo cuando decíamos cultura, que todos comprendíamos lo mismo, que la cultura se escribía con mayúsculas y para todos era lo mismo, que solo había una cultura, la que nosotros creíamos que era cultura. Pero, como también dije, la cultura son las mantillas en la misa de los domingos y los arrastrasantos, la cultura del té de las cinco para los que tienen té. Esa es la cultura del pib y, paradójicamente, la que no necesita el respaldo del pib para quedarse, precisamente porque sabe que es un flotador pinchado. El pib no hace sino deshumanizar la cultura e introducirla en el catálogo de oferta demanda del capitalismo extremo, de haber y deber. No hacemos otra cosa desde este discurso que consolidar el servilismo y meter a la cultura en el barco de quien decide qué es y qué no es necesario. Y de quien decide cuáles son los objetivos políticos (locales y estatales) para dar buen servicio a los mercados. Ni siquiera la cultura para los clientes, porque importan tan poco como la economía productiva. Estamos ante una especie de cultura especulativa en la que todo parece lo que queremos que parezca (publicar, exponer, interpretar... todo si puede ser a lo grande) mientras el pensamiento se va difuminando en una nebulosa gris de fundamentos torpes que no hacen sino señalar la indolencia creciente y el cinismo de unos responsables políticos y técnicos que pretenden que el mundo es lo que existe dentro de su reducidos horizontes.

Y mientras tanto nos quitan la filosofía, eso que sirve para pensar y ampliar los horizontes. Puede que alguien se pregunte qué tiene que ver esto con la cultura pero, disculpen si molesto, tiene demasiado que ver cuando a la vez no cesan de bombardearnos con la idea de que la economía se tiene que enseñar desde los primeros años. Que de ciudadanos debemos pasar sin remedio a la categoría de

consumidores (también de cultura) y/o de emprendedores (también en cultura). No puedo abandonar la sospecha de que se intenta con todas las fuerzas que nadie pueda barruntar que hay vida más allá de la moneda. Ese nuevo "non (terrae) plus ultra" que acota.

Pero la cultura, parafraseando a Unamuno "no vende pan, sino levadura". O apropiándome y adaptando, con permiso, el concepto que utiliza Ricardo Antón (@ricardo_amaste) para su proyecto ColaboraBora[122], la cultura es compost. Y quizá siguiendo esa línea de pensamiento también lo relacionado con los planteamientos de la permacultura que diseñe un "hábitat cultural" ético, sostenible y redistributivo. La cultura sin calculadora, la cultura más allá del consumo. La cultura levadura, la cultura compost.

Me preguntaba hace tiempo "¿y si algunos gestores ya no gestionamos?"[123] y me pregunto ahora también si no se hace más cultura fuera de esos ámbitos tradicionales que trabajan desde la gestión rutinaria de procesos y productos varios. Fuera de los servicios y la áreas que, fundamentalmente no nos engañemos (y salvemos las nobles excepciones por eso de no herir sensibilidades) no se dedican sino a distribuir, a intermediar productos y subproductos que poca influencia tienen en una sociedad cada día más apartada de esas necesidades.

No podemos confundirnos porque la cultura se manifiesta en el comportamiento completo de las sociedades. Mucho más allá de sus creaciones artísticas habituales e incluso mucho más allá también de sus ritos académicos (no hay mejor forma de conseguir sociedades mutiladas que lograr su instrumentalización a través de las instituciones educativas).

Desde este planteamiento pienso que hay lugares que inducen una cultura que influye en el impacto social, el crecimiento crítico, la felicidad expandida, el compromiso comunitario, el respeto al medioambiente, la justicia, la solidaridad, la democracia local, los derechos humanos… instituciones y servicios municipales que no se dicen de cultura pero que conforman el pensamiento y las actitudes necesarias para un desarrollo humano completo. Servicios que con la nueva ley de bases desaparecerán y con ellos esa esencia humana que nos debería guiar.

La realidad está secuestrada y cuando todo gire sobre la política de lo posible no habrá cura para el alma. Eso también es cultura. Y el compost que representa estará tan empobrecido que nada podrá generar una tierra en extremo baldía.

---

122 http://www.colaborabora.org/
123 http://espaciorizoma.wordpress.com/2011/09/08/796/

## un espacio crítico intermedio

En ocasiones ocupar y mantenerse en un espacio critico intermedio es difícil, incómodo y demasiado a menudo nada comprendido. Los nacionalismos son un lugar complicado para este modelo de pensamiento porque toda argumentación se enfrenta al final con la "tripa". Nada debe ser probado, solo necesita ser nombrado y las metáforas hacen su papel en los campos de la palabra erizada. Todo como una fijación hedonista que hoy, eso sí, se preocupa por envolverse en un discurso de solidaridad buenista.

La subjetividad compartida se convierte en irrenunciable principio de libertad, en un imaginario colectivo y la articula en torno a un nosotros ofendido y ultrajado. Una especie de pensamiento unidireccional que se va extendiendo bajo la idea de compartir una causa común. Aunque ésta siempre cumpla el modelo clásico: un segundo antagónico e incompatible y un tercero excluido.

Pero en realidad todo nacionalismo es un espectáculo, algo que se programa para entretener a un pueblo enfervorecido mientras se explota su vehemencia. Algo perfectamente planificado para que parezca orientado hacia el bien común, algo que la élite maneja mientras el ciudadano se cree protagonista. Porque en realidad hoy el nacionalismo funciona como siempre solo que ha civilizado su proceder. Pero no deja de ser un error mayúsculo, un despropósito fuera de contexto, un fallo del sistema que remite a modelos caducos, una inclinación malsana hacia patrones estándar de pensamiento, una dificultad para la lateralidad tan necesaria. Algo que no hace sino consolidar el poder de las élites desde la ilusión de que todo cambia y "por fin manejamos nuestro destino". No sé, sustituir la necesaria desobediencia por la sumisión desde el espejismo de "los nuestros". El derecho a decidir como fantasía animada.

Ese espacio critico intermedio no tiene cabida porque irrumpe de lleno en los dominios de la bipolaridad. Una actitud fosilizada que se resiste a la lógica y que todavía cree en las estructuras de la razón forzosa. Ese espacio intermedio es el espacio de la dialéctica. Un llamamiento a la vinculación de creencias antagonistas y contradictorias que carecen de la verdad de las fronteras (y no reducirlas por favor a las lineas imaginarias que dividen territorios, aplicarlas también a aquellas que nos separan de otras realidades intelectuales), que se olvidan de la totalidad.

Cuestionar estratégicamente las verdades totales es un camino que se construye desde el equilibrio. Y las realidades sociales actuales no pueden afrontarse de otro modo. Estamos construyendo continuamente desde modelos abstractos (patria, nación, estado) que constituyen una presencia irrefutable y sustentada sobre los dogmas de fe: la patria y la religión como organismos vinculantes. Y cuando la élite se ve amenazada se enarbolan banderas y se alzan santocristos. Mientras, se gana tiempo, un tiempo extraordinario para retomar y consolidar. Un tiempo azuzado en el que el pueblo olvida para centrarse en el enemigo. Un tiempo en el que la magia y el mito de los mapas se encarga de difuminar cualquier atropello. Un tiempo en el que se consiente el abuso desde la esperanza de una vida plena con los nuestros, libres de toda injerencia.

Sobra, molesta, la necesidad crítica.

## notas para un concepto híbrido de la lectura

La reflexión de un no-nativo que bebió de los libros como objeto fetiche y de culto (por cierto ¿no será una biblioteca privada una especie de secuestro del conocimiento?) para comprender que los modelos cambian, que las relaciones con la lectura se modifican, que el gozo privado no entiende de formatos, que los esquemas mentales no pueden imponer el recorrido, que es imprescindible asumir nuevos retos, que las culturas fósiles tienen que dar paso a las renovables, que la magnitud del cambio no puede tener medida de mercancía...

1. Habitar en zonas fronterizas te permite la transición por lo difuso como único espacio posible. Te permite entornar los ojos y difuminar la imagen para percibir nuevas señales. Leer desde la frontera (analógico-digital) te lleva a apreciar los márgenes, a comprender lo sugerido en cada una de las partes.

2. ¿Quiénes son los dueños de la lectura?

3. Leemos convirtiendo palabras en imágenes. Según Laurie Giezer nuestro cerebro usa la información visual de las palabras más que los sonidos. Una vez aprendido el significado de las palabras se reconocen como objetos. La imagen de una palabra, la interpretación fotográfica. No podemos pues separa la lectura de la imagen.

4. La formalización de la lectura, en un contexto digital, nada tiene que ver con la maquinaria por si misma sino con los mundos que estas nos ofrecen

según su labor de interface, con su deriva, con la utilización de estos artilugios para generar un nuevo pensamiento.

5. En una sociedad dominada por la imagen en todos sus ámbitos y formas ¿deberíamos seguir llamando lectura únicamente a aquello que nos enfrenta con un texto escrito?

6. Ligados a las estructuras de lo analógico nos resulta difícil comprender que coexisten modelos expandidos de lectura y que estos van a componer nuevas estructuras cerebrales y cognitivas. Asustarse es renegar del componente evolutivo de nuestra especie.

7. Porque no solo cambia la forma de lectura sino la disposición a la escritura. Y sobre todo la efervescencia de novedosos imaginarios.

8. Y porque tanto la lectura como la escritura desde los nuevos medios perfectamente generan nuevos objetos, nuevas finalidades.

9. Sustentar la teoría sobre los nuevos medios únicamente en aspectos mecánicos (de máquina, de dispositivo) es hacerlo desde un reduccionismo que impide la indagación la acción proactiva hacia la búsqueda de nuevos resultados.

10.    ¿Podemos hablar de una lectura distribuida? ¿De una lectura abierta? ¿De una lectura expandida? Una lectura en la que no se necesita la memoria ni el almacenaje sino una lectura en la que todo va fluyendo en una especie de estructura RAM.

11.    La lectura desde el punto de vista del lector más que desde el de las industrias editoriales. La gente necesita estar involucrada en los procesos de creación. Para ello son necesarias herramientas y disposiciones.

12.    La generación bisagra nos movemos entre aguas poco definidas y en las que las turbulencias nos tienen de algún modo atrapados. Lo que termina no se acaba de ir y lo que viene no acaba de llegar. Pero ¿es necesario que algo desaparezca para dar paso a algo nuevo? La coexistencia no solo es inevitable sino enriquecedora.

13.    Hoy no podemos alcanzar de ningún modo por completo los modelos de pensamiento y comportamiento de generaciones posteriores pero tampoco podemos encerrarnos en los modelos pre-digitales. Podemos usar la tecnología pero eso no es todo: hay que pensar en estructura bit.

14.    Existe la lectura bit en su concepto analógico pero bien existe

también un concepto cibernético que va mucha más allá del tecnologismo ciego. Más allá de ella se construyen espacios simbólicos e imaginarios que son los que reconstituyen las sociedades.

15.    La tradicional disciplina de lectura como campo acotado sufre un espasmo al expandirse no solo en sus aspectos físicos sino, sobre todo, en aquellos que la llevan a una pretendida (por los planteamientos tradicionalistas) indefinición y fragmentación. Más bien me parece que estos nuevos modelos llevan a una fractalización creativa que posibilita la creación y recreación de nuevas estructuras mentales y de conocimiento, que transcienden la linealidad dogmática anterior. La lectura no es nítida pero precisamente por ello nos permite vislumbrar nuevas imágenes sin esos contornos fijos que las hacían inamovibles.

16.    La nueva lectura no es un asunto técnico sino más bien conceptual. Evoluciona como corriente de conocimiento una vez que se superan varias barreras: una la de la tradición ilustrada que propone filtros expertos en la edición de contenidos; otra la que propone el mercado como modelo de distribución "uno a uno" para garantizar los réditos necesarios. La lectura, y no solo esto sino la escritura y la edición, ya no pueden obviar la influencia de lo digital, de lo telemático y, en mayor medida, los nuevos comportamientos, hábitos y necesidades para el proceso de conocimiento técnico y emocional

17.    ¿Puede existir una diferencia entre lo legible y la lectura? ¿Puede que esa diferencia si dispare desde los nuevos modelos, desde las nuevas actitudes? La lectura como acto voluntario y consciente requiere, reclama hoy, objetos legibles más allá de los formales y clásicos. El acto voluntario necesario para toda lectura lleva aquí una implicación que hurga y transita por caminos que se cruzan con otras disciplinas "lectoras" que las mezclan, las contaminan. Esta lectura ya no se ciñe a una centralidad concentrada sino que busca la transversalidad de lo legible.

18.    El lector se hace activo y la culpa del abandono (hay que leer hasta el final) desaparece para fomentar la pasión por la búsqueda. La práctica de la lectura se convierte en un proceso que busca nuevos argumentos, nuevas experiencias interconectadas y abandonables a la vez. Una teoría contemporánea de la lectura. La lectura se expande no solo a través de la línea funcional sino como concepto y puede llegar a no seguir la idea espacio-temporal de una lectura tradicional.

19.     La compleja realidad híbrida que habitamos también se refleja en el mundo de la lectura. El "ruido" aparente que se provoca a través de la interpolación de numerosos procesos y procedimiento es el único que muestra la realidad del mundo contemporáneo. Ir más allá de la anterior "esencialidad" de la información.

20.     El azar como descubrimiento. La serendipia en la lectura. Todo supone que una navegación transversal y abierta nos ofrece caminos inesperados. La actitud curiosa supone que el accidente es un elemento substancial para descubrir. La aleatoriedad también como fuente.

21.     ¿Leer con los cinco sentidos? ¿Se pueden explorar nuevos horizontes mentales, sensoriales? La tecnología como ampliadora de le experiencia lectora. En todo caso esa experiencia debe tomar parte de un proceso creativo multisensorial, de una interactividad sensorizada. Un concepto expandido de la escritura

22.     ¿Por qué acabar perdido en un libro cuando puedes activar tu propia inteligencia de escritor más allá de él? Mark Amerika en "a mínima"[124]

23.     Narrativa multimodal para una lectura mediática. La generación y regeneración de hipertextos

24.     En el sentido de Bauman ¿podría hablarse de una lectura líquida? Dinámica. Flexible y adaptativa. De intervalos. Fuera del espacio físico. Discontinua e inestable...

25.     Lectura analógica > lectura tecnológica > lectura híbrida

26.     El espacio libro transciende el objeto que transmite el mensaje. Su esencia no es ya la lectura objetual sino que surge de un entorno en el que las necesidades emocionales y el conocimiento son satisfechas a partir de la cocreación, del remix, de la metástasis conceptual. Se lee fuera del libro y más allá de la linealidad y de la direccionalidad. Se crean entornos significantes de naturaleza transitoria que pueden llevar doble existencia. Una literatura compuesta por subsistemas que se ensamblan en rizoma. La lectura liquida es, más que nunca, un lugar donde ocurren cosas.

27.     Multilectura. Con capacidad de navegación. Que disemina, que se disemina. Que no esta ligada al texto. Infinitamente multiplicable. Centrífuga. Desanclada. Que trasciende la estructura WYSIWYG.

124  http://aminima.net/wp/?p=65&language=es

28.    Quizá la superación del placer narrativo también tenga mucho que ver en esto nuevo modelos de lectura (¿no habrá trascendido la lectura de acción al videojuego?)

29.    ¿Es posible a través de los medios abandonar el espacio que nos ofrece el mercado de la lectura?

30.    Esto texto también es un ejercicio de remezcla.

31.    Y además leo a Satie en su piano.

(Este texto se publicó originalmente en el catálogo de la exposición que la Fundación Germán Sánchez Ruipérez organizó en torno al proyecto "dónde lees tú"[125])

---

125 http://www.dondeleestu.com/?p=1708